LUZES, por favor!

```
CIP-BRASIL. CATALOGAÇÃO NA PUBLICAÇÃO
SINDICATO NACIONAL DOS EDITORES DE LIVROS, RJ
```

B957L Bündchen, Edson
       Luzes, por Favor! : elogios contemporâneos à razão iluminista / Edson Bündchen. – 1. ed. – Porto Alegre [RS] : AGE, 2023.
       328 p. ; 16x23 cm.

       ISBN 978-65-5863-216-0
       ISBN E-BOOK 978-65-5863-219-1

       1. Ensaios brasileiros. I. Título.

                         CDD: 869.4
       23-85488   CDU: 82-4(81)

Meri Gleice Rodrigues de Souza – Bibliotecária – CRB-7/6439

EDSON BÜNDCHEN

LUZES, por favor!

Elogios contemporâneos à razão iluminista

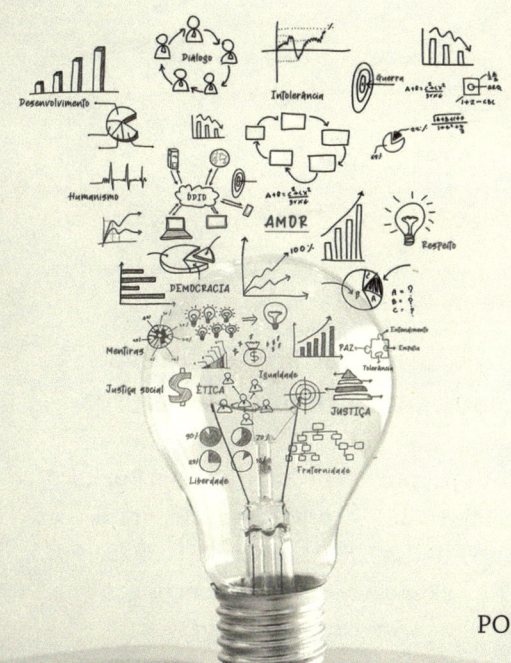

Editora AGE

PORTO ALEGRE, 2023

© Edson Bündchen, 2023

Capa:
Maximiliano Ledur,
utilizando imagem de jannoon028/Shutterstock

Diagramação:
Júlia Seixas

Supervisão editorial:
Paulo Flávio Ledur

Editoração eletrônica:
Ledur Serviços Editoriais Ltda.

Reservados todos os direitos de publicação à
LEDUR SERVIÇOS EDITORIAIS LTDA.
editoraage@editoraage.com.br
Rua Valparaíso, 285 – Bairro Jardim Botânico
90690-300 – Porto Alegre, RS, Brasil
Fone: (51) 3223-9485 | Whats: (51) 99151-0311
vendas@editoraage.com.br
www.editoraage.com.br

Impresso no Brasil / Printed in Brazil

"Não levante a sua voz,
melhore os seus argumentos."

Desmond Tutu

Prefácio

Em 2015, o Rio Grande do Sul acolhe um mestre em administração e que, depois de galgar diversos cargos na instituição da sua vida, o Banco do Brasil, recebe o reconhecimento, e o que entendo como uma honraria profissional, ser superintendente estadual, tendo como sede a nossa encantadora Porto Alegre. A chefia de toda uma região representava o topo de uma carreira consagrada. Era o Edson Bündchen chegando a estas plagas.

Embora catarinense de nascimento, tinha as raízes familiares no Rio Grande do Sul e facilmente se adaptou à cultura gaúcha e a seu povo. Por formação e profissão, esperava-se um homem frio, pragmático e que gravitava em torno de números, números que orbitavam sua vida. Nada disso. Num breve tempo estava integrado com nossa gente, vivendo o bom convívio e adaptado ao nosso linguajar.

Os números e o conhecimento econômico continuariam a fazer parte de sua vida, porém extraiu do até então silêncio do seu intelecto algo que reservara delicadamente para passos futuros. Falava muito, mas, aparentemente, não escrevia tudo aquilo que dissertava na roda dos amigos mais íntimos. Desconfiávamos todos estarmos diante de um homem diferenciado e que se destacava de várias maneiras, notadamente pelo que dizia. Foi, gradativamente, mostrando toda sua capacidade intelectual e conhecimento. O marco desse despertar foi o florescer dos caminhos da Internet, levando à manifestação de pensamentos, ideias e análises. Era palavra escrita, transmitida pelos instrumentos que se tornaram simples nestes meios proporcionados pelos novos instrumentos de comunicação, como são WhatsApp, Instagram e tantos outros que despertaram, como no caso do Edson, verdadeiros escribas dos grandes debates, embates e necessidades da sociedade globalizada.

Foi difundindo e acumulando conteúdo de crescente qualidade, tornando-os acessíveis a enorme número de seguidores e parceiros de grupos. Agregava conhecimento a cada um que apreciava a sua fala, mas que agora tinha a possibilidade de ler seus artigos, que são verdadeiras crônicas.

Quando a aposentadoria do seu velho BB chegou e, mesmo tendo seguido outros caminhos profissionais, ficou livre para fazer com que as letras sobrepujassem, sem abandoná-los, os números, os mesmos números que foram fundamentais em sua vida profissional. Tornou-se insaciável no desejo de intensificar uma vida que brotara e, a esta altura, já esperada de intelectual e de escritor do cotidiano global.

Neste momento, entro em cena e faço duas propostas, uma para a editoria de *O Sul*, jornal da Rede Pampa, para tê-lo entre nossos articulistas, o que foi recebido com entusiasmo na redação e na direção da Rede Pampa, e a outra, na sequência, de convidar Edson Bündchen para fazer parte de nosso *cast* de jornalistas e intelectuais da escrita. Aceitou com entusiasmo e, hoje, passados um par de anos, é um sucesso entre os seus leitores e pares da escrita qualificada.

Pronto passa a ser, ao mesmo tempo, pedra e vidraça. Passa a ser discutido do ponto de vista ideológico, avaliado nas suas preferências sociais ou no seu ideal de um mundo, hoje tão dividido. Torna-se um personagem importante para o jornal, para a sociedade e fundamental para quem adquiriu o hábito de ter um encontro com ele nas páginas de *O Sul*.

Estava consagrado o articulista e preparado o escritor. Tinha forte presença no jornal, porém faltava o livro ou, melhor, o livro já estava no prelo de seus sonhos e acordaria para realidade que vamos vivenciar com um título de rara felicidade, *Luzes, por Favor!*.

Uma coletânea de artigos publicados em *O Sul* e que constituem um acervo de reflexões e críticas que perpassam economia, empresas e empresários, desenvolvimento e inovação, meio ambiente e sustentabilidade, políticos e politicagem, líderes e gestores, mas enfim sempre com o olho no presente e foco no futuro.

Um apanhado de temas atuais com arqueologia analítica do passado brasileiro e mundial.

O escritor Edson Bündchen traz, em *Luzes, por Favor!*, participações de altíssimo respeito, pluralizando assuntos relevantes, com ilustres opiniões, nas apresentações dos capítulos do livro. São nomes importantes e grande credibilidade como Antônio da Luz na economia, Lênio Streck na ética, Artur Roman na comunicação, Anielson Barbosa na administração e Sérgio Westphalen Etchegoyen na Geopolítica.

Luzes, por Favor!, embora navegue por temas polêmicos, foi sendo construído na ponta dos dedos por Edson Bündchen, ao longo de dias, meses e até anos, para ser apreciado e entendido.

Este livro, por certo, estará entre os mais importantes de sua biblioteca. *Luzes, por Favor!* é leitura obrigatória.

Paulo Sérgio Pinto
Jornalista, vice-presidente da
Rede Pampa de Comunicação

Sumário

Introdução 15

GESTÃO DE PESSOAS E NEGÓCIOS

Apresentação 23
    Anielson Barbosa da Silva
Maquiavel morreu? 29
Gestão eficaz: uma agenda inescapável 31
Liderança para tempos incertos 33
Eternos aprendizes 35
Autocentrismo: o perigo da negação do outro 37
O paradigma do medo 39
Tanto Marte quanto Vênus 41
O paradoxo da antifragilidade 43
Velhos demais? 45
Jardineiros da esperança 47
Arte e ciência forjando o futuro 49
Reinventando-se em pleno voo 52
Em busca de sentido 55
Burocracia 4.0 58
A arte combinatória das competências 61
As dores e as esperanças de um novo paradigma 64
Gananciosos 67

ECONOMIA

Apresentação 73
    Antônio da Luz
Campeãs nacionais 77
Copo meio cheio 79

A mão invisível de Zuckerberg 81
Hipercapitalismo em choque 83
Belíndia revisitada 85
O futuro já não é como antigamente 87
Mais do que lucro 89
Um CEO para o Brasil 91
Nas mãos de Darwin 94
O gene egoísta e o mundo dos esquecidos 97
Da enxada ao *chip*: a reinvenção do campo 100
Um abismo que nos degrada 103
O jeitinho que não dá jeito... 106
Um projeto para chamar de nosso 109
Populistas de plantão 112
Gigante acorrentado 115
Bolo para poucos 118
O Brasil a gente vê depois 121
As tulipas do novo milênio 123
Lanterna na proa 126
Uma *janela verde* para o Brasil 129
Capitalismo: testando limites 132
Encontro com o futuro 135
Um debate inadiável 138

COMUNICAÇÃO

Apresentação 143
   Artur Roberto Roman
Ética: uma agenda atemporal 149
A banalidade do homem 151
Por que me odeia, se nunca lhe fiz o bem? 153
Terra de ninguém? 155
Escravos do preconceito 157
As palavras importam! 159
Rodas e algoritmos 161
Anti-iluministas do século XXI 163

Iludidos pela esperança 165
Ativismo de sofá no divã 167
Modernas contradições 169
Sócrates e a era da pós-mentira 172
Simples, não mais que isso! 174
Nossos inarredáveis casulos 177
Por que não te calas? 180
O silêncio dos inconformados 183
Matizes 186
WhatsApp: a difícil arte do diálogo 189

ÉTICA, DEMOCRACIA E SOCIEDADE

O coro dos lúcidos e o rancor dos insensatos 195
   Lenio Luiz Streck
Um novo Renascimento 199
Simples, errado e perigoso 201
Perigosamente distraídos 203
Déspotas enrustidos 205
A última mentira 207
O coro dos lúcidos e o rancor dos insensatos 209
Lições de um mau perdedor 212
Fogo contra fogo 215
Sem atalhos 218
Inegociável 221
Luzes, por favor! 224
Besta à espreita 227
Os discursos "mal-ditos" e a democracia 230
Sob o jugo de si mesmo 233
Os novos cruzados do obscurantismo 235
Bolhas 237
Siameses 240
Cegos e banguelas 243
Mentiras profundas 246
A mentira, o medo e as instituições 249

Pela democracia 252
A coragem de não ser atual... 255
Será que aprendemos?.. 258
Capitólio à brasileira 260
Sem espaço para omissão 262
Limites 265

GEOPOLÍTICA

Um pensador produtivo... 271
    Sérgio Westphalen Etchegoyen
Uma verdade ainda mais inconveniente 275
O alerta de Napoleão 277
Sem tempo a perder.. 279
A desglobalização e o novo tribalismo 281
A falácia do declínio americano.. 283
Arriscando a pele dos outros... 285
Uma ideologia para chamar de sua..................................... 288
Cooperar ou sucumbir 291
Sentinelas do atraso 294
Sobre raposas e porcos-espinhos... 297
Suprema insanidade 300
O grande erro.. 303
Apesar de você 306
Incubatório de tiranos 309
A grande ilusão 312
Tropeçando na mesma pedra 315
O ginete e o elefante 318
O grito... 321
Tic-tac... Tic-tac.. 324

Agradecimentos 327

Introdução

Uma das passagens poéticas mais populares de Goethe ajuda a contar um pouco a história e a inspiração que motivou este livro. Antes do compromisso, há a hesitação, a oportunidade de recuar, a ineficácia permanente. Mas também é possível quebrar a inércia, superar a dúvida, abraçar o inédito e avançar. De fato, quando emerge a decisão, também brota toda uma cadeia de eventos que sopram vida à iniciativa, ao sonho, ao movimento. Ocorrem, como tão bem diz o polímata alemão, toda espécie de coisas a nos ajudar, coisas que de outro modo nunca ocorreriam, toda uma cadeia de eventos surge da decisão, fazendo vir em nosso favor todo tipo de encontros, de incidentes e de apoio material imprevistos que ninguém poderia sonhar que viria em seu caminho. Além dessa mágica do movimento que se retroalimenta sempre que começamos algo novo, também trago neste livro uma fé na força das ideias, na força das palavras e na capacidade humana de promover mudanças, fomentar o que é certo e lutar contra os inimigos do avanço civilizatório, contra a mentira, pelo entendimento, pelo diálogo e pela justiça.

Quebrada a inércia, o destino é avançar. Escrever, como tão bem sabem aqueles que se aventuram nas letras, é uma viagem, assim como é a vida. Este livro, até certo ponto, expressa o desafio de enfrentar esse cotidiano difuso, polifônico, complexo e difícil de compreender para navegar com relativa segurança, buscando extrair lições que possam tornar nossa jornada, senão mais tranquila, pelo menos mais reflexiva e sábia. Aliás, num tempo de comunicações enxutas, muitas incompletas ou até não verdadeiras, acessar textos que se propõem a exaltar algumas virtudes e valores, em detrimento do aplauso fácil das tolices que infestam o cotidiano das mídias sociais, pode ser um bom motivo para adentrar outros territórios, um pouco mais densos, mas nem por isso menos amigáveis. É o que proponho ao leitor. Sem a profundidade de um texto acadêmico, mas com resenhas curtas e em linguagem amigável, acessar vários temas que caracterizam este princípio da terceira década do século XXI, talvez a mais instável e desafiadora de todas até aqui experimentadas pela humanidade. Mas, não se trata de somente juntar os artigos que serviram de insumo para a edição desta obra sem um esforço para organizar, até certo ponto, os assuntos tratados. O empenho foi no sentido, e espero que o leitor concorde com isso ao se deparar com os capítulos a seguir, de provocar a curiosidade para avançar em busca de maior aprofundamento dos assuntos aqui tratados. Os artigos, todos formatados para caber nas colunas do Jornal O SUL, foram separados em cinco grandes temas, de sorte a facilitar a leitura e o entendimento, muito embora qualquer tentativa de segmentação, dada a interconexão existente entre os assuntos abordados, tornam difícil essa missão.

Há, reconheço, uma certa dose de idealismo nos meus textos, porém a crença na razão, na ciência e no humanismo me encorajam a acreditar que os ecos do Iluminismo ainda repercutem em todos nós e alimentam um otimismo cauteloso em relação ao futuro. Cauteloso, faço o reparo, porque entendo haver motivos suficientes para apreensão, tais como a recalcitrância dos movimentos intolerantes, as ameaças à democracia, o ataque às instituições e o aumento da xenofobia mundo afora, assim como os desafios impostos pela Inteligência Artificial, a emergência climática, a injustiça social e tantos outros infortúnios que nos acometem. Acredito que enquanto houver fome, violência, desigualdade, preconceitos de qualquer espécie e toda a gama de miséria humana, haverá motivos para que nos levantemos contra isso da melhor forma que for possível. A mim ocorreu publicar este livro, com o sugestivo nome de *Luzes, por Favor!*, no qual dedico apelos ao entendimento, a maior empatia, ao bom-senso e ao diálogo, palavras que não devem ser tomadas por *acacianas*, mas antes uma proposta que não fique presa aos extremos, sugerindo que existe um caminho do meio que pode e deve ser perseguido.

A apresentação dos capítulos tem a participação de cinco especialistas, todos eles referências em suas respectivas áreas de atuação, em cada um dos temas abordados. O caráter plural das opiniões dos convidados também revela um traço muito importante para mim na produção deste livro, que é repercutir a ideia de que a força dos diferentes reside exatamente em extrair dos contrastes algo novo e que possa subsidiar avanços no debate público. Aliás, a *ágora moderna*, antes de ter se tornado uma arena democrática, perigosamente tem se fechado em casulos ensimesmados e pouco porosos ao contraditório, especialmente impulsionada por uma lógica economicista, que tem premiado o raso, o fútil, o instantâneo, em detrimento de leituras um pouco mais elaboradas. Lemos muito pouco no Brasil e, obviamente, isso repercute na qualidade do nosso debate.

Inauguramos o livro com a generosa participação do professor Anielson Barbosa da Silva, com a apresentação dos artigos que compõem o capítulo dedicado ao fascinante mundo da *gestão de pessoas e negócios* e de suas variadas interconexões com a psicologia, com a sociologia e demais áreas que compõem esse macrotema. Esse primeiro capítulo trata de assuntos relacionados à gestão de empresas, gestão de competências, gestão de si mesmo e várias abordagens que reconhecem o enorme desafio enfrentado hoje por todos aqueles que ocupem ou pretendam ocupar cargos de liderança. A aceleração das mudanças tecnológicas, particularmente a emergência da Inteligência Artificial, tem desafiado os gestores a uma reciclagem ainda mais rápida dos saberes. Nesse contexto, observa-se, em idêntica medida de urgência, a ascensão das competências sociais e emocionais, fundamentais para um diálogo produtivo entre a adaptação às mudanças no contexto crescentemente turbulento com as competências de caráter técnico. Antes de significar um risco, vislumbra-se que as atuais mudanças podem conferir maior protagonismo aos indivíduos que souberem fazer a leitura correta do que está ocorrendo e tenham a disposição de se tornarem aprendizes por toda a vida.

O segundo capítulo tem o prefácio de Antônio da Luz, premiado e reconhecido economista gaúcho que gentilmente acatou o convite para apresentar os textos que compõem a parte relativa à *economia*. É sabido que nosso País ostenta enormes assimetrias entre aqueles que ocupam o topo da pirâmide social e os milhões de miseráveis que ainda não têm onde morar ou o que comer. Nessa perspectiva de desigualdade e injustiça social, impõe-se um olhar, ao mesmo tempo sensível e pragmático. O Brasil não pode conviver mais com esse quadro de iniquidade. Entretanto, nossas mazelas são por demais conhecidas, sem que tenhamos mudanças efetivas que nos coloquem no caminho do pleno desenvolvimento com justiça social. E qualquer possível melhoria passa por boas políticas públicas, pela criação de um também adequado ambiente de negócios e do papel equilibrado entre Estado e iniciativa privada. É esse debate que eu proponho nos artigos deste segundo capítulo. Alternativas existem, mas todas elas dependem do correto encaminhamento e engajamento de nossas lideranças, sejam elas políticas, setoriais ou intelectuais.

Já para o terceiro capítulo, revelando o caráter multidisciplinar deste livro, contei com a prestimosa ajuda do amigo e professor Artur Roberto Roman para a apresentação do tema *comunicação*. O fenômeno das redes sociais está impondo mudanças profundas no modo como nos comunicamos, trabalhamos e convivemos. Nesse capítulo, busco refletir e provocar questionamentos acerca de que forma podemos nos posicionar para melhorar o nosso repertório de conhecimentos e não sermos vítimas do processo de massificação das informações fragmentadas e muitas vezes encharcadas por mentiras. Em tempo algum, houve a proliferação de inverdades em escala industrial como agora. Reconhecer esse quadro e valorizar os fundamentos de uma boa comunicação, trazendo a ética e o respeito aos interlocutores como esteios para maior empatia no diálogo, sugere ser um bom caminho para quem deseja se comunicar melhor no atual ambiente polifônico caótico que enfrentamos.

No quarto capítulo, Lenio Luiz Streck, consagrado jurista gaúcho, nos brinda com a apresentação do tema *ética, democracia e sociedade*, assuntos que sempre foram importantes, mas assumiram especial relevo nos dias de hoje. De forma geral, percebe-se o recrudescimento do radicalismo, da intolerância e do autoritarismo em várias partes do mundo e no Brasil também. As democracias não estão mais somente sujeitas à derrocada via golpes de estado clássicos. Hoje, existe um insidioso processo de enfraquecimento das instituições que forjaram a figura do estado moderno e trouxeram a ameaça da praga populista para perto de nós. Nesse contexto, os artigos desse capítulo buscam fazer uma defesa enfática dos valores democráticos, fundadores da República no Brasil, bem como apontar os riscos e os caminhos para que a nossa democracia, embora ainda imperfeita, seja preservada e fortalecida.

O quinto e último capítulo do livro conta com a presença de Sérgio Etchegoyen, ex-General do Exército brasileiro e ex-Ministro de Estado, que prefacia o tema *geopolítica*. Os atuais riscos e oportunidades que a arena externa oferece não podem passar despercebidos no debate público que demarca este momento instável das relações entre os países. O Brasil, embora um País de dimensões continentais, ainda está longe de ter um protagonismo proporcional ao seu tamanho no concerto das nações. Somos pouco representativos economicamente e também pouco ouvidos em fóruns internacionais sobre questões estratégicas, bem como ainda não alçamos a condição de país com reconhecida capacidade de produção, inovação e integração ao mundo. Embora tenhamos virtudes a serem exaltadas no agronegócio e na preservação de nossas flora e fauna, precisamos nos conectar mais intensamente com o resto do planeta, especialmente no momento em que a sociedade do conhecimento cada vez mais ignora os muros e as fronteiras transnacionais.

GESTÃO DE PESSOAS E NEGÓCIOS

"Não podemos prever o futuro, mas podemos criá-lo."

Peter Drucker

Apresentação

Recebi o convite do Edson para escrever a apresentação deste capítulo com muita alegria. Nossa amizade começou a partir de uma relação acadêmica, de professor e aluno e, posteriormente, de orientador do curso de Mestrado em Administração na Universidade do Vale do Itajaí. O Edson sempre foi uma pessoa curiosa e comprometida com a aquisição do conhecimento, com o propósito não apenas de melhorar a sua prática gerencial, mas percebia que ele buscava também aprender um pouco mais para aprimorar a sua atuação como gestor, como pessoa, como pai, filho e esposo.

Ao ler os textos que integram este capítulo, percebo que todo o seu processo de formação e as experiências vividas na prática gerencial o tornaram um autor reflexivo e crítico sobre a vida organizacional e a concepção de liderança. De uma forma geral, os textos abordam questões relevantes e atuais, tanto para acadêmicos quanto para praticantes, uma vez que a dicotomia teoria-prática deve ser superada, porque são perspectivas complementares, e isso fica evidente ao longo deste capítulo.

Alguns textos abordam as transformações vivenciadas pela sociedade nos últimos anos, sobretudo o contexto da pandemia da Covid-19, além da presença de um mundo VUCA, caracterizado pela vulnerabilidade, incerteza, complexidade e ambiguidade, que suscita a necessidade da difusão de um pensamento complexo no ambiente organizacional. Outros destacam o papel e os atributos da liderança, de emoções como o medo e a necessidade de mudança nos comportamentos das pessoas para lidarem com as adversidades e os desafios do mundo contemporâneo. Questões geracionais e etárias são abordadas com lucidez e serenidade. Ressalto, ainda, a importância da discussão sobre a adoção de um comportamento ético pautado em valores de solidariedade, bem-estar, cooperação e sustentabilidade. A educação, ciência e pesquisa também são abordadas como pilares fundamentais para a busca de uma sociedade mais democrática e solidária, como o propósito de reduzir as desigualdades sociais e promover relações mais harmoniosas e menos dicotômicas entre as pessoas, as organizações e a sociedade.

Os textos abordados neste capítulo são valiosos para ajudar as pessoas a refletirem sobre a vida organizacional e suas implicações na vida pessoal e na sociedade. Afinal, a transformação da sociedade começa na transformação individual, e em vários textos o autor, de forma clara e objetiva, delimita um cenário que demanda a necessidade de as organizações repensarem suas práticas de gestão e os líderes assumirem uma visão mais inclusiva, participativa e sensível para enfrentar os desafios que emergem em um ambiente disruptivo e permeado por crises.

A cada texto lido, reflexões sobre a minha experiência como gestor, professor, pesquisador e como uma pessoa que deseja o melhor para o próximo foram emergindo e vou apresentá-las como forma de contribuição para o debate dos temas abordados.

Na vida social e no contexto organizacional, os "estereótipos simplistas e limitadores" reduzem a capacidade de os líderes pensarem a sua prática gerencial, e dificultam avanços na sociedade, a exemplo da noção de bem e mal abordada no texto "Maquiavel morreu?". O texto "O paradoxo da antifragilidade" faz uma reflexão filosófica relevante sobre as mudanças e a necessidade de o ser humano encontrar novas formas de enxergar a si próprio para navegar no imenso mar da vida. Se "há bons ventos, para quem sabe navegar", como aprender a navegar no mundo VUCA, a dialogar com esse novo contexto com mais abertura e humildade?

O pensamento complexo ainda não é uma realidade no olhar das pessoas sobre a sociedade, na qual os interesses materiais se sobrepõem ao que é essencial ao progresso da vida, que é o amor, a cooperação e a solidariedade. O autocentrismo como negação do outro também é uma barreira para o desenvolvimento de uma sociedade mais coletivista e menos individualista, e isso depende também da mudança nos modelos de gestão, que devem ser centrados nas pessoas, na busca do seu bem-estar e da satisfação com a vida. Produtividade e desempenho são consequência de um estado de ânimo, mas até hoje a maioria das organizações não pensa assim. O profissional precisa alcançar metas, gerar resultados, potencializar desempenhos, mas a que custo? De uma vida alienada que adoece ao longo do tempo. Felizmente, o fenômeno da *great resignation* surgiu para mostrar que as pessoas estão começando a despertar para o verdadeiro sentido da vida e decidindo abandonar empresas que não valorizam o ser humano como um ser multidimensional e que precisa de saúde e bem-estar para desenvolver um trabalho de qualidade e com produtividade.

A solidariedade e a cooperação universal também se configuram como um caminho para resolver problemas complexos da humanidade, o que demanda uma mudança de paradigma na forma de pensar a gestão intra e interorganizacional. Qual o futuro que queremos? Qual o seu propósito? As reflexões diárias sobre nossas ações, conquistas e limitações auxiliam o autoconhecimento, que é a base do despertar da consciência. Muitas pessoas acham que o sucesso está no desenvolvimento intelectual, na construção de uma boa rede de relacionamentos, mas o sucesso demanda consciência emocional, além de clareza de propósitos, que auxiliam na definição de objetivos relacionados à carreira a partir de uma perspectiva multidimensional. É isso que fará diferença na gestão no futuro.

A questão do autoconhecimento é milenar e um dos aforismos que o representa é o "conhece-te a ti mesmo", inscrito na entrada do templo do Deus Apolo, na cidade de Delfos (Grécia), no século IV AC. Por que até hoje esse ensinamento não faz parte da vida das pessoas? A racionalidade instrumental, discutida no texto "Burocracia 4.0", pode ajudar a compreender a visão das pessoas e do sistema organizacional em relação à materialidade da vida, relegando ao segundo plano a essência que torna pessoas mais satisfeitas com a vida e mais conscientes de seus propósitos, ou seja, seu autoconhecimento.

Somos eternos aprendizes. As pessoas são condutoras e navegadoras de seu autodesenvolvimento. Muitas pessoas investem tanto em competências técnicas que acabam deixando de lado a subjetividade, tornando-se profissionais autômatos, com baixo nível de reflexão sobre suas emoções e sentimentos, priorizando a produtividade, a lucratividade em curto prazo, mas adoecendo em longo prazo.

Não sei se estamos condenados à eterna aprendizagem, porque aprender a conhecer, aprender a fazer, aprender a viver juntos e aprender a ser, como propôs Jacques Delors, faz parte de nosso propósito de vida. Estamos condenados quando priorizamos aprendizagens que, no contexto atual, desenvolvem competências que podem tornar as pessoas *prisioneiras* do próprio sucesso, uma vez que são centradas numa visão produtivista, e não priorizam a capacidade de aprender sobre si mesmas em busca do autoconhecimento. As competências socioemocionais abordadas em vários textos já sinalizam essa necessidade de mudança no perfil dos líderes e das equipes no contexto pós-pandêmico.

A arte combinatória das competências deve levar as pessoas a criarem um repertório não apenas individual, mas coletivo e adaptativo, de modo que padrões de referência comum, uma linguagem compartilhada, uma memória coletiva e um engajamento pautado em relações de confiança colaboram para as transformações coletivas necessárias para a difusão de modelos de gestão que valorizem o desenvolvimento das pessoas e da sociedade com sustentabilidade.

Vários textos abordam a liderança como uma das dimensões mais relevantes para a condução dos processos de transformação organizacional. Fica evidente que a crise de liderança está na necessidade de repensar a atuação dos líderes como agentes de transformação social, capazes de inspirar pessoas em torno de um objetivo comum, atuando com humildade, sinceridade e uma inteligência coletiva e plural. Essas reflexões sinalizam novos comportamentos gerenciais.

Por isso, acredito na *Liderança Sensível*, título de um dos livros da série Human Centered Management, da editora Routledge, como um caminho para o desenvolvimento de um clima mais harmonioso e saudável nas organizações. Líderes sensíveis devem ter um radar emocional, que os ajuda a identificar os estados de humor e os sentimentos das pessoas que estão sob sua responsabilidade, o que caracteriza a gestão baseada em relacionamentos. Também devem ter um radar político, caracterizado por uma sensibilidade política de avaliar as implicações dos jogos de poder e influência nos quais se envolvem. O outro radar é o ético, fundamentado por uma prática de liderança que almeja antecipar o impacto que as decisões ou a ausência delas provoca no bem-estar das pessoas e equipes, o que caracteriza uma liderança baseada em valores e orientada para o próximo. Um líder sensível é prudente e usa *insights* para gerenciar as pessoas em nível ético, político e relacional. Apesar de não citar a abordagem, Edson Bündchen aborda os elementos da Liderança Sensível em vários textos deste capítulo.

Como disseminar essa concepção de Liderança Sensível em um contexto permeado pelo paradigma do medo como motivador e impulsionador da mudança? É necessário que as organizações oportunizem às pessoas viverem a vida em ambientes mais saudáveis, centrados no bem-estar, incentivando-as a terem um senso de direção, um propósito construído a partir de relações de confiança e de apoio mútuo.

Além disso, o medo deve ser tratado como uma emoção básica, e precisamos vivê-lo com naturalidade, mas aprendemos ao longo da vida a fugir dele e não perceber que o medo nos ajuda a transpor as dificuldades com mais serenidade, pois, ao dialogar com ele, avaliamos o que há de real no medo que estamos sentindo e desenvolvemos a consciência emocional necessária e usar a nossa criatividade emocional para refletir e agir sobre nossas emoções e potencializar a confiança em nós mesmos.

O clima de medo é extremamente prejudicial para a saúde organizacional e provoca um ambiente adoecedor. É incrível como ainda existem líderes nas organizações que usam o medo como fonte de poder e de dominação de sua equipe, como uma estratégia para garantir bons índices de produtividade e desempenho, às custas do sofrimento psíquico das pessoas, que desenvolvem transtornos mentais e comportamentais que afetam as suas vidas e até provocam afastamentos do trabalho.

Como o autor destaca no texto "Jardineiros da esperança", "a voraz competição empresarial desses tempos incertos ameaça a germinação da boa liderança e estimula o surgimento de lideranças tóxicas". A insensibilidade e o medo dominam as relações de poder. É relevante destacar que só os jardineiros sensíveis renovarão os jardins das organizações e ajudarão no florescimento de uma gestão centrada no bem-estar, com relacionamentos mais saudáveis, estímulo à criatividade emocional, senso de autocuidado e empatia, e conduzirão à emancipação das pessoas para se tornarem mais conscientes de suas responsabilidades e propósitos.

O verdadeiro tesouro das pessoas está em seu coração, e isso significa que os sentimentos do amor, da fraternidade, da justiça e da solidariedade são as pedras preciosas que o jardineiro das organizações precisa cultivar. Para isso, será preciso ter confiança e coragem para enfrentar as ervas daninhas da individualidade, do egoísmo e da vaidade, que muitas pessoas ainda cultivam no ambiente organizacional.

Que a leitura dos textos relacionados à administração apresentados neste capítulo seja fonte de inspiração para iniciar um processo de mudança nas práticas de gestão e nas concepções dos líderes sobre o futuro da vida nas organizações e na sociedade.

Anielson Barbosa da Silva
Professor do Departamento de Administração e
do Programa de Pós-Graduação em Administração
da Universidade Federal da Paraíba – UFPB.

Maquiavel morreu?

Ao nos depararmos com as atrocidades cotidianas, violência, fome, miséria, falta de solidariedade e uma infinidade de injustiças que acometem a humanidade, somos levados a pensar que o homem não é um ser do bem.

Por outro lado, assistimos também, diariamente, a exemplos edificantes da natureza humana, em que indivíduos dedicam suas vidas aos outros, pessoas se sacrificam anonimamente para salvar os esquecidos e virtudes humanas tais como senso de justiça, sabedoria, respeito, empatia, generosidade e honestidade ainda sobrevivem.

Essa questão do bem *versus* o mal está presente, muito mais do que se possa imaginar, na forma como as coisas são conduzidas, seja no plano individual, de grupos, empresas e até nações.

Maquiavel, no século XIV, ao aconselhar a família Médici de Florença sobre como agir para a manutenção do poder, valeu-se de uma visão francamente cética a respeito da natureza humana. Para Maquiavel, o homem não era confiável, solidário nem bondoso. Ao contrário, o homem traía sempre que possível, mentia com frequência e não cumpria suas promessas.

Essa visão pouco edificante do comportamento humano subsidiou os conselhos de Maquiavel aos príncipes, de modo que mantivessem seus reinos intactos. A ética de Maquiavel sobreviveu aos tempos e é estudada até hoje, inclusive tornando-se livro de cabeceira de líderes empresariais que se veem acometidos por uma competição brutal pela sobrevivência. Muitos desses líderes, ainda hoje, apelam ao filósofo florentino, mesmo após mais de 500 anos de sua morte, revelando como ainda são influentes os apelos a estratégias baseadas no matar ou morrer.

Entretanto, descartar os conceitos reducionistas entre o bem e o mal parece ser um bom começo para uma abordagem mais aberta à complexidade que cerca o comportamento das pessoas. Não há, a meu ver, razões para separar bons e maus na forma proposta por Maquiavel, até porque existem nuances comportamentais que nos tornam complexos demais para cabermos em estereótipos simplistas e limitadores.

Chama a atenção, entretanto, talvez em razão do apelo que soluções simples para problemas complexos exercem sobre gestores cada vez mais assoberbados, que ainda assistimos a fórmulas reducionistas e maniqueístas quando o assunto é liderar pessoas.

Se para a família Médici os conselhos de Maquiavel foram úteis para orientar escolhas fundamentais na manutenção do poder e da própria sobrevivência, num plano atual, acredito que gerentes e líderes devam considerar uma abordagem menos dicotômica e que permita explorar mais amplamente o imenso manancial criativo que os novos tempos reclamam. Parece um tanto *démodé* e fora de tom, em pleno século XXI, ainda apelarmos para conceitos que sinalizavam as limitações de uma época onde o conhecimento era privilégio de poucos.

Hoje, na era do conhecimento e da revolução tecnológica, é preciso abraçar uma orientação mais aberta, sensível e humanizada, fugindo do modelo maquiavélico naquilo que ele tem de pior: reduzir e separar o ser humano entre o bem e o mal. Sem essa superação, perde a própria gestão, que não atingirá seu pleno potencial, perdem os indivíduos, pelo desperdício de talentos, e perde a sociedade como um todo. Está na hora de superar Maquiavel.

16/01/2020

Gestão eficaz:
uma agenda inescapável

Estamos no meio da maior pandemia dos últimos cem anos, e os impactos econômicos, sociais e políticos ainda são impossíveis de calcular. Entretanto, como toda crise, esta também será superada, e o mundo se defrontará com inéditos desafios, nenhum talvez maior do que alocar com inteligência os investimentos futuros em educação, saúde, segurança e infraestrutura, além de estreitar laços de maior cooperação e apoio entre as nações.

Wilhelm Barkhoff, pensador alemão morto em 1994, dizia que "o medo de um futuro que tememos só pode ser superado com imagens de um futuro que queremos". Esse futuro que almejamos não será concretizado somente a partir de um desejo, por mais genuíno e legítimo que seja. É preciso, antes de tudo, que haja condições objetivas para que ele ocorra com sucesso. Nessa perspectiva, especialmente após um evento de tamanha magnitude como a atual pandemia do coronavírus, a capacidade de bem gerir será vital e, juntamente com outras condições materiais, tecnológicas e de ambiente regulatório, compõem o arcabouço essencial para um futuro de maior prosperidade para indivíduos, sociedade e a própria Nação.

Gerir com eficácia significa ter as competências necessárias para equilibrar demandas conflitantes, complexas e muitas delas mutuamente excludentes. Fazer as escolhas certas é fundamental. O consagrado pensador Peter Drucker alertava que "não há nada mais inútil do que fazer bem feito aquilo que nunca deveria ter sido feito". Num ambiente de maior escassez de recursos que advirá da atual crise da Covid-19, esse alerta soa oportuno para gestores públicos ou privados. O Brasil não pode mais admitir as centenas de exemplos de obras inacabadas e o mar de desperdício na aplicação do dinheiro público. Cada centavo, a partir de agora, terá que ser aplicado com eficiência, austeridade, visão estratégica e sustentabilidade.

Essa quase imposição de maior racionalidade na alocação de capital torna a gestão eficaz um imperativo de sobrevivência organizacional, quer para nações, empresas ou indivíduos, e coloca em xeque o falso dilema de que a boa gestão é atributo do setor privado, cabendo ao segmento estatal a imagem de gestor ineficiente e ineficaz. Não há mais espaço para essa dicotomia. Ambos os setores, público e privado, serão submetidos à dura prova de maior eficiência, maior transparência, maior compromisso com a ética, sob o olhar atento de uma sociedade ainda mais vigilante e consciente dos seus direitos.

A nova moldura do ambiente de negócios que emergirá da atual pandemia vai requerer dos indivíduos um novo posicionamento, sintonizados com mudanças inéditas e carentes de abordagens criativas, não contaminadas por visões já superadas no tempo. Será preciso, em muitos casos, uma completa autorreinvenção de indivíduos e organizações. Novas profissões irão surgir e outras desaparecer, impulsionadas pela crise, que está encurtando rapidamente os ciclos de vida de produtos e processos, a exemplo do aumento exponencial do trabalho via *home office*, tele-entregas, formas originais de produção e modelos de emprego. A demanda por conhecimento especializado descortinará novos e promissores estímulos à ciência e à pesquisa. O horizonte que se avizinha aponta claramente para uma condição inadiável para pessoas, organizações públicas e privadas: o desafio de gerir com maior senso de cooperação, visão sistêmica e um profundo entendimento de que gestão sem um sentido ético e humanizado não produzirá os resultados que os novos tempos reclamarão.

16/04/2020

Liderança para tempos incertos

Nações e empresas do mundo todo estão carentes de boas lideranças. Com um cenário incerto pela frente, os líderes terão a desafiadora missão de conduzir seus seguidores tendo pouca luz a sinalizar o caminho. Nesse cenário difuso, ambíguo e complexo, como obter o consenso necessário e o alinhamento correto para que seja possível atingir objetivos coletivamente compartilhados? De que modo construir acordos que consigam galvanizar vontades e influenciar atitudes? A resposta a essas perguntas têm um nome: liderança, ou, em outras palavras, atitudes coerentes, convincentes e responsáveis que capturem corações e mentes numa direção comum.

O conceito de liderança, por vezes, nos induz a pensar estarmos diante de um conjunto de qualidades quase sobre-humanas ou até míticas, tamanha a expectativa ou rol de qualidades que se atribuem ao líder. Desmitificar o líder e compreendê-lo a partir de um paradigma mais humano é um bom começo no sentido de conciliar melhor entendimento sobre o tema.

É preciso aceitar que não há um único conjunto de atributos de liderança. Líderes, por mais competentes e preparados que sejam, sempre estarão diante de fatores limitantes e conhecimentos insuficientes. Nesse sentido, a liderança tem se mostrado grandemente situacional. Líderes emergem a partir de determinados ambientes ou situações, não existindo um perfil de liderança universal que possa ser eficaz em todos os contextos. Dessa forma, evidencia-se a importância da capacidade de adaptação, sentido de cooperação e colaboração como sendo vitais para quem lidera, particularmente no horizonte que se descortina pós-pandemia da Covid-19.

Um outro aspecto relevante aos líderes é a necessidade de relacionamento e interação constante para o pleno exercício da liderança. Cada vez mais, torna-se essencial a proximidade, o diálogo e a empatia. Líderes de sucesso tendem a se destacar quando constroem consensos, dão voz às minorias e fortalecem o sentido de pertencimento a uma causa, fruto de diversas e diversificadas vozes. Essa capacidade de síntese daquilo que tem valor é fundamental na construção de sentido, vigor e sustentabilidade das ações de um líder. Desse construto, basicamente social, emergem seguidores voluntários, que cristalizam a essência da verdadeira e legítima liderança.

Em suma, um líder precisa ser mais visionário do que estrategista, mais contador de histórias que seduzem e impactam do que comandante que dita ordens, e mais servo da mudança do que arquiteto ou engenheiro de soluções prontas. Liderar, antes de tudo, é ter a consciência de sua própria fragilidade, renunciando à soberba e exercitando uma humildade sincera, assim como acreditar que as melhores soluções estão na inteligência coletiva e plural.

Nesse *continuum* de princípios que governam a boa liderança, a integridade tem especial destaque, uma vez que o comportamento exemplar é que molda a postura ética e o padrão moral dos liderados. Também uma visão orientadora, capaz de inspirar as pessoas para um propósito comum, é fundamental para que o líder prospere em sua missão. Curiosidade e coragem para descortinar o futuro e uma atitude voltada para a inovação são ingredientes de enorme importância no paradoxal ambiente atualmente vivido.

De todo o visto, depreende-se ser a liderança um requisito absolutamente essencial para qualquer empreendimento humano, seja pessoal, empresarial ou de governo. Boas lideranças possuem o poder de moldar um mundo melhor. Talvez, em época alguma, especialmente diante dos tempos incertos que se avizinham, a sociedade esteve tão dependente de boas e inspiradoras lideranças.

02/07/2020

Eternos aprendizes

No atual mercado de trabalho, as vagas mais atraentes estão sendo disputadas com denodo extremado por candidatos crescentemente pressionados e ansiosos. Nesse contexto, estar preparado no *estado da arte* é um requisito fundamental de sobrevivência. A cobrança por maior preparo profissional impõe um olhar mais atento por parte de todos aqueles que desejam ter sucesso neste novo cenário.

Que tipo de qualificação, então, está em maior evidência? Quais competências serão mais decisivas para que o candidato a um novo trabalho seja selecionado e, em sendo escolhido, tenha um futuro promissor na atividade que abraçar? Como manter o emprego num momento de forte enxugamento e redução de custos por parte das empresas?

Essas e outras questões fazem parte de um ambiente em transformação acelerada, no qual novas tecnologias estão mudando completamente o panorama. Nesse quadro, assiste-se a uma forte valorização das competências sociais e emocionais, fruto de uma necessidade cada vez maior de diálogo com o já conhecido ambiente VUCA, acrônimo para volátil, incerto, complexo e ambíguo. Os profissionais terão ainda que demonstrar visão sistêmica, capacidade de trabalhar colaborativamente e, acima de tudo, conviver com mudanças intermitentes.

Além disso, continua importante o domínio das competências técnicas, do saber fazer, dos métodos e processos. Profissionais que tenham a pretensão de evoluir com consistência em suas carreiras devem buscar um equilíbrio constante de saberes, ajustando eventuais *gaps* nas competências sociais, emocionais e técnicas, investindo de modo permanente no processo de autodesenvolvimento.

Não é mais possível imaginar que a responsabilidade pela formação dos profissionais esteja somente nas mãos das organizações. Ao contrário, cabe cada vez mais ao próprio sujeito assumir a gestão do seu processo de aprendizagem. Nesse sentido, o desafio do desenvolvimento e da capacitação será permanente, e converte-se em responsabilidade vital para todos os indivíduos. Trata-se de um movimento emancipatório extremamente desafiador, mas também fértil para aqueles com desprendimento e coragem. Esse caminho traz um enorme potencial em termos de liberdade, inovação e criatividade, colocando nas mãos de cada profissional as rédeas do seu futuro. Livres para buscar suas próprias trilhas de desenvolvimento, as pessoas terão um leque mais amplo de opções na construção de suas competências.

A atual situação de maior protagonismo do indivíduo, no tocante ao seu autodesenvolvimento, adquire contornos críticos e urgentes quando estudos apontam para uma significativa transformação na natureza do trabalho, com o desaparecimento, já em 2030, de número considerável de profissões hoje existentes. É preciso senso de urgência e um foco muito claro em que áreas aplicar o escasso tempo na construção de um repertório de competências capaz de dialogar com o impreciso ambiente de trabalho que se impõe rapidamente.

Nessa nova moldura que já se faz presente, sinalizando uma demanda cada vez mais exigente por talentos, um bom começo para iniciar o processo de aprimoramento profissional é o mapeamento das competências a serem desenvolvidas. Para tanto, deve o aprendiz diagnosticar quais serão os saberes com maior relevância para as suas atividades atuais ou futuras e confrontar essa importância relativa com o respectivo grau de domínio, ou, em outras palavras, com a capacidade de manejo seguro da competência avaliada. Quanto maior for a distância entre a importância relativa atribuída à qualificação existente e o domínio efetivo das competências avaliadas, maior urgência deverá ser dedicada ao seu desenvolvimento. Estamos todos condenados à eterna aprendizagem. E isso pode ser muito gratificante. Aproveite a viagem.

13/08/2020

Autocentrismo:
o perigo da negação do outro

Numa passagem memorável do livro *A Quinta Disciplina*, o consagrado autor Peter Senge descreve a cena da terra vista por um astronauta em órbita. Lá do espaço, nosso planeta azul parece extremamente frágil diante da vastidão assombrosa do universo. As fronteiras não são percebidas, revelando o quão absurdos ou inúteis são os intermináveis conflitos entre os homens, e como esse distanciamento do olhar permite melhor nos posicionarmos como passageiros fugazes de nossa existência terrena.

Mesmo capazes de reconhecermos a nossa insensatez, marchamos, como espécie, resolutos, cometendo os erros de sempre, como se cerceados por antolhos que nos suprimem a visão. Esse apego ao pensamento linear, em contraposição a uma perspectiva mais sistêmica, impede que muitos abracem o modelo complexo, que Edgar Morin tão bem defendeu em sua vasta obra. Para Morin, um entendimento mais claro do mundo, e que nos aproxime da realidade, se ampara na ordem, exatidão e clareza... No conhecimento. Nessa interpretação, existe diálogo entre razão e emoção, o real e o imaginário, a ciência e a arte, e um profundo respeito pelo compartilhar de saberes, antes integrados do que independentes. Não se nega a aleatoriedade, a incerteza, a contradição e a multiplicidade, mas primeiro as incorpora, aglutina e inclui.

No campo contrário, a visão autocentrada rejeita o pensamento aberto, abrangente e flexível, e enxerga no outro um adversário, alguém a ser eliminado, banido e proscrito, num paradigma de competição predatória. Para que eu exista, alguém precisa ceder o seu lugar. Essa concepção, claramente, empobrece e compromete uma possibilidade real, porém mais difícil, de se construírem consensos que abarquem o "por que não?", em vez do limitado "ou eu ou ele". Por certo, o alcance e as consequências da ausência de um pensamento sistêmico afetam não apenas o terreno mais largo de governos e organizações, mas também o próprio sujeito. Uma mente estreita prejudica diretamente o indivíduo, limitando o seu campo de visão a fórmulas reducionistas, muitas delas vencidas no tempo, e até intelectualmente perigosas, a julgar pelas insinuações autoritárias que vez por outra compõem o debate.

Nesse aspecto, compreender e bem situar a necessidade de ampliarmos o pensamento sistêmico, pode refutar visões incompletas da realidade, mas não somente isso. Em tempos de extrema polarização e intolerância, como este que atravessamos, essa reflexão se impõe. É preciso uma melhor compreensão das vantagens de se abrir mão de uma cultura imediatista em favor de uma perspectiva mais ampla, com um espaço digno para os opostos e para o dissenso. Ali, nesse meio, construído pluralmente, permitem-se novas abordagens e inéditas possibilidades, inseridas num propósito de maior alcance, abertura e compreensão. Descortina-se, desse modo, um horizonte mais permeável à novidade, sensível e tolerante ao próximo e a novos conhecimentos, também curioso e confiante em relação ao futuro.

O pensamento sistêmico, assim, além de reforçar e sintonizar a nossa condição humana e fraterna, é também pragmático, ao permitir que o perigo do autocentrismo seja bem delineado, evitando-se a negação do outro com o risco da nossa própria negação. Sem a generosidade empática que uma compreensão mais holística nos permite, estaremos condenados aos mesmos erros do passado, retardando os imensos benefícios que a superação da ideia excludente do "nós contra eles" pode sugerir. Sem dúvida, ainda há tempo para que esse debate seja recuperado em toda a sua plenitude, e que se converta em prática efetiva a poderosa intenção de abarcar o contrário no construto de uma dialética mais ampla e promissora. Em tempos de pós-pandemia, isso pode não ser apenas desejável, mas extremamente necessário.

27/08/2020

O paradigma do medo

Em 1996, a eminente psicóloga Judith Bardwick, publicou o livro *Perigo na Zona de Conforto*, no qual buscava explorar as causas da baixa produtividade da força de trabalho americana. Naquele momento, a economia dos EUA estava sendo ameaçada, especialmente pelas exportações japonesas, abrindo espaço para uma importante discussão sobre práticas gerenciais, com ênfase nos fatores motivacionais que poderiam estar por trás do problema.

Para Bardwick, os trabalhadores americanos estavam experimentando aquilo que ela qualificou como *entitlement*, o que, numa tradução livre, seria uma mentalidade de acomodação, baixa responsabilidade e pouca motivação. Isso demandaria, na visão da autora, uma atitude afirmativa e até certo ponto dura por parte dos empresários e executivos, de modo que os empregados voltassem a ter mais *brilho nos olhos*, expressão que denota espírito aguerrido, prontidão e motivação para o trabalho. Nesse processo de mudança, as práticas sugeridas iam da defrontação objetiva com os funcionários menos produtivos, até a sua demissão à vista de todos. Na época, a obra de Bardwick foi taxada de excessivamente instrumental e insensível, sendo muito criticada por teóricos de gestão de pessoas.

Hoje, também enfrentamos mudanças profundas no mundo do trabalho, aceleradas pela crise da Covid-19, emergência de novas tecnologias, e por uma força de trabalho muito diferente em termos de perspectivas e ambiente competitivo. Dessa forma, até que ponto podemos afirmar que as práticas de assédio moral, ameaças e pressão por resultados deixaram de ser dominantes? Para o filósofo da USP Clóvis de Barros Filho, a única força verdadeira que move as empresas é o medo. Seria pelo medo de ser demitido que os profissionais se dedicam; pelo medo de ficar defasado é que as pessoas investem em seu autodesenvolvimento e, pelo medo, enfim, é que as coisas aconteceriam nas organizações. Essa visão restrita, contudo, abre amplo espaço para contestação.

Controlar as pessoas está cada vez mais difícil, uma vez que a autonomia e o protagonismo dos empregados tendem a ganhar crescente relevância. Instilar o medo como meio para se obter maior produtividade pode provocar não somente a inação, mas repercutir negativamente no clima organizacional e no substancial aumento das doenças ocupacionais. O esforço, então, na busca de maior efetividade no trabalho deve contornar os extremos da passividade do *entitlement* e a inércia paralisante do medo, e investir na emancipação intelectual do trabalhador, em que o significado e os porquês daquilo que é feito é tão ou mais importante do que a tarefa em si.

O desafio permanente para os gestores, desse modo, é superar um paradigma culturalmente enraizado, ancorado numa pressuposição equivocada que enxerga o trabalhador como indolente, preguiçoso e sem ambição. Romper esse pensamento e sintonizar as práticas de gestão de pessoas a um modelo mais humanizado requer atenção e sensibilidade. É preciso, antes de tudo, reconhecer que estamos inseridos em um contexto mais complexo, no qual estão presentes novos elementos a compor o riquíssimo mosaico social do ambiente laboral.

A fuga do modelo opressor, desse modo, demanda um gestor muito próximo de seus liderados, esclarecendo, apoiando e estimulando novos patamares de desempenho. Compreender que maior autonomia implica igual responsabilidade, e que um protagonismo mais amplo do empregado passa a ser não apenas desejável, mas imprescindível, é tarefa indelegável da moderna liderança. Sem isso, corremos o risco de voltarmos a fórmulas reducionistas, nas quais o recurso ao medo será sempre uma tentação tão simples quanto cruel, desprezando as excepcionais oportunidades que uma gestão mais humanizada pode proporcionar.

10/09/2020

Tanto Marte quanto Vênus

O modo como as coisas são originalmente concebidas afeta profundamente o comportamento presente e futuro da vida em sociedade. O arquétipo masculino dominante, fundado na força física, foi decisivo, desde os primórdios da civilização, no delineamento dos papéis desempenhados por homens e mulheres. Com o advento da Revolução Industrial, as expressivas mudanças nos hábitos e costumes das pessoas trouxeram também em sua esteira um gradual processo de emancipação feminina, culminando com o atual ponto de inflexão. Hoje, testemunhamos uma reconfiguração da atuação das mulheres, quer na sociedade de forma geral, quer junto ao papel profissional e de liderança empresarial.

Aos poucos, os laços que prendiam as mulheres aos preconceitos do passado vêm sendo superados, abrindo um horizonte antes impossível de imaginar, dado o conjunto de discriminação e dificuldades estruturalmente existentes. Com maior espaço para prosperar, as mulheres tendem agora a avançar mais rapidamente, ocupando lugares antes dominados pelos homens, em todos os segmentos da sociedade. Essa nova realidade sinaliza uma paisagem mais inclusiva e democrática no tratamento das oportunidades, pressupostos de uma vida comunitária mais plural e humanisticamente avançada.

Alguns exemplos por maior equidade de gênero são encorajadores, apesar de ainda insuficientes. Na política, a Chanceler alemã Ângela Merkel é hoje a personalidade mais influente da Europa. Úrsula Von Der Leyen, Presidente da Comissão Europeia, e Christine Lagarde, Presidente do Banco Central Europeu, são exemplos da ocupação de espaços estratégicos pelas mulheres no ambiente econômico. No mundo dos negócios, o percentual de mulheres em cargos executivos vem crescendo, mas ainda é baixo.

Estudo da consultoria McKinsey aponta que, apesar dos esforços, o progresso para um maior equilíbrio entre homens e mulheres precisa evoluir. O mundo corporativo é conservador e apresenta grandes obstáculos quando o assunto é diversidade de gênero.

Esse panorama, entretanto, começa a melhorar. Há duas forças estruturais e uma de ordem conjuntural que, em sintonia, prometem acelerar um maior protagonismo das mulheres. A primeira causa, de ordem tecnológica, integrou o planeta e solapou da força bruta seu sentido de poder. Menos refém da figura masculina, o campo de jogo entre homens e mulheres ficou mais nivelado, eliminando uma das razões históricas da falta de equidade. A segunda vertente, de cunho comportamental, deriva da ascensão das competências sociais e emocionais no mundo organizacional. O saber fazer junta-se ao saber ser, incorporando noções de maior sensibilidade, visão holística, afeto, empatia, amorosidade e solidariedade. Do ponto de vista conjuntural, a aceleração das transformações deste novo milênio confere maior velocidade aos avanços tecnológicos e às mudanças comportamentais, combinando-as e estimulando a sociedade a repensar formas mais equilibradas de participação das mulheres na vida econômica e social.

Ademais, a crise ambiental, o desafio imposto pela Inteligência Artificial e as questões geopolíticas reclamam por maior capacidade de visão sistêmica, articulação e colaboração, desafios que exigem um esforço integrado e coletivo. Assim como a estrutura social do passado foi edificada com o suporte circunstancial de atributos notadamente masculinos, o atual ponto de mutação sinaliza para um outro eixo gravitacional. Nesse novo paradigma, mais humanista e plural, haverá um papel de maior relevo para as mulheres. Isso, contudo, depende não somente das condições históricas favoráveis que se apresentam, mas simultaneamente do engajamento de toda a sociedade neste processo de avanço civilizacional que a todos afeta.

24/09/2020

O paradoxo da antifragilidade

Está claro que as profundas mudanças econômicas, sociais e tecnológicas em curso exigirão de cada um nós um repertório cada vez mais sofisticado de saberes, competências e comportamentos. A dimensão dessa metamorfose pode ser captada pelo acrônimo VUCA, surgido em 1998, espelhando as extraordinárias transformações do período pós-Guerra Fria, e que foram reforçadas com o advento da crise econômica de 2008, ratificando estarmos sob o domínio da volatilidade, incerteza, complexidade e ambiguidade. Confrontar esse ambiente talvez não seja sensato, nem tampouco simplesmente adaptar-se. Melhor seria que a aleatoriedade e a imprevisibilidade operassem em nosso favor, porém isso tem a ver com o enfrentamento de alguns paradigmas, muitos deles solidamente enraizados na forma como vivemos, aprendemos e nos relacionamos.

Para Nassim Nicholas Taleb, autor do clássico *A Lógica do Cisne Negro*, os conceitos de robustez e resiliência já não são suficientes para nos garantir um sono tranquilo. É preciso ir além e fazer com que a desordem e o caos nos fortaleçam, a começar por abandonarmos qualquer ilusão vinculada à tentativa de prevermos o futuro. A exposição aos choques, eventos adversos, *stress* e incertezas seria fonte de antifragilidade, enquanto a proteção excessiva, a crença em previsões e o medo de se expor trabalhariam em nosso desfavor. A tese de Taleb, mais do que controvertida e ousada, supõe que, diante de um contexto no qual a única variável constante é a própria mudança, o nosso comportamento precisa ser inteiramente repensado. Assim como mães superprotetoras muitas vezes mais prejudicam do que ajudam seus filhos, a ausência de estressores na vida adulta também pode ser disfuncional.

A filosofia, antes tida como um campo do conhecimento até certo ponto descolado da praticidade da vida, adquire novo *status* ao emergir com sua vertente mais pragmática e menos idealista. Os gregos foram muito bons nisso, talvez por falta do que fazer num mundo bem menos movimentado, pelo menos em analogia com a moderna sociedade líquida, tão bem descrita por Zygmunt Bauman. Quando Nietzsche proclamava que aquilo que não me mata, só me fortalece, antecipava premonitoriamente um imperativo que pode agora separar vencedores e perdedores num mundo em ebulição. Essa sustentação na prática filosófica também encontra abrigo nos estoicos, já que os pressupostos mais consagrados daquela Escola têm na moderação, no desapego e na domesticação das emoções os seus maiores legados. Parece hoje adequado, ao modo da época de Sêneca, resgatar a sabedoria prática, quando lá fora tudo é nebuloso, implacável e mutante.

Para fazer com que as forças contingentes que moldam o mundo moderno convirjam em nosso favor, é necessária uma assertiva compreensão desse cenário labiríntico e de nossa própria inserção no mundo. Do entendimento e posicionamento diante dessa realidade é que emergirá o sujeito antifrágil, capaz de avançar perante a incerteza, aprendendo por experimentação, improviso, tentativas e erros. Mais do que negar ou desviar-se do fortuito ou inesperado, nossa sobrevivência terá muito a ver com a capacidade de dialogar com este novo contexto, com moldura, tons e textura que inapelavelmente teremos que desvendar.

Esse enfoque que concilia um quadro atual turbulento à prudência desapegada, sorvendo saberes consagrados historicamente, sem abrir mão da inovação e criatividade das modernas tendências, somente ocorre com a combinação do aprendizado numa visão inclusiva, aberta e até certo ponto humilde. A antifragilidade, nessa perspectiva, convida à junção do presente e do passado, convertendo-se em postura simultaneamente prática, conceitual e versátil, tornando nossa navegação possível, assim como um barco à vela aproveita os ventos, de qualquer sentido que venham. Só há bons ventos, contudo, para quem sabe navegar.

22/10/2020

Velhos demais?

O Itaú anunciou a indicação de um executivo de 44 anos para comandar a instituição. É a primeira vez que alguém com menos de 50 anos tem essa missão. Analistas receberam a nomeação como um sinal de que haverá mudanças na estratégia da empresa, especialmente no fechamento de agências físicas e atuação mais forte no mundo digital. Esse fato coloca em evidência uma discussão muito presente no mundo acadêmico e corporativo em relação à idade dos executivos, e sua correlação com as competências requeridas pelas organizações. Estaria hoje o mercado mais alinhado com características marcadamente juvenis, como agilidade, arrojo e familiaridade com novas tecnologias, ou a moderação, a experiência e a sabedoria seriam mais adequadas para o atual ambiente de competição extremada em que vivemos? Dessa resposta, muitos dos planos terão ou não sucesso, a partir das escolhas que estão sendo feitas por conselhos de administração cada vez mais apreensivos em relação ao futuro.

É evidente que a geração nascida neste novo milênio tem uma relação mais natural com as novidades tecnológicas. Já alguém nascido em meados dos anos 80 do século passado, tal qual o executivo agora promovido, passou a ter contato com a era do algoritmo com idade para ingressar no mercado de trabalho, ou seja, teve que aprender a navegar no mundo digital já adulto. Mas aparentemente não é somente essa a questão. O que mais estaria distinguindo os perfis de executivos com diferenças menores de 20 anos entre si? Há evidências bem pronunciadas de não ser matéria apenas cronológica. Por trás da diferença temporal, reside um conceito ainda vigente de que o passar dos anos subtrai do comportamento gerencial predicados considerados essenciais no universo da competição corporativa, tais como a velocidade, a energia e certa intrepidez que uma menor vivência encoraja. Isso, até certo ponto, contraria algumas outras visões de que esse ambiente complexo e imprevisível requer, na verdade, saberes e comportamentos mais conservadores e ponderados.

A dinâmica das grandes empresas exige dos executivos sólida formação moral, profunda capacidade de visão sistêmica, equilíbrio na tomada de decisões e plasticidade comportamental suficiente para aprender durante toda a vida. É difícil, nessa trajetória de formação profissional, antecipar certas etapas que somente a prática e a vivência diária irão proporcionar. Não há, entretanto, nenhum critério quanto à idade ideal dos executivos que possa ser considerado um padrão mundial. Cada organização, dentro da sua realidade competitiva, faz escolhas que são moldadas por múltiplos fatores, e que refletem tendências particularizadas. Em lugar de buscar nascidos em determinada época, a pretexto de injetar vigor e inovação nos negócios, será preciso encontrar esses requisitos no comportamento dos indivíduos, sob pena de incorrer-se em julgamento empobrecido acerca do verdadeiro potencial de desempenho existente. Isoladamente, a idade não é boa preditora de bons ou maus resultados. É, antes de tudo, uma variável que projeta determinadas expectativas, nem todas pertinentes, em contraste com o conhecimento e méritos que a trajetória completa do indivíduo revela com maior consistência.

Assim, mais importante do que uma escolha isolada de um alto executivo jovem ou experiente para liderar as empresas é o modo como a distribuição de perfis ocorre na cadeia funcional abaixo. Permear toda a organização com a diversidade de várias gerações, absorvendo de cada uma delas suas características singulares, permitindo critérios justos de ascensão, certamente expressa melhor a maneira de enfrentar esse desafio tão atual. Velhos demais, tanto para a vida como para as organizações, estão somente aqueles que perderam a capacidade de sonhar e aprender, e isso é algo que tem tudo a ver com as escolhas de cada pessoa ao longo da vida.

19/11/2020

Jardineiros da esperança

A área de gestão de pessoas está diante de um imenso desafio. A voraz competição empresarial destes tempos incertos ameaça a germinação da boa liderança e estimula o surgimento de lideranças tóxicas. Muitas empresas se converteram em estruturas insensíveis, onde predomina o medo e há crescente proliferação de doenças ocupacionais. É imperioso construir alternativas. Rubem Alves pergunta: "O que se encontra no início? O jardim ou o jardineiro? É o jardineiro, claro. Havendo um jardineiro, mais cedo ou mais tarde um jardim aparecerá. Mas havendo um jardim sem jardineiro, mais cedo ou mais tarde ele desaparecerá. O que é um jardineiro? Uma pessoa cujo pensamento está cheio de jardins. O que faz um jardim são os pensamentos do jardineiro", arremata o consagrado pedagogo.

Seriam os gestores jardineiros? Teriam os gerentes de hoje, a partir de suas competências, inteligência emocional e valores, condições de fomentar ambientes de trabalho mais humanizados? Penso que sim. Um gerente competente e atento pode ser o agente de uma profunda transformação no modo como se comporta o grupo ou as pessoas individualmente. A rica metáfora do jardineiro, transposta para o muitas vezes frio ambiente corporativo, revela que ter o foco certo é fundamental. O cuidado com as pessoas e sua permanente valorização são elementos essenciais no fomento a ricos espaços inovadores, criativos e fecundos. Nesse sentido, também é preciso dar voz a todos. As queixas e os ruídos são geralmente frutos do discurso não dito, mas que precisa fluir, ter espaço, despertar. Calada a voz, perde-se o impulso para a mudança. Calada a voz, perde-se a vida. É preciso escutar antes de apenas ouvir.

O gestor que não somente permite essa liberdade em sua equipe, mas a inunda com espaços emancipatórios e lhes dê sentido de propósito, libera grande energia criativa entre as pessoas, promovendo também maior autonomia, confiança e satisfação no trabalho. Cultivar e valorizar as diferenças e investir nessa heterogeneidade permite que emergentes talentos despontem, pois encorajados foram a partir de uma matriz substantiva, autêntica e multicultural. Não basta ordenar. Liderar é, antes de tudo, arrastar pelo exemplo, pela presença, pela coerência. Carecemos de líderes que oportunizem a seus liderados sonhar, auscultar novas fronteiras, sem medo de errar, sem medo de ousar, sem medo de idealizar um futuro melhor. O olhar atencioso do jardineiro da esperança incorpora em si a virtude da empatia, a premissa fundada no próximo e na crença legítima de que o verdadeiro tesouro se encontra no coração e na alma dos colaboradores, muito mais do que em suas mãos e cérebros.

Num quadro que aponta para um futuro mais colaborativo e cooperativo, restam poucas dúvidas acerca da emergência da jardinagem corporativa. Quiçá tivéssemos milhares de jardineiros da esperança em nossas organizações, fertilizando os ambientes empresariais com atitudes concretas, coerentes e persistentes, no sentido da criação, expansão e consolidação de um modelo de gestão verdadeiramente mais humano, livre dos modismos e de conceitos que não fazem mais eco, especialmente aqueles baseados no comando, controle e no uso indiscriminado de ameaças como método de gestão.

Carl Jung nos ensinou a conhecer todas as teorias, dominar todas as técnicas, mas ao tocarmos uma alma humana, sermos apenas outra alma humana. Nessa perspectiva imaginada, mas possível, o jardineiro corporativo é autor, coautor e construtor do inadiável movimento de permanente sondagem de um leque ainda inexplorado de oportunidades, de um conjunto ainda inédito de possibilidades. Esse futuro esperançoso terá que ser construído, e gradualmente descortinado, com discernimento e coragem, alçando o ser humano, de fato e de direito, a ocupar o seu indelegável protagonismo neste novo milênio, ainda muito marcado por práticas de gestão que há muito tempo já deveriam ter sido superadas.

03/12/2020

Arte e ciência forjando o futuro

No último dia 9 de setembro, comemorou-se o Dia do Administrador, data importante considerando o impacto que essa profissão teve no passado, na contemporaneidade e certamente terá no futuro que se avizinha velozmente. Mesmo intuitivamente, por volta de 1100 a.C, os chineses já praticavam as quatro funções da administração que viriam a ser estabelecidas formalmente por Henry Fayol muitos séculos depois. Assim como Isaac Newton não criou a lei da gravidade, apenas a desvelou, também Fayol concluiu que planejar, organizar, dirigir e controlar eram funções presentes e necessárias, do mais simples projeto até o mais monumental empreendimento humano. Os gregos reconheceram a administração como uma arte separada e praticavam uma abordagem técnica do trabalho, num prenúncio daquilo que no fim do século XIX faria emergir a administração científica, com o americano Frederick Winslow Taylor fincando as bases para a explosão da produtividade, que daria novo impulso ao capitalismo moderno. Os romanos, por seu turno, tiveram que descentralizar a gestão do seu Império, o que mais tarde foi reconhecido como atividade essencial aos grandes conglomerados industriais, a exemplo da General Motors, uma das precursoras do modelo de departamentalização. Já os venezianos, na Idade Média, padronizaram a produção por meio da linha de montagem, construindo armazéns e gerindo estoques para monitorar os conteúdos, como fez Henry Ford em suas linhas de produção, no início do século XX.

Entretanto, nada se compara ao que aconteceu a partir da Revolução Industrial. Se na antiguidade era possível avançar pelo método de tentativa e erro, isso se tornou inconcebível com o aumento extraordinário da complexidade e diversificação das operações envolvidas no processo produtivo que as novas tecnologias proporcionavam. Na esteira dessa transformação, surgiam os primeiros programas de educação formal na área de gestão, a exemplo da Wharton School e da Amos Tuck School, ambas nos Estados Unidos. Podemos dizer que a administração, tal qual a conhecemos hoje, é uma ciência relativamente nova, muito embora seus fundamentos tenham uma robusta base histórica. Se a economia é a ciência que estuda a melhor forma de alocação eficiente dos recursos escassos, cabem à administração as escolhas que definirão as melhores estratégias, considerando as pessoas, os processos, as finanças e os negócios abarcados dentro do escopo gerencial. Atualmente, a revolução tecnológica acelerou as transformações em todas as esferas e sinaliza que mudanças cada vez mais profundas marcarão o futuro da sociedade e da ciência da administração.

Mas não haveria administração caso não houvesse homens e mulheres capazes de construir o conhecimento necessário e aplicá-lo de maneira proficiente e responsável. Assim como não existem países subdesenvolvidos, mas apenas países mal geridos, o mesmo podemos afirmar de organizações e indivíduos, já que todos se submetem aos mesmos pressupostos da boa gestão. A sociedade do conhecimento é a marca deste novo milênio e coloca uma enorme responsabilidade sobre quem deseja prosperar num ambiente incerto, ambíguo, complexo e volátil. Esse empoderamento do indivíduo frente a novas e cada vez mais exigentes demandas do mercado tem valorizado em escala inédita a autodeterminação, a educação continuada e uma grande capacidade adaptativa como elementos centrais desse novo momento econômico, social e cultural que experimentamos. Em contraste com uma realidade na qual as tecnologias sugerem o confronto entre o saber humano e a inteligência artificial, o desafio que se interpõe é justamente resgatar o sentido humanístico para gestores e organizações. A ciência da administração, mesmo dotada de enorme repositório de pesquisas e conhecimento aplicado, tem a missão de se reinventar permanentemente, em especial diante de um amanhã com menos empregos, maior diversidade cultural, maior interdependência e mudanças aceleradas.

16/09/2021

Reinventando-se em pleno voo

É inegável o enorme desconforto em relação ao futuro do trabalho. Hordas de desempregados tiram o sono de governos no mundo todo e impactam de forma inédita a vida social e política do planeta. Se, do ponto de vista governamental, o desemprego estrutural e as novas formas de trabalho são demasiadamente inquietantes, para os indivíduos, as preocupações não são menores. Diferente do passado recente, quando havia menos instabilidade, atualmente prevalece um quadro de mudanças sem precedentes, ambiente no qual novas tecnologias reconfiguram continuamente o contexto, tornando obsoletos saberes já consagrados e colocando um enorme peso sobre os ombros dos trabalhadores. Empregos temporários e novas competências esculpem o novo normal, e hoje é bem menos provável que alguém trabalhe para uma única empresa ao longo da vida. Diante desse cenário, surgiu uma indústria de novos especialistas, *coaches* e formas de capacitação multivariada, com um cardápio completo para cada uma das situações, sejam elas originadas de carências técnicas, comportamentais e até existenciais. Afora isso, a Internet provê, a um toque dos dedos, a possibilidade de acesso ilimitado ao conhecimento, algo inimaginável até há bem pouco tempo. Isso tudo, apesar de relevante, não conseguiu diminuir a tensão e o medo em relação ao que ainda está por vir.

Mais do que impor a atualização do repertório de competências, a atual dinâmica do trabalho e da vida em sociedade coloca o planejamento de carreira num patamar estratégico, semelhante às mesmas formas e premissas organizacionais. Empresas e indivíduos, cada qual dentro de sua realidade competitiva, estão tendo que balizar suas decisões não mais em contexto conhecido e seguro, mas dentro de um sempre inédito panorama, conjugando elementos complexos e incertos com uma promessa concomitante de almejar mais significado, paixão, propósito, autenticidade e senso comunitário. Ao tempo em que se torna mais fatigante garantir um lugar ao sol no mundo do trabalho, novas alternativas se apresentam, especialmente diante de transformações profundas nos modelos laborais. Com os algoritmos ceifando rapidamente empregos com baixa densidade intelectual, cada vez menos alternativas que dependam dos músculos estarão disponíveis, enquanto empregos que requeiram saberes mais elaborados serão crescentemente requeridos.

Do mesmo modo que houve o surgimento de novas profissões, numa sociedade predominantemente de serviços, também ocorreu uma mudança significativa na estrutura dos conhecimentos requisitados para essa nova realidade. Para muito além de conhecer a técnica, o modo certo de realizar determinada função, tarefa ou serviço, o profissional moderno terá que estruturar e posicionar as suas competências em sólidas bases comportamentais. O saber ser, num contexto de extrema fluidez, permitirá ao trabalhador do conhecimento construir, ao modo das estratégias corporativas, seus diferenciais mercadológicos capazes de lhe gerar vantagem competitiva num mercado implacavelmente exigente. Consistência de caráter, atitude proativa e positiva, juntamente com uma forte inclinação ao aprendizado por toda a vida, além de pensamento crítico desenvolvido, serão os alicerces para a empregabilidade do futuro.

Nessa perspectiva, adquire peso ainda maior o condicionamento psicossocial do indivíduo. A postura correta e o entendimento dessas novas regras que já estão moldando o futuro do trabalho, portanto, estão muito mais atreladas a aspectos atitudinais do que técnicos. A guerra dos mercados, o gosto multifacetado dos consumidores e uma sociedade pós-moderna em constante fluxo, remetem o trabalhador a um encontro inadiável com uma emancipação mais plena, e mais difícil também. Ao contrário de permanecer a reboque de sindicatos ou governos, o trabalhador do novo milênio terá que se reinventar continuamente, não em águas serenas, mas num teste permanente de resiliência para sobreviver e prosperar num ambiente frágil, ansioso, não linear e menos compreensível.

20/01/2022

Em busca de sentido

Parecia apenas mais um dia na rotina nada convencional do catarinense Jesse Koz, que junto com Shurastey, seu cão inseparável, tentava chegar ao Alasca com seu fusca 1978, numa estrada qualquer do Estado americano do Oregon, quando acabou encontrando a morte, junto com seu fiel companheiro de jornada, num desses acidentes estúpidos que estão sempre à espreita. Compartilhando sua aventura pelas redes sociais desde que saiu de Balneário Camboriú (SC), em 2017, Jesse abriu mão de um emprego que julgava enfadonho e, para surpresa dos amigos e familiares, saiu América afora buscando, nas palavras dele, provar que "a vida é mais do que ficar esperando". Há muitas histórias de pessoas que largam tudo e viajam pelo mundo em busca de aventura e até dinheiro, mas há mais do que isso. A junção de um sonho destemido com a morte prematura, transmitida ao vivo para milhares de seguidores pela Internet, confere ao drama vivido por Jesse cores e tons que mexem com um imaginário já bastante sensível a um mundo teimosamente imprevisível, que se transforma num ritmo capaz de abalar até os mais renitentes.

O fim trágico dessa história, entretanto, não se confina a um fato isolado, mas se conecta a um outro fenômeno que o psicólogo organizacional Anthony Klotz chamou de "a grande renúncia", um realinhamento do mercado de trabalho no qual parcela importante de trabalhadores, por diversos motivos, está largando seus empregos. O fim da pandemia fez com que muitas pessoas repensassem suas vidas. Muitos perceberam que desejam mais tempo com suas famílias; outros notaram que seu trabalho não é mais tão essencial quanto imaginavam, ou querem agora empreender, buscar novos horizontes. Enfim, há toda uma gama de repercussões psicossociais em curso. Além disso, o trabalho em *home office*, a exaustão pelo excesso de tarefas e a sensação de "estar disponível" 24 horas por dia estão também entre os principais fatores que ajudam a explicar o nível altíssimo de demissões voluntárias ocorridas em todo o mundo.

Dentre essas várias razões para a ocorrência da "grande renúncia" contudo, a busca por maior sentido existencial em confronto com empregos muitas vezes despidos de significado, talvez seja a mais crítica, e está chamando a atenção, não apenas de estudiosos, mas de empresários que encontram um novo desafio para atrair e manter seus colaboradores. A compreensão da inelasticidade do tempo, em parte explicada pelo frenesi das redes sociais, a consciência de que o aprendizado, em suas múltiplas formas experienciais, opera como um contraponto à estabilidade, o aumento da vida ativa das pessoas e um quadro de mudança estrutural e psicológica do espaço laboral, prometem reconfigurar o mundo do trabalho tal como o conhecemos.

Nessa perspectiva, assistimos à emergência de um novo arcabouço psicológico que passa a reger as manifestações intraorganizacionais, não mais somente sob o império da hierarquia. Aflora, gradualmente, um ambiente que pressiona por um maior encorajamento da contestação, do contraditório, das revelações das diversidades, do entendimento da riqueza polifônica que invade a comunicação, uma vez afastado o medo de se perder o emprego, dado que isso está a ocorrer de forma voluntária, conforme tão bem demonstram as estatísticas de abandono do trabalho hoje identificadas. Por assim dizer, estaríamos diante de um recado tácito aos empregadores para que avancem muito além de um caricato quadro de valores pendurado na sala de reuniões do comitê executivo e passem a construir novas práticas gerenciais, mais inclusivas, cooperativas e transparentes, e que soterrem de vez a noção de comando e controle. Sem essa compreensão e sem esse novo modo de agir por parte da alta direção, legiões de trabalhadores continuarão saindo de seus empregos em busca de maior sentido para as suas vidas, assim como fez Jesse Koz, ao declarar: "Eu vivia uma vida que não queria viver, já que a vida que eu queria viver eu não poderia viver, porque eu vivia dentro de um *shopping* vendendo roupas para desconhecidos".

02/06/2022

Burocracia 4.0

Desde Aristóteles, passando por Galileu, Descartes, Newton, Comte e muitos outros, o homem busca um entendimento racional do mundo. Como não poderia deixar de ser, o pensamento mecanicista também influenciou fortemente as ciências sociais, particularmente a novíssima ciência da administração. Dentre os luminares do pensamento racional, Frederick Taylor, com o estudo dos tempos e movimentos, talvez tenha sido aquele que melhor expressou, na prática, as intenções de seus famosos predecessores. Mais adiante, a partir da década de 40 do século passado, as críticas feitas tanto à Teoria Clássica, pelo seu mecanicismo desumanizado, como à Teoria das Relações Humanas, pelo seu romantismo ingênuo, revelaram a falta de uma teoria da organização que servisse de orientação de cunho mais racional para o trabalho dos gestores, sejam públicos ou privados. Coube, então, ao sociólogo alemão Max Weber inspirar o uso da racionalidade como instrumento para o alcance da eficiência, a praticantes e estudiosos, naquilo que se converteria na Teoria da Burocracia.

Assim, normas e regulamentos, divisão do trabalho com cargos definidos, padrões de desempenho estabelecidos, hierarquia clara, autoridade única do superior, seleção e promoção pela competência e profissionalização dos empregados parecem-nos agora elementos não apenas presentes, em maior ou menor grau, em todas as organizações, mas perfeitamente passíveis de integração aos novos modelos que emergem sob o abrigo da sociedade do conhecimento e da aceleração tecnológica. Concretamente, a teoria burocrática teve e continua tendo um poderoso efeito sobre as organizações e, consequentemente, sobre a vida de milhões de seres humanos. Há, evidentemente, disfunções que cercam esse modelo, chegando muitos a declarar que a palavra *burocracia* se converteu em um insulto, talvez em razão dos efeitos sobre a autonomia dos indivíduos, do engessamento a mudanças e excessos no uso da autoridade. O termo ainda é associado a aspectos negativos do funcionamento das organizações, notadamente a morosidade, o formalismo e a falta de flexibilidade.

Ao descrevermos as fontes estruturais da conformidade excessiva, razão de muitas críticas, é necessário considerar que o cumprimento por demais zeloso das normas tende a provocar também graves disfunções. Isso é mais visível, de forma geral, nas organizações públicas, nas quais o efeito positivo da concorrência inexiste. O risco de "perder um cliente" muitas vezes impede que organizações privadas acolham os vícios e deformações tão presentes na burocracia pública. Contudo, nesse setor, modernos ventos sopram e os governos também absorvem as inovações ocorridas na área privada, impulsionada por tecnologias emergentes e competição extremada. Mesmo considerando as variações decorrentes da natureza das atividades desenvolvidas pelas empresas, seus contextos ecológicos, econômicos e sociais, é provável que os futuros modelos de gestão conterão ainda estrutura significativa da burocracia weberiana, inclusive potencializada pela ideia do uso racional dos recursos, característica singular do moderno ambientalismo, bem como da rotinização dos processos, agora digitalizados, e dos mecanismos de *compliance* e governança que retratam a gestão das modernas organizações.

É possível supor, então, que o modelo burocrático idealizado por Weber passe por uma transformação, na qual os limites intra e interorganizacionais, cada vez mais tênues, dialoguem intensamente com a inteligência artificial, motor do atual cenário de inovações. Porém, como a burocracia foi edificada para tornar possível maior racionalização a partir de um comportamento previsivelmente inconstante do indivíduo, é lícito supor também que um eventual enfraquecimento do modelo burocrático clássico deva ser diretamente proporcional à maior autonomia dos indivíduos. Quanto mais autodesenvolvido o ser humano, menores deverão ser as amarras burocráticas necessárias para cercar seu comportamento, tornando, quem sabe, possível uma ressignificação do que já foi a burocracia em seu propósito original.

28/07/2022

A arte combinatória das competências

As tradicionais noções de qualificação profissional, centradas nos modelos taylorista/fordista, não mais oferecem o suporte necessário para o atual ambiente de complexidade e mudanças enfrentado pelas organizações. Nesse quadro, a moderna concepção de competência individual pode significar uma alternativa ao conceito de qualificação profissional, uma vez que sugere melhores possibilidades de dialogar com situações de instabilidade, fluidez e incertezas.

Este novo conceito de competência assume poder de decisão, influência e participação nas questões estratégicas da empresa, quando se refere à capacidade da pessoa de assumir iniciativas e ir além das atividades prescritas. A incorporação dessa noção mais dinâmica, flexível e estratégica das competências, ao tempo em que esvazia a noção de competência como recurso, reforça as abordagens de *evento*, *competência em ação* e *entrega*. Esses três conceitos, em oposição ao instrumentalismo mecanicista contido nas visões tradicionais, emergem como nova moldura que sustenta um maior protagonismo do indivíduo, permitindo que haja ganhos de efetividade na gestão das organizações.

Desponta, nesse contexto, a afirmação de um novo paradigma de competência individual, no qual se percebe que o papel gerencial adquire maior relevo, pois, em última instância, cabe ao gerente executar as ações que traduzem as estratégias corporativas em resultados, mobilizando, para tanto, as competências gerenciais específicas e sintonizadas com o ambiente no qual atua. A partir dessa maior amplitude de abordagem, surgem variadas alternativas para decompor, segmentar, estratificar, categorizar e aprofundar a análise a partir dos elementos constitutivos da competência. Sob essa perspectiva, menos rígida e mais inclusiva, os fatores comportamentais assumem importância crescente, atrelados que estão ao interagir com pessoas, comunicar-se, negociar, mobilizar para mudança, à sensibilidade cultural e ao trabalho em times, características de um ambiente de forte interação para a construção colaborativa de soluções. Dado que os saberes se encontram cada vez mais dispersos, inclusive geograficamente, a capacidade combinatória desse conhecimento demanda competências sociais e emocionais bem balanceadas e consistentes.

Desse modo, assumindo o caráter e a importância estratégicos das competências individuais, é também indispensável admitir a necessidade de materializar esse novo significado. Para tanto, torna-se necessário desenvolver um ambiente que incentive e encoraje o desenvolvimento de saberes alinhados com a nova realidade das organizações, sendo preciso conceituá-los também como um entendimento prático de situações que se apoia em conhecimentos adquiridos e os transforma na medida em que aumenta a diversidade das situações. Há, nessa visão, o entendimento de que quanto maior a interação social, mais sólidas e necessárias serão as competências de caráter atitudinais.

Por conseguinte, sendo o gerente o elemento de ligação entre as expectativas organizacionais para a consecução dos resultados de um lado, e, de outro, as competências individuais como um novo elo que alarga as tradicionais noções de qualificação profissional, torna-se possível vislumbrar a valorização das competências em nível gerencial como um modo unificador de se analisar o trabalho dos gerentes. Essa realidade de maior abrangência do conceito de aprendizagem gerencial, mediado pela noção de competência, abre um espaço muito além da sala de aula tradicional. Hoje, ao profissional que compreende o novo momento no qual a moderna aprendizagem se insere, para além das formas tradicionais de ensino, incumbe a difícil tarefa de escolha das opções existentes no vasto cardápio disponibilizado no mundo virtual.

Ao mesmo tempo em que se ampliam as opções de aprendizagem, em medida semelhante ganha destaque a necessidade de maior autonomia do indivíduo, e sua capacidade de reger e desenvolver também o seu próprio repertório de competências.

04/08/2022

As dores e as esperanças de um novo paradigma

O bilionário sul-africano Elon Musk demonstra um apetite enorme por novos negócios e polêmicas. Em seu mais recente movimento, adquiriu o controle do Twitter por cifras estratosféricas. Segundo ele, a intenção é permitir que o aplicativo seja uma arena livre de eventuais amarras que cerceiem a mais ampla liberdade de expressão, tema que tem sido muito debatido junto às empresas globais como o Google, Facebook, TikTok e muitas outras que dominam o mundo da comunicação virtual. Musk, porém, não deseja apenas maior liberdade em seu aplicativo. Ele quer funcionários totalmente engajados em seu mais novo projeto, e quem não se adaptar será mandado embora. Após esse chamamento, milhares de funcionários do Twitter pediram demissão, engrossando o exército de desempregados voluntários que constituem um novo fenômeno no mundo do trabalho. Desiludidos com o formato dos empregos atuais e acossados por vetores de uma sociedade que se liquefaz diante dos novos paradigmas do fim das ilusões pós-modernas, milhões de jovens estão confrontando a ditadura da felicidade que o modelo padrão da sociedade capitalista consagrou e ungiu moralmente através do ideal meritocrático, partindo para a busca de novos espaços que lhes permitam maior sentido, flexibilidade e tempo de lazer. Trabalhe duro, valorize o seu emprego, seja resiliente e terá condições de formar uma família e viver uma vida feliz não parecem mais seduzir as novas gerações que emergem no meio do caos da sociedade líquida, onde tudo que é sólido se desmancha no ar.

Nesse sentido, novas respostas precisam ser dadas às emergentes, ansiosas e impacientes gerações do presente milênio. O conjunto de mudanças sociais, políticas e econômicas que acomete a sociedade de hoje, contudo, não sinaliza uma transição desprovida de sofrimento. Ao contrário, o mundo BANI (frágil, ansioso, não linear e incompreensível) indica um desafio ainda maior às novas gerações. Nunca como agora, as doenças ocupacionais, o suicídio de jovens e a depressão estiveram tão alarmantes. A impermanência, contudo, não apenas se converteu num motivo para desassossego existencial e aumento da angústia, mas promove uma remodelação profunda na forma como as próprias estruturas que suportam o modo de vida moderno operam. Dentre essas estruturas, o mundo do trabalho e os modelos organizacionais existentes passam por significativas modificações, não sem ainda conviver com o arcaísmo claramente expresso nas ameaças sem melindres do novo dono do Twitter.

No fundo, o que desejamos que impere nos locais de trabalho é uma extensão da nossa própria individualidade, sem que tenhamos que deixar a nossa identidade do lado de fora dos portões corporativos. Significado, senso de comunidade, espaço para colocarmos paixão e propósito em nossas ações, além de autenticidade e respeito mútuo nas relações não deveriam ser confundidas com devaneios de um mundo imaginário, mas uma possibilidade a partir de uma gestão mais esclarecida, mais autêntica e responsável. Decifrar esses novos códigos não é uma missão qualquer, e exigirá dos atuais e futuros gestores bem mais do que rompantes autoritários, como tristemente ainda testemunhamos em empresas governadas pelo medo, tragicamente conhecidas como "máquinas de moer gente" e que sobrevivem graças ao modelo de competição a qualquer custo ainda reinante. Não deixa ser auspicioso, entretanto, saber que a contenção desses pressupostos vetustos vem sendo capitaneada pela rebeldia dos jovens que não se conformam mais com o papel de objeto passivo nas relações laborais. O florescimento de hierarquias integrais nos dão esperança de que as hierarquias dominantes do período pós-industrial serão gradualmente substituídas. Modelos mais fluidos, humanizados e autogeridos tendem a ocupar crescente espaço, combinando racionalidade técnica com emoções, num constructo mais integral e holístico, no qual a ressignificação do trabalho e das próprias organizações não sejam apenas uma aspiração, mas uma possibilidade concreta.

01/12/2022

Gananciosos

Pesquisadores da área de gestão, particularmente aqueles com interesse em estudos organizacionais sobre ética, vem há tempos alertando para uma disfuncionalidade na política de incentivos nas grandes corporações. Com o foco em resultados cada vez mais a curto prazo, conciliar uma efetiva política ESG tem sido um exercício desafiador para gestores cada vez mais assoberbados. Parece que o desafio de equilibrar recompensas justas para os CEOs e garantir segurança para os investidores ainda está longe de uma equação saudável. Sustentabilidade do meio ambiente, responsabilidade social e governança corporativa deveriam andar juntas, de forma harmônica, resultando em maior garantia para os investidores ou demais *stakeholders*. Contudo, a premência por lucros quase que a qualquer custo, tem colocado muita pressão sobre os controles internos das organizações, cada vez maiores e mais complexos, e de cujo sucesso dependem milhões de pessoas. O colapso espetacular da Americanas, ocorrido neste início de 2023, além de atingir em cheio o mercado de capitais, colocou em dúvida os atuais mecanismos de *compliance*, particularmente aquele exercido por grandes empresas de auditoria, incapazes de detectar o que agora se configura como um dos maiores escândalos financeiros do País e que sinaliza ter na avareza dos dirigentes implicados um dos seus defeitos originais.

Desde os tempos bíblicos, a ganância é reconhecida como um dos principiais vícios humanos, mas assumiu uma repercussão muito mais dramática a partir da moderna sociedade. Antes confinada a um desvio moral, em linha oposta à generosidade, a avareza revela um apego excessivo aos bens materiais, muitas vezes redundando em ruína moral e até financeira, mas jamais comparável aos efeitos secundários tais quais os gigantescos prejuízos para terceiros que atualmente uma gestão corporativa viciada pode ocasionar. O preço da ganância no mundo dos negócios não mais se circunscreve, portanto, ao comportamento individual de alguém, mas potencializou e disseminou o risco em largo espectro, dado que a propriedade das empresas passou por uma pulverização antes inexistente. Hoje, os altos executivos detêm poderes que impactam o destino de milhões, devendo haver, assim, especial zelo por parte das autoridades reguladoras e de todo o ecossistema envolvendo auditorias, bancos e a mídia para refrear ímpetos mais indômitos do espírito animal capitalista. Mas tais cuidados de *accountability* podem revelar-se insuficientes, dado o aumento da complexidade que envolve as grandes corporações, bem como as inclinações humanas ao vício. A realidade que experimentamos demanda cuidados e preocupações que extrapolam a questão legal e adentram o terreno da responsabilização moral social, de sorte a confrontar os gestores que aderirem cegamente aos propósitos corporativos, sem considerar os anseios da comunidade, ao ônus da própria consciência. Uma sociedade informada e bem articulada dispensa leis draconianas, mas não pode abrir mão de sua dimensão ética. Fugir à lei, mas não à consciência, nos abre um olhar ético para que tratemos a responsabilidade moral dos gestores de um ponto de vista não apenas coercitivo, mas que transcende a questão da responsabilidade utilitária, cujo maior veneno tem sido muitos gestores servirem a si mesmos, muitas vezes em detrimento da própria organização e todo o seu entorno social.

Apesar de seus defeitos bem conhecidos, o capitalismo ainda é a forma mais racional de alocação de capital e geração de riquezas. Seria precipitado supor que todo o edifício ruiu por conta de um problema localizado, mas é inegável que são perturbadores os sinais de disfuncionalidades crescentes nos mecanismos de prevenção e controle dos órgãos reguladores junto às grandes corporações. Apesar de longo, o caminho para maior responsabilização social moral, além das punições legais, pode ensejar maior nível de consciência ética, conjugada com o aprimoramento da regulação legal e de *accountability*, com as três esferas convergindo, sem se confundirem.

26/01/2023

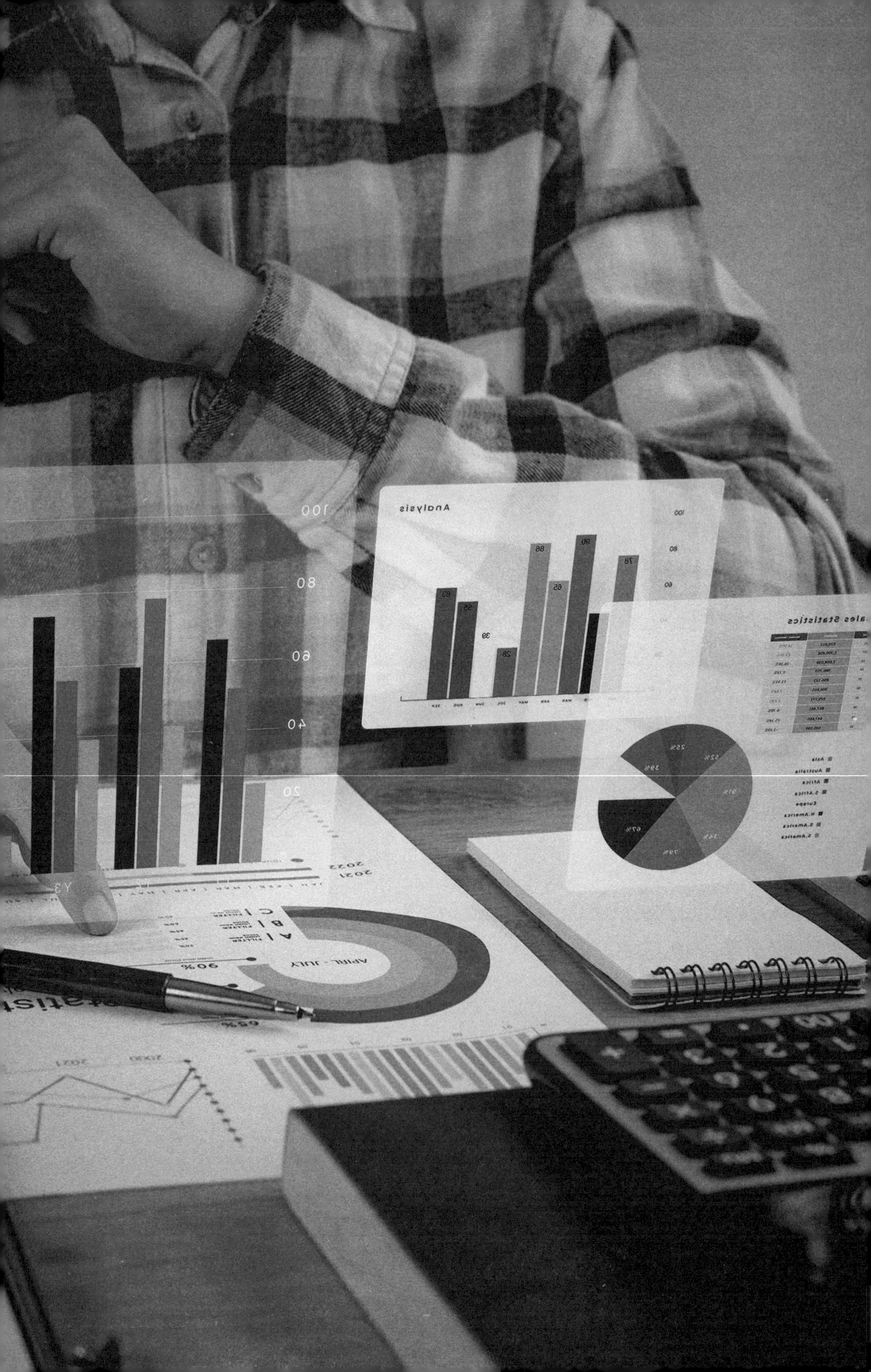

ECONOMIA

"A verdadeira dificuldade não está em aceitar ideias novas, mas escapar das antigas."

John Maynard Keynes

Apresentação

Eu não conheço nenhuma pessoa que não nutra um genuíno desejo de viver, no seu país, desfrutando de elevados níveis de desenvolvimento econômico. Os caminhos são bem conhecidos, pois essas estradas são estudadas desde 1776, quando o sempre atual Adam Smith escreveu *Uma Investigação sobre a Natureza e as Causas da Riqueza das Nações*. De lá para cá, centenas de outros economistas acrescentaram novos elementos e foram aumentando o repertório de conhecimentos científicos e, por conseguinte, os meios para termos uma fórmula para atingir esse tão nobre desejo de todos. É isso mesmo que você leu, caro leitor. Existe uma fórmula bem conhecida, provada cientificamente, que se posta em marcha qualquer nação chegará lá. Mas não é na direção dos caminhos que residem as dificuldades, mas na disposição de enfrentar os desafios da viagem. Todos queremos, mas poucos de nós estão realmente dispostos a renunciar às nossas convicções, de ceder o preço de nossos próprios interesses e, sobretudo, de trocar o punhado de hoje pela fartura de amanhã.

Desenvolvimento econômico é uma árvore que o avô planta para os netos desfrutarem da sombra. Exige um bocado de esforço, abnegação e desprendimento. Todas as promessas que lhe fizeram até hoje de entregar crescimento e desenvolvimento rápidos sem sacrifícios, nem preciso dizer que não funcionaram, somente preciso alertá-lo de que continuarão sem funcionar.

É justamente por isso que a economia não é nem deve ser território exclusivo de economistas, assim como o arcabouço jurídico não é terreno privado de advogados e a saúde tampouco é reservado apenas aos médicos, por exemplo. Todos nós sabemos o que podemos e o que não podemos fazer, seja para não descumprirmos nenhuma norma legal importante, bem como para não colocarmos nossa saúde em iminente risco. Mas a ciência econômica, diferente das jurídicas e médicas, parece não receber a mesma atenção da sociedade, provavelmente pela nossa própria inabilidade de comunicação. É exatamente aqui, neste ponto, que o meu caro amigo Edson Bündchen se ergue como uma singular caixa de ressonância dos caminhos do desenvolvimento econômico brasileiro, de modo que todos possamos lograr elevados níveis de bem-estar. Sua contribuição é trazer e propor debates que inequivocamente nos trazem reflexão e aprendizado sobre o nosso papel e nossas atitudes, seja como indivíduos, seja coletivamente.

Eu costumo conversar muito com o Enzo da Luz, meu filho – que é adolescente quando escrevo esta abertura – sobre o seu futuro, tentando ajudá-lo a refletir sobre a difícil decisão da escolha da profissão. Tão jovem para essa gigantesca escolha... Sempre digo a ele que não sei o que deve escolher, mas, independentemente da sua escolha, uma certeza eu tenho: ele vai trocar a aplicação de seu conhecimento e do seu tempo por dinheiro, igualzinho a você, leitor. Logo, a inflação irá corroer parte de seus ganhos e patrimônio, provavelmente a demanda por seu trabalho crescerá na mesma direção do crescimento da economia, a taxa de câmbio será implacável com as trocas que ele fizer com o exterior, ele terá de aprender a investir suas reservas, ele pagará e receberá juros, ele estará submetido a uma determinada carga tributária e terá que pagar impostos com um dado grau de complexidade, terá receitas, custos diretos e indiretos com os quais terá que lidar independente se proprietário ou empregado, se submeterá aos axiomas da preferência, e assim por diante. Ele terá necessidades ilimitadas e estará submetido a uma determinada restrição orçamentária advinda da escassez. Sendo assim, independente da sua escolha, ele jogará no tabuleiro da economia, goste ou não; note ou não; esteja ou não preparado.

Há pessoas com altos salários que vivem endividadas e outras tantas com rendas modestas que não sabem o que é entrar no limite do cheque especial. Muitos abreviam suas vidas pelo estresse desnecessário da corrida atrás de dinheiro, lares desmoronam, famílias são divididas e uma porção de outros males humanos vão encher os consultórios dos psicólogos para amenizar as dores dos conflitos que, muitas vezes, se originam em desequilíbrios causados por ignorância econômica, que resultam em fissuras e cicatrizes nos aspectos pessoais. Nações ricas em recursos naturais os destroem sem atingir bons níveis de desenvolvimento, outras tantas não criam um ambiente atrativo para os seus jovens talentosos e vão vê-los se destacar em nações acolhedoras de cérebros, algumas com tudo para desabrochar murcham antes de virarem flores, enquanto outras em condições inóspitas constroem impérios de bem-estar para os seus.

O tabuleiro onde você joga a sua vida e em que as nações jogam seus desenvolvimentos é a economia. Sendo assim, o assunto parece demasiado sério para não tratarmos com a relevância que tem.

Eu garanto a você que uma das maiores frustrações profissionais de um economista é a baixa qualidade do debate, o negacionismo, a falta de uma cultura econômica mínima e o eterno desentendimento entre o que tem que ser feito, do ponto de vista econômico, e o impacto na popularidade dos governantes do momento. Nós nos comunicamos muito mal, enquanto aqueles se comunicam muito bem; logo, perdemos sempre perante uma sociedade que em média não foi iniciada nas escolas em matéria tão importante para o sua vida e sua atuação cidadã. Acredite: o Brasil não é uma nação de crescimento medíocre por acaso e a responsabilidade também é sua, leitor.

Mas eu trouxe toda essa problemática para dividir contigo meu enorme desafio de abrir este capítulo que reúne reflexões e discussões de enorme relevância propostas por Edson Bündchen.

O assunto é fundamental, e ele é um abnegado soldado para o exercício de trazer seus leitores – que são pessoas de alto nível intelectual e capazes de mudar os nossos rumos como nação – a pensarem e a discutirem temas dessa pertinência.

Ao longo deste capítulo você sentirá uma enorme preocupação com o futuro, mas não aquela sensação de desalento por algo abstrato que virá ou deixará de vir, mas você será sacudido com as questões do presente, sobre os rumos que estão na nossa frente agora e que exigem nosso posicionamento.

Edson Bündchen traz com clareza singular e com aplicação em casos concretos do cotidiano brasileiro a essência das teorias econômicas, suas correlações de causa e efeito, através de pesquisas aprofundadas que claramente ele faz antes de escrever. Ao mesmo tempo, ele abre espaço para a discussão de ideias contemporâneas que, eventualmente, se comprovadas, alterarão nossa forma de atuar.

Alguns textos são como um elixir de otimismo e oportunidades, outros são críticas firmes, mas sempre com forte embasamento intelectual e um desprendimento pragmático, o que torna as críticas polidas e necessárias. Edson Bündchen é um homem de exitosa trajetória profissional como executivo, cuja obra de vida não se limitou ao sucesso no mundo corporativo, mas revelou-se, também, como um grande intelectual brasileiro, oferecendo-nos o privilégio do contato com suas ideias e suas profundas reflexões. É um autor rico, pragmático, desenvolto e abrangente, que deve ser lido.

Como mostrei anteriormente, o jogo da sua vida, assim como o das nações, é jogado no tabuleiro da economia, e você tem uma oportunidade única nas suas mãos de entender os melhores caminhos que estão sobre a mesa. Aproveite.

Antônio da Luz
Doutor em Economia pela PUC-RS e Mestre em Economia pela UFRGS. Economista-Chefe do Sistema Farsul e CEO da Agromoney – Assessoria Econômica.

Campeãs nacionais

Muito se debate hoje sobre o papel do governo na economia. Deve ou não o governo intervir e apoiar diretamente empresas dentro de um projeto estratégico para o País?

Governos muitas vezes são tomados por ataques de voluntarismo, o que, salvo raras exceções, resulta em retumbantes fracassos. No Brasil, tivemos o exemplo com as chamadas *campeãs nacionais*, iniciativa que buscava inserir competitivamente no cenário global algumas empresas brasileiras selecionadas pelo Governo. O apoio ocorria principalmente por meio de crédito junto ao BNDES, com juros subsidiados.

Pensava-se, à época, que poderia haver sinergias importantes que beneficiassem a nossa economia, particularmente com maior inserção mundial, obtendo-se ganhos que repercutiriam sobre toda a nossa indústria.

Não foi isso que ocorreu, pelo menos não exatamente como havia sido planejado. As empresas X, do empresário Eike Batista, e a JBS, para tomar apenas dois exemplos, tiveram problemas que degeneraram em corrupção na interação com o setor público.

Eike Batista acabou sendo preso, acusado de corrupção, e os irmãos Batista se envolveram no polêmico caso do grampo ao ex-presidente Temer, com reflexos muito negativos para a imagem do grupo JBS. É importante destacar, considerando o fracasso da estratégia das campeãs nacionais adotadas pelo governo Lula, que a criação de competidores de nível global está muito além do voluntarismo dos governos, pois resultam, na maioria dos casos, em padrões negativos de concorrência, por se basearem em fatores de incentivo não acessíveis aos demais competidores.

Esse tipo de intervenção depõe contra o modelo de livre mercado e enfraquece a economia como um todo por suscitar desconfianças dos agentes em relação às regras de competição. Uma estratégia mais consistente deveria partir, não de escolhas ao gosto do governo de plantão, mas de um profundo estudo e compreensão de quais setores apresentam maior potencial para gerar algum tipo de vantagem competitiva ao País.

Nessa abordagem, quando as empresas ou grupos emergem no cenário global, geralmente fazem parte de uma inserção a partir de complexas cadeias globais, construídas dentro de amplo espectro de parcerias e competências centrais desenvolvidas por essas organizações, podendo sim contar com apoio e incentivos setoriais, a exemplo do que já fizeram e ainda fazem muitos países.

No Brasil, o modelo acabou naufragando por falta desse entendimento sobre o funcionamento e a dinâmica dos mercados. Assim, mais do que buscar a indução direta a possíveis vencedores, cabe ao governo esforço intenso e direcionado para a criação de um confiável ambiente legal, tributário e de infraestrutura.

Infelizmente, ainda pecamos gravemente nessas frentes, porém nada é impossível para um país que há menos de 100 anos era uma economia de menor grandeza e hoje figura entre as 10 maiores do mundo.

27/11/2019

Copo meio cheio

Coexistem na mente dos brasileiros duas visões de futuro: uma, encoberta por um véu de ceticismo e desesperança, derivada de um conjunto de problemas que teimam em manter o País com um pé no século passado, e outra, mais otimista, atrelada ao amplo leque de possibilidades que se descortinam ao Brasil neste século XXI. Escolher qual o caminho a seguir pode fazer toda a diferença para o nosso futuro como Nação.

O condicionamento esperançoso e otimista somente pode ser construído através de uma imagem que almejamos. Há hoje consenso dentro da psicologia que somos fortemente condicionados pelo que projetamos em nossas mentes e, num espectro ampliado, até mesmo um conjunto maior de pessoas podem se beneficiar de um sonho compartilhado. Nessa linha, reconhecer que temos inúmeras áreas de excelência, escolas que funcionam, cidades que conseguiram avançar, uma economia com áreas vibrantes e competitivas, cujo melhor exemplo talvez seja o nosso agronegócio, enorme potencial turístico, e um povo jovem e unido pela mesma língua e costumes, constituem-se em ativo valioso e que projeta nosso imaginário para um cenário de grandeza.

Esse otimismo consciente, sem ufanismo, entretanto, não significa abrir mão da necessária e eterna vigilância contra o mal feito, contra a miséria, a pobreza, a violência, o desemprego e todas as chagas que machucam a nossa alma, mas reconhecer que não será amaldiçoando a política que iremos melhorar os políticos, não será pregando o caos que iremos mudar o quadro atual e, muito menos, não será apequenando o nosso passado e nossas conquistas que teremos o respeito de que precisamos. Exercer a criticidade sim, porém construindo também pautas progressistas e sintonizadas com este novo tempo, no qual a oposição cega, como infelizmente ainda vemos, em nada contribui para o avanço que queremos.

Dessa forma, acredito que um projeto para nosso País deva partir justamente de um posicionamento adequado frente às nossas virtudes, a nossa vitalidade pulsante, traduzindo essa inventividade, essa energia assombrosa e desmesurada num sonho coletivamente sonhado e que, transcendendo as nossas limitações, construa ousada e criativamente um Brasil do tamanho que queiramos ser.

Nenhuma nação emergiu para o quadro dos países desenvolvidos sem que passasse por um projeto no qual houvesse um inventivo movimento de fortalecimento das instituições, um forte compromisso que transformasse as ideias em ações fecundas nas áreas educacional e econômica, dando braços, olhos e asas para essa vitalidade latente, conforme declarou há poucos dias o professor Mangabeira Unger.

Afinal, para a maioria de nós, o Brasil ainda é o local onde temos nossos melhores amigos e família, onde residem nossas memórias mais carinhosas e onde estão enterrados os nossos antepassados. Fazer parte desse projeto maior, que incorpore o melhor de nossas inteligências e sentimentos, é uma decisão que nos cabe. O copo será tão mais cheio quanto mais intensa for a nossa participação como cidadãos conscientes do pleno exercício de nossa cidadania.

26/12/2019

A mão invisível de Zuckerberg

O lucro anunciado pelo Facebook, para o primeiro trimestre deste ano, foi superior a US$ 17 bilhões, quase o montante que o Brasil vai gastar com todo o *coronavoucher*, no qual mais de 40 milhões de brasileiros de baixa renda receberão um total de R$ 1.800,00, em três parcelas mensais. Ao mesmo tempo, a OIT – Organização Internacional do Trabalho estima um risco enorme de colapso na renda para mais de 1.5 bilhão de trabalhadores informais em todo o mundo, devido à pandemia da Covid-19.

O brutal contraste entre o lucro trimestral de uma única empresa e a indigência a que estão submetidos bilhões de pessoas no mundo pode ser a gota d'água para uma mutação de grandes proporções no próprio modelo capitalista. O grau insano de concentração de riqueza gerado pelo hipercapitalismo provoca não apenas indignação moral, mas simultaneamente coloca em xeque os atuais fundamentos das leis de mercado que permitiram ao mundo chegar à atual situação.

Estimulado por uma economia cada vez mais integrada, tecnológica e complexa, o capitalismo também teve na queda do Muro de Berlim, ocorrida em 1989, junto com o colapso socialista, um forte impulso para uma concentração de riqueza sem precedentes. Livre da contenção ideológica dos seus pressupostos, o terreno estava livre para uma corrida sem freios por parte do modelo capitalista. Estima-se que hoje os 26 homens e mulheres mais ricos do mundo detenham cerca de 50% da riqueza de metade da população mundial.

Isso não é apenas chocante do ponto de vista moral, mas trata-se de uma disfunção do capitalismo que pode comprometer seu próprio destino. A transformação, contudo, já estava sendo gestada e deve irromper agora com o abalo sísmico provocado pela pandemia da Covid-19 na economia mundial. As mudanças, a meu ver, ocorrerão muito mais por um imperativo de sobrevivência do atual modelo do que propriamente por maior consciência humanitária. Os homens continuam iguais, e justamente por isso farão os ajustes necessários. Nesse sentido, o jovem Mark Zuckerberg, cofundador do Facebook em 2004, com a eloquência fenomenal do seu sucesso, pode estar provocando um freio àquilo que Adam Smith não foi capaz de imaginar quando intuiu de forma genial, como sendo uma *mão invisível* a governar a lei da oferta e da procura na economia moderna.

Com a riqueza cada vez mais concentrada, os desempregados e excluídos não somente deixam de consumir, como pressionam os serviços sociais dos países, influenciando diretamente em maior instabilidade política. Estrategicamente, então, faz sentido para os donos do capital fomentar mercados mais equilibrados e com níveis crescentes de consumo. Dessa forma, não será de estranhar a convergência antes improvável de dois fenômenos complementares que deverão ganhar força a partir dessa mutação do capitalismo que veremos brotar a partir da atual pandemia e que irá remodelar a forma vista hoje de acumulação de capital.

De um lado, empresários mais permeáveis a mudanças no escopo e missão de suas organizações, terão que ir muito além das atuais ações solidárias que promovem, dando apoio e recursos para compromissos mais sustentáveis no relacionamento com seus empregados, sociedade e demais públicos impactados. Na outra ponta, governos serão pressionados a desenvolver políticas fiscais e tributárias mais restritivas ao processo de concentração de riqueza, com os cuidados necessários para manter o *espírito animal* vivo, e sem afrontar os preceitos que tão diligentemente Adam Smith descortinou, e cujas crenças Mark Zuckerberg levou tão a sério.

07/05/2020

Hipercapitalismo em choque

Desde o seu surgimento, o capitalismo sempre teve a sua sobrevivência estreitamente ligada à circulação do dinheiro e do consumo de bens e serviços. Com o tempo, a aceleração do processo produtivo e do comércio redundou no chamado hipercapitalismo, uma exacerbação do capitalismo, cujos pilares se encontram, hoje, em xeque pela eclosão da Covid-19.

Não é de agora que as crises tiram o sono de governos, investidores e trabalhadores em geral. Por motivos diferentes, todos esses atores se encontram amarrados ao destino do capitalismo, que tem, num frágil equilíbrio no sistema de preços, seu maior e permanente desafio. Como nunca houve uma diminuição tão drástica na circulação do dinheiro, é difícil estabelecer em quanto tempo e com qual montante de capital injetado o sistema circulatório desse organismo voltará a funcionar a plenos pulmões.

Os mercados sempre sofreram com crises, quebras, pânicos e especulações. De tempos em tempos, parece que o próprio capitalismo, na constante busca pelo seu necessário equilíbrio, se alimenta de períodos turbulentos para trazer o curso da economia ao seu leito normal, corrigindo, muitas vezes de modo dramático, eventuais distorções gestadas no ciclo anterior. Nesse sentido, alertas sobre uma possível crise estrutural na economia não faltam. Entre esses avisos, muitos analistas vêm sinalizando para uma nova *exuberância irracional* na liquidez do atual sistema financeiro global. Caso confirmada, essa situação se somaria ao monumental desafio que representará uma nova concertação mundial para socorrer países cujas insolvências ameaçam a higidez de todo o sistema.

Diferentemente de épocas passadas, na qual grandes catástrofes afetaram a economia mundial, a pandemia da Covid-19 tem uma natureza muito singular. Guerras ou fenômenos naturais costumam destruir a infraestrutura e afetar a capacidade produtiva e de conhecimento dos países atingidos. A presente pandemia, muito embora seu trágico saldo em perdas de vidas, mantém intacto todo o sistema, seja ele de conhecimento, como centros de pesquisa e universidades, além da infraestrutura existente. Essa situação tem levado a projeções de retomada da economia bem otimistas já para o final de 2021.

Outro aspecto importante é que nenhuma superação de crise no passado contou com o atual aparato tecnológico, o que poderá acelerar o processo de recuperação. Nunca também, o mundo dispôs de um sistema bancário tão avançado, capilarizado e sólido, tampouco uma integração global nas comunicações que permitem conexões instantâneas para soluções estratégicas de controle e combate a crises sanitárias ou novas arquiteturas que deverão ser criadas para o controle e salvamento das finanças internacionais. Tudo isso, a despeito do gigantesco impacto da Covid-19 na economia, serve como um lenitivo contra previsões mais apocalípticas.

Desse confronto entre previsões pessimistas e otimistas sobre o futuro, ainda permeado por sombras, ameaças e dúvidas, deve emergir um capitalismo renovado, talvez muito diferente do modelo atual. Nesse novo panorama econômico que se descortina, governos e sociedade terão que exercitar, como em tempo algum, maior cooperação, sentido de colaboração e solidariedade. A Covid-19 forçou um consenso global na área médica, restando em aberto, agora, a mesma capacidade de coordenação para a superação da crise econômica que assoma no horizonte, desafio esse de que o capitalismo não terá como fugir sem que, como fez até hoje, encontre em sua própria estrutura novos elementos para sua reinvenção.

14/05/2020

Belíndia revisitada

O economista Edmar Bacha encontrou num neologismo criado no já distante ano de 1974 uma forma de demonstrar as contradições da economia brasileira. Belíndia, na analogia de Bacha, seria um país que resultaria da junção da Bélgica com a Índia, com leis e impostos do primeiro, e com a realidade social do segundo. No Brasil de hoje, as premissas de Bacha não apenas persistem, como se tornaram mais evidenciadas.

Tomemos a questão da carga tributária sobre a pessoa física, para ficarmos apenas num exemplo do nível de insanidade fiscal em que vivemos. Segundo o IBPT, Instituto Brasileiro de Planejamento Tributário, somente no dia 03.06.2020 começamos a trabalhar para nós mesmos. Tudo aquilo que ganhamos até o dia 02.06.2020 foi para pagar impostos. Impostos sobre a renda, sobre o consumo e sobre o patrimônio. 41% da nossa renda foi para o Governo! Mas o pior, talvez, nem seja a excessiva carga tributária, que é exorbitante, mas a inacreditável falta de correlação entre aquilo que pagamos e o que recebemos em troca. Pagamos muito e recebemos pouco em serviços e assistência, ou seja, nosso dinheiro simplesmente evapora nas mãos do Governo para pagamento, em grande medida, de salários e aposentadorias dos funcionários públicos, sem que tenhamos uma contrapartida equilibrada.

Diante da altíssima carga tributária que incide sobre os contribuintes pessoas físicas, poderíamos ter a justa expectativa de recebermos segurança pública adequada e que nos permitisse andar sem preocupação pelas ruas, que nossas escolas fossem um lugar adequado para educar nossos filhos, e que a saúde pública realmente fosse universal e gratuita. Poderíamos esperar também que nossas estradas fossem seguras, que nossas praças estivessem limpas e o mato aparado nas áreas públicas e que não fosse um suplício retirar uma guia numa repartição pública qualquer. Entretanto, não é isso que vemos. Para termos os serviços de um Estado que não cumpre seu dever, pagamos pela nossa segurança em cada um dos edifícios ou condomínios em que moramos, matriculamos nossos filhos em colégios particulares e investimos mensalmente parte dos nossos salários em planos de saúde e previdência. Somando tudo, a conta não fecha em 41% de impostos sobre nossa renda. É muito mais! É um verdadeiro acinte!

Com o caixa combalido pela crise, o Governo terá que pensar em novas formas de melhorar a situação das contas públicas, encaminhando as reformas administrativa e tributária logo após o fim da atual pandemia. A recuperação da economia depende diretamente do aumento do consumo, e haverá a difícil equação entre maior necessidade de arrecadação e estímulos às compras. É imperioso diminuir o peso do Estado, tornando mais eficientes os serviços prestados, ao mesmo tempo em que se busquem mecanismos que permitam melhorar a alocação de cada centavo arrecadado. É inconcebível que o duplo preço que é pago pela ineficiência do Estado continue a onerar o bolso do contribuinte sem que serviços sejam prestados com qualidade e tempestividade.

O Brasil está muito caro para a classe média e extremamente injusto e ausente para os pobres. É preciso, com urgência, tornar o Estado mais leve e mais eficiente. Não há tempo a perder. Menos impostos para quem produz, aí incluída também a já combalida classe média, mais investimentos em saúde, educação e segurança pública. A retomada da economia depende muito da capacidade do Governo de compreender que é preciso iniciar pelo dever de casa, e esse dever implica uma profunda reengenharia do setor público, a começar pela revisão completa da atual estrutura administrativa e tributária, que reclama por uma imediata reforma.

25/06/2020

O futuro já não é como antigamente

É importante que nos preocupemos com o futuro, pois é lá que passaremos nossos últimos dias. A frase, além de curiosa e instigante, revela a necessidade que temos em manter um olho no amanhã, mesmo sabendo de nossas extremadas limitações como preditores. Tão contidas, a ponto de o lendário ex-treinador de beisebol americano Yogi Berra proclamar, em tom irônico, que "é difícil fazer previsões, especialmente quanto ao futuro". Tendo esse contexto limitador em mente, e com a sociedade se defrontando com mudanças oceânicas advindas da pandemia da Covid-19, é prudente observar em que sentido estão se movimentando as placas tectônicas da economia mundial, para ficar apenas em uma das dimensões em profunda transformação.

Especula-se acerca de um novo modelo capitalista, cujo desenho apenas se prenuncia, no qual todos terão que perder um pouco, ou muito, para que haja um equilíbrio geopolítico seguro. Isso, claro, tende a gerar inevitáveis tensões sociais mundo afora. Nessa equação, os pobres, como sempre acontece, sangrarão mais do que os ricos, com as previsões do escritor Jeremy Rifkin adquirindo excepcional atualidade. Para Rifkin, os avanços tecnológicos não serão capazes de criar o número de empregos suficientes, e poderão gerar hordas de desempregados e grande instabilidade social. Nessa visão, a alternativa seria distribuir de modo mais justo os ganhos de produtividade, desafio até agora não resolvido. Além disso, é preciso considerar que o pós-Covid-19 exigirá monumentais programas de apoios sociais e de renda mínima, tudo isso num ambiente de déficits públicos sem precedentes.

Em 2017, o PIB mundial girava em torno de US$ 80 trilhões. Dois terços desse montante sendo gerados pelos dez países mais ricos. Segundo o Banco Mundial, em setembro de 2019, a dívida total do planeta estava perto de um recorde de US$ 253 trilhões, equivalente a algo como três PIBs mundiais. Com o socorro dos governos às empresas e pessoas, na atual crise, a relação dívida/PIB mundial poderá chegar a quatro ou cinco vezes! Já antes do início da Covid-19, o Banco Mundial havia alertado que a economia estava no meio de sua quarta onda global de dívida. Há o risco de que a ordem financeira internacional desabe, alertam Inderjeet Parmar e Atul Bhardwaj, ambos da Universidade de Londres.

A ultra-alavancagem do moderno capitalismo, ancorada em cada vez mais modernos e complexos modelos matemáticos, será testada em seus limites de confiança, talvez num movimento sem precedentes, desde que os americanos acabaram com a conversibilidade do dólar em ouro, em 1971. O fato é que o excessivo endividamento de governos e empresas, combinado com os reflexos econômicos da pandemia, poderá gerar alguma forma abrupta de reacomodação dos ativos, com o alongamento forçado dos títulos públicos, especialmente após a injeção monumental de recursos para salvar a economia durante a crise da Covid-19.

Esse olhar mais realista e até sombrio sobre o futuro, se não acalenta a nossa tranquilidade, pode nos ajudar a desenvolver maior acuidade e sensibilidade para aquilo que julguemos como certo, no sentido de garantido e estável. Nessa perspectiva, líderes e dirigentes públicos e privados, com redobrada atenção, precisam exercitar a humildade da eterna vigilância, particularmente em relação à preservação das instituições, da ordem e da boa governança, elementos indissociáveis da paz social, geralmente a primeira vítima quando a economia fraqueja. É preciso, antes de tudo, ter-se a consciência da gravidade do momento e, parafraseando Gramsci, recordar que "quando uma ordem antiga está morrendo e uma nova ainda não nasceu, o mundo se torna um lugar mais perigoso". E o futuro?

Antes de prevê-lo, melhor construí-lo agora.

03/09/2020

Mais do que lucro

Há cinquenta anos, era publicado no *The New York Times* um dos mais impactantes artigos de Milton Friedman: "A Responsabilidade Social das Empresas é Aumentar Seus Lucros". Esse artigo foi relevante nos anos 70, e o debate em torno dele ainda continua. Cada vez mais, empresários e suas associações, lideranças políticas e intelectuais são instados a refletir sobre a participação das empresas nas soluções de problemas como a desigualdade, o racismo, questões ambientais e de gênero. Friedman foi muito claro ao apontar que o papel das empresas é ter lucro, porém dentro do marco legal e ético vigente. Todo o resto é desvio da função que deveria caber ao indivíduo na sua ação política. Será essa uma afirmação que ainda reflete a situação vivida hoje por nossa sociedade?

É inegável que o mundo já não é o mesmo da época do polêmico artigo. A revolução do conhecimento e sua filha predileta, a Internet, transformaram a paisagem da economia, dos costumes, do modo como vivemos e nos relacionamos. Esse novo campo de jogo teve, obviamente, reflexos também profundos na forma como as empresas competem, geram lucros e se conectam com a sociedade. O ambiente contemporâneo moldou um conjunto singular de responsabilidades corporativas, a partir de uma crescente demanda e complexidade que alcançaram as organizações, ampliando imensamente seus compromissos. Definitivamente, gerar apenas lucro se tornou insuficiente, senão insustentável.

Quando, porém, se pergunta, ainda hoje, a um típico representante dos homens de negócios, qual a finalidade de uma empresa, é provável que a resposta seja: "obter lucros". Para o consagrado escritor Peter Drucker, a resposta não é somente falsa, como também irrelevante. Ao não incluir as demais dimensões que compõem os motivos para que uma empresa exista, comete-se grave erro de posicionamento estratégico. Se tomarmos a verdadeira natureza e objetivos de uma empresa, qual seja, a de "servir um cliente", o lucro sempre será consequência e nunca uma finalidade. O cliente é quem determina o que é uma empresa. Somente a disposição do consumidor em pagar por um bem ou serviço é que converte os recursos econômicos em riqueza. Contudo, é no entendimento equivocado da verdadeira razão da existência de uma organização que reside a confusão e até a má vontade com o lucro. Não aprendemos nada sobre a função de um engenheiro dizendo que ele está trabalhando para ganhar a vida. Uma obra de engenharia, obviamente, extrapola em muito uma definição tão estreita.

Nessa perspectiva, uma empresa existe muito mais para prover bens e serviços aos consumidores do que para gerar empregos ou dividendos aos acionistas, assim como um hospital também não existe em função dos médicos ou enfermeiros, mas em razão dos seus pacientes. As organizações devem estar cultural e socialmente inseridas na comunidade, sem jamais abrir mão de sua identidade original, nem permitir que a miopia sobre a sua verdadeira natureza enfraqueça a sua visão, princípios e valores.

Ao colocar o lucro como caudatário do interesse do consumidor, desaparece a ambiguidade e expande-se o papel de gestores e organizações. Isso confere à empresa sentidos de finalidade, dimensão e responsabilidade, em sintonia com o ambiente de mudanças intermitentes hoje experimentado. Se, para Milton Friedman, sobravam razões para exaltar o lucro a ponto de alçá-lo à condição suprema, vemos hoje um cenário mais inclusivo, no qual a lucratividade encontra-se inserida num contexto ético, social e economicamente mais sustentável, onde os interesses das futuras gerações devem ser levados em conta. Saber bem posicionar esse discurso, adequando-o a este novo tempo, não trará somente melhor entendimento sobre um dos fundamentos da administração, mas tornará a própria gestão intelectual e moralmente mais honesta.

01/10/2020

Um CEO para o Brasil

O economista Fabio Giambiagi, profundo conhecedor de finanças públicas e autor do excelente livro *Brasil: Raízes do Atraso*, tem uma frase provocativa para descrever sucintamente nosso País: "Somos um projeto à espera de um gestor". Tomada por verdadeira, a afirmação de Giambiagi nos traz duas questões fundamentais para o debate nacional. De um lado, anuncia que somos um projeto e, de outro, que estamos à espera de alguém que conduza esse mesmo projeto com efetividade. Se temos um projeto ou não, é tema para outra reflexão. Hoje, quero me fixar nas competências necessárias para que esse líder, idealizado para um Brasil possível, possa conduzir os destinos do País com correção moral, inteligência emocional e assertividade técnica. A democracia vem apresentando algumas deficiências, em especial na necessária contenção de lideranças antidemocráticas que ascendem ao poder. Também os filtros de retenção de ineptos precisam ser reforçados, até porque a gestão dos países, assim como de qualquer empreendimento, tem se tornado uma missão cada vez mais complexa e desafiadora.

Gerir uma empresa não é uma tarefa qualquer. Administrar uma megaempresa é ainda mais difícil. Um País, então, constitui-se em encargo para poucos. Contudo, até certo ponto, negligenciamos essa questão e tendemos a crer que ao ser *ungido pelas urnas*, o candidato automaticamente estará preparado para a sua missão. Mas não é assim. O Brasil tem sido um exemplo de que desqualificados podem chegar ao poder. O *processo seletivo* desses gestores públicos tem se mostrado incapaz de responder à demanda ultraqualificada que o novo momento requer. O sistema democrático, a despeito de todas as suas virtudes, apresenta um problema estrutural cuja gravidade a atual sociedade cibernética tratou de acentuar com muita ênfase. Se na era analógica, o nível de dificuldades demandava qualidades quase sobre-humanas dos gestores, hoje o repertório de competências requerido absorveu dimensões antes inexistentes, a maioria delas atrelada fortemente à dimensão social e comportamental. Os partidos políticos, entretanto, estão sendo incapazes de compreender e absorver essas mudanças em seus processos internos de escolhas.

Diferentemente das empresas que contratam CEOs no mercado, os países democráticos dependem, até certo ponto, da sorte para que o destino os brinde com um estadista de grande visão estratégica, sabedoria, profundo conhecimento da realidade nacional e excelente trânsito internacional. Há um flagrante descompasso entre o aumento da complexidade do macroambiente e o engessamento das práticas políticas, congeladas no tempo e carentes de uma reforma que consiga capturar, dentro dos seus processos eleitorais, candidatos a gestores públicos detentores de qualificação adequada para os crescentes problemas que nos assolam.

Nosso País precisa ser pensado estrategicamente. Quem está planejando o Brasil para os próximos 10, 20 ou 30 anos? Quem está trazendo à mesa as questões mais emergentes do novo milênio e que serão decisivas para o nosso futuro? Essa é uma função esperada de quem ocupa o topo executivo. Para tanto, teria esse gestor que deter capital intelectivo adequado, fortes atributos de liderança, ser capaz de articular contrários, formatar um discurso catalisador e coerente, capturando, pela força do argumento, apoio para os projetos essenciais ao País. Falta-nos, porém, essa mensagem articulada, e pensada a partir de uma visão de Brasil grande, mas com sólidos fundamentos baseados na racionalidade e no potencial existente. Se uma organização, seja ela grande ou pequena, precisa muito de uma gestão competente, por que um País deixaria de almejar ter em seu comando alguém com capacidade indiscutivelmente comprovada? Enquanto essa expectativa não for compartilhada como um anseio de muitos, continuaremos à mercê de lideranças incapazes de responder aos gigantescos desafios deste novo milênio, na desoladora perspectiva de um País à espera de um gestor.

04/02/2021

Nas mãos de Darwin

A despeito de toda a sua plasticidade, o moderno capitalismo traz embutidos alguns pressupostos cada vez mais desafiadores, por difíceis de serem equilibradamente implementados. Um desses problemas, talvez o mais sério, é o processo de crescente instabilidade das condições e relações de trabalho, tendo como vetores o aumento na precarização da legislação trabalhista, o desemprego estrutural de origem tecnológica e os efeitos da atual pandemia. Nesse contexto, emerge uma espécie de nova doutrina de cunho liberal que aponta para um maior protagonismo do indivíduo, sob a roupagem do empreendedorismo, situação na qual cabe a cada um de nós, sob o mantra da meritocracia, construir o nosso futuro, sem que tenhamos a segurança da proteção estatal. Essa narrativa, a despeito de estimular o autodesenvolvimento e a busca por maior autonomia, mina o senso coletivo, tornando ainda mais tenso o diálogo entre capital e trabalho, com o visível enfraquecimento de sindicatos e associações de trabalhadores. Essa tendência certamente terá impactos ainda não totalmente delineados, mas possivelmente demandará uma ação governamental mais forte na base da pirâmide, sob pena de agravar os riscos de instabilidade social, econômica e política em futuro próximo.

O declínio da indústria nacional, como grande provedora de empregos qualificados, acontece numa dinâmica em o que agronegócio amplia a sua importância estratégica na geração de renda, sem o consequente aumento na contratação de mão de obra. Isso ocorre pela crescente incorporação de novas e avançadas tecnologias pelo campo. Não tendo nem a indústria nem o agronegócio como alternativa, coube ao setor terciário absorver um contingente cada vez maior de profissionais, em grande medida desqualificados, revelando um quadro desolador, considerando a existência de mais de quatorze milhões de desempregados atualmente no País.

Com esse pano de fundo, a ideologia do empreendedorismo e sua filha dileta, a meritocracia, expõe aos novos entrantes no mercado de trabalho e aos demais trabalhadores uma mensagem muito clara: adapte-se ou morra! Você é capaz! Você pode! Mire as estrelas! A extensa narrativa empreendedora encontra-se enraizada no discurso de escolas de negócios, de entidades patronais, parte da imprensa e formadores de opinião em geral. É muito difícil resistir ao apelo de uma ideia tão sedutora: a de que somos capazes de conduzir o nosso próprio destino e respondermos também por nossos fracassos. Esse empoderamento, essa mensagem de que cabe ao indivíduo, e somente a ele, o sucesso ou o fracasso de sua vida, de suas decisões, e das consequências de suas escolhas pessoais, desloca o eixo da proteção estatal para a centralidade da pessoa, numa aposta no individualismo, em contraste com possibilidades mais solidárias e cooperativas.

A transformação do capitalismo industrial para o capitalismo de serviços, impulsionada pelo expressivo conteúdo da inteligência artificial da nova economia, traz consequências para além dos aspectos econômicos envolvidos. No caso dos trabalhadores, a questão de fundo que se coloca é de reconstrução da entidade classista, em bases diferentes da matriz original, de conflito permanente com a classe patronal, uma vez que ambas agora se encontram mais fragmentadas, menos sólidas e mais instáveis. Para os países, e de forma não diferente ao Brasil, caberá atuar prioritariamente em duas grandes frentes, com visão de curto prazo, sem esquecer de fincar as bases para o amanhã. De imediato, é preciso pensar numa política de renda básica para a horda de desempregados que comporão a paisagem natural, porque a crise é estrutural. A médio e longo prazos, é inescapável prover o País de projeto educacional de qualidade e densidade suficientes para os desafios do terceiro milênio. Ao trabalhador, resta abraçar, mesmo a contragosto, sua emancipação a fórceps, compreendendo que a viagem será agora mais solitária, instável e com cada vez mais escassa cobertura social.

25/03/2021

O gene egoísta e o mundo dos esquecidos

Com a evolução da produção de alimentos, notadamente nos últimos cinquenta anos, a previsão sinistra do economista britânico Thomas Malthus não se confirmou. O mundo não estava restrito, pelo menos não em termos tão críticos, em relação ao crescimento demográfico e disponibilidade de recursos. Contudo, mesmo com a segurança alimentar sendo garantida pela revolução na produtividade, as enormes assimetrias na distribuição de alimentos fazem com que mais de 1 bilhão de pessoas ainda passem fome no planeta. Esse quadro desolador e chocante é moralmente indesculpável. Há excesso de produção de alimentos na terra, mas uma ineficiente e injusta distribuição. Por trás dessa dura realidade, testemunhamos os mesmos pressupostos sustentarem a maior concentração de renda em toda a história da humanidade, ancorada no modelo de capitalismo sem freios, que permite aos vinte homens mais ricos do mundo deter idêntica riqueza da metade mais pobre. O gene egoísta, que ancestralmente nos protegia, pode agora ser o sinal de nossa derrocada como sociedade, ao sermos incapazes de transformar a solidariedade num pilar normativo.

A assimétrica partilha de alimentos é a face mais visível da desigualdade social, pois redunda na fome, que degrada e humilha. Persegue a humanidade desde sempre, mas adquiriu contornos morais inaceitáveis a partir da constatação de que há como resolver o problema. Então, por que uma situação tão perturbadora não é capaz de sensibilizar e mobilizar a sociedade e as autoridades para a sua resolução? Responder essa questão nos desafia a avançar para além do terreno político, buscando penetrar e compreender o funcionamento, nesse caso perverso, de nossa psique, associada ao modo dominante dos fundamentos do moderno capitalismo. Há, sem dúvida, uma curiosa simbiose entre nossa propensão congênita ao egoísmo, tratado positivamente como motor do capitalismo por escritores do porte de Adam Smith e Keynes, e sua outra face, mais capciosa, que ainda não foi capaz de se desvencilhar dos seus grilhões ancestrais egocentrados. Esse fenômeno condena hoje parte da população mundial à fome e ao esquecimento, pela trágica incapacidade de criarmos um modelo de capitalismo inclusivo, no qual não precisemos trancar em nossa consciência uma imperdoável omissão histórica para com os desvalidos.

Esse desassossego, contudo, não deve somente ser alvo de reflexões retóricas. Há, nesse sentido, sugestões concretas em curso que, senão prometem elidir com o descalabro humanitário que vivemos, pelo menos nos agravam em maior responsabilidade e culpa. Culpa, pois a atual situação da desigualdade no mundo impõe a todos duplo dever: prático e moral. Prático, porque possuímos recursos e inteligência; moral, porque não é mais possível varrer para baixo do tapete de nossa consciência uma indiferença irremissível.

Nesse sentido, é importante destacar as propostas do economista francês Thomas Piketty, que tem desafiado pensadores e governos do mundo inteiro a enfrentar o problema da desigualdade, reconhecendo ser esse um dos temas mais urgentes para a sociedade moderna, juntamente com a questão ambiental e de segurança. É necessário desalojar a lógica do assistencialismo e abrirmos um campo mais inclusivo do Direito. Os esquecidos do mundo precisam mais do que migalhas. Dentro do amplo domínio das soluções propostas, além de maior tributação das grandes fortunas, Piketty traz, no bojo da atual pandemia, um repensar fundamental por maior solidariedade, inclusive entre os países. Talvez estejamos longe do fim da desigualdade social, mas sem esse urgente enfrentamento, uso simultâneo de nossas melhores capacidades e disposição moral, continuaremos em débito para com o bem comum, e isso pode fazer toda a diferença para tornar a nossa existência mais ou menos significativa, além de não expor o próprio capitalismo ao necessário embate com um dos seus maiores demônios, deixando ao relento um oceano de desafortunados.

29/04/2021

Da enxada ao *chip*: a reinvenção do campo

Poucas coisas são tão estimulantes quanto saber que o sucesso de algo decorre do mérito envolvido na sua consecução. É o que assistimos hoje no agronegócio brasileiro. A articulação de um conjunto harmônico de fatores foi e está sendo capaz de reconfigurar profundamente a realidade do setor rural, e tudo isso numa velocidade sem precedentes. De importador de alimentos até o final de 1960, o Brasil passou a ser um dos maiores produtores e exportadores agropecuários do mundo. Esse notável avanço do agro brasileiro teve muitas causas, a começar pela primeira delas que a natureza nos legou: uma biodiversidade exuberante, rica, fértil... Um verdadeiro tesouro, sinalizando que nesse enorme e privilegiado pedaço da terra um pujante celeiro estava sendo gestado. Da pesquisa de ponta desenvolvida pela Embrapa para a agricultura tropical, passando pela extraordinária vocação empreendedora dos nossos produtores, políticas públicas de crédito por meio do Banco do Brasil, uma indústria de máquinas e equipamentos agrícolas de primeiro mundo, somadas a toda uma capilarizada distribuição de insumos, fizeram do Brasil um colosso no setor que contribui para a segurança alimentar do planeta e projeta um horizonte de crescimento extraordinário para os próximos anos.

Hoje, sob qualquer ângulo que se observe o agronegócio brasileiro, os números são todos superlativos, inclusive em relação às nossas já conhecidas dores da porteira para fora. Mas há mudanças em curso, e elas não são banais. Os expressivos avanços em ganhos de produtividade, crescentemente ligados à tecnologia, chegaram ao campo com enorme apetite. Essa condição florescente que atualmente desfrutamos confere ao nosso País um destaque que extrapola em muito a dimensão econômica, progredindo, inclusive, rumo a um maior protagonismo geopolítico internacional. Bem concatenado, esse êxito poderá despertar também maior vigor colateral em outras cadeias produtivas, com a agregação de valor repercutindo em maior apreciação sistêmica dos fatores de produção.

Afora todo o progresso verificado na evolução da produtividade, há outros e abrangentes setores que se redesenham, a exemplo do *compliance* na gestão rural e das novas formas de crédito ao segmento. Nesse contexto, a inteligência de dados e a coordenação em rede serão fundamentais para a nova arquitetura tecnológica 5G que emerge. Por trás desse fenômeno em curso, o uso intensivo da inteligência artificial promete tornar mais confiáveis e ágeis os processos de gestão, dinamizar e potencializar o trabalho integrado, com a melhoria do desempenho de toda a cadeia produtiva, além de disponibilizar crédito aos produtores em modelos muito diferentes da forma tradicional, estagnada no tempo. Em entrevista recente, a Ministra da Agricultura, Tereza Cristina, pontuou que chegou a vez de novas tecnologias proporcionarem um salto nas finanças e na governança dos empreendimentos rurais, notadamente no acesso ao crédito, e aos mercados verdes, aos instrumentos de gestão de risco, ao apoio jurídico, à conformidade ambiental, social, fundiária, tributária, com impactos em toda a cadeia produtiva do agro, com crescente aprimoramento dos processos.

Não obstante nossas vantagens naturais, deixar de evoluir não é uma opção para o agronegócio, particularmente quando se prenunciam ventos tão favoráveis como os atualmente observados. Nessa linha, o desfrute de maior competitividade está diretamente vinculado à criação de um ambiente que esteja sintonizado com o estado da arte da inovação, da compreensão da importância da preservação ambiental, da inclusão digital, da incorporação dos avanços tecnológicos e sociais às pequenas propriedades, dentro de uma sempre renovada capacidade de adaptação. A julgar pelas ações dos líderes do agronegócio, sejam públicos ou privados, existem bons motivos para acreditar que estamos diante de uma agenda positiva que veio para ficar, e esse sucesso não deve ser tributado ao acaso.

03/06/2021

Um abismo que nos degrada

O tema da desigualdade social vem chamando a atenção de um número crescente de intelectuais mundo afora. Num planeta que nunca produziu e consumiu tanto, a fome e a miséria contrastam com a opulência e o esbanjamento, sem contar que a concentração da riqueza atingiu patamares inéditos. Na esteira dessa realidade, surgem propostas para a criação de alternativas que possam ir além do assistencialismo, combatendo as causas da pobreza, mas não esquecendo de aproximar um pouco mais os espectros diametralmente opostos entre quem não tem sequer um prato de comida daqueles que planejam ver a terra do espaço a partir da SpaceX, ao custo aproximado de R$ 300 milhões. Nesse sentido, percebe-se que o problema é tão inquietante que liberais, a exemplo do insuspeito ex-Presidente do Banco Central do Brasil, Armínio Fraga, ter declarado que muitas políticas contra a pobreza e a desigualdade são hoje necessariamente incorporadas, senão pelo pensamento de direita como um todo, mas por parte dos liberais democratas, o que não deixa de ser auspicioso. Assim como a questão climática, a segurança e a inteligência artificial converteram-se em temas universais, também o combate à desigualdade passa a assumir essa condição supraideológica.

Contudo, o caminho para uma sociedade mais justa não é simples, requerendo planejamento, tempo e competência. É urgente criar uma mentalidade de desenvolvimento sustentável no País, que possa também diminuir a crescente indigência social. Há séculos, o Brasil se debate entre o atraso e a modernidade. O arcaísmo, o patrimonialismo e um eterno desleixo com a educação edificaram uma sociedade desigual, injusta e improdutiva. De acordo com a USP, temos hoje quase 62 milhões de pessoas vivendo na pobreza, sendo que 19 milhões sobrevivem com menos de

R$ 170,00 por mês, na extrema pobreza. Mesmo diante desse quadro acachapante, parte das nossas lideranças priorizam outros temas, e isso tem desviado a atenção que deveria estar voltada para as grandes questões nacionais. Bobagens e equívocos como o risco de volta do comunismo, ataque às instituições, negacionismo e outras agendas do atraso, são replicadas na rede a todo momento, até por lideranças constituídas. A formação de um grande projeto de desenvolvimento passa por escolhas cruciais, porém um primeiro passo é limpar o caminho dos grilhões que ainda nos prendem ao obscurantismo, a agendas anticiência e outras tolices que povoam o cenário atual.

Nosso País investe pouco, e sem investimento é o mesmo que comer as sementes para sobreviver. De acordo com o IBGE, estamos com a menor taxa de investimento dos últimos 50 anos. O setor privado não irá suprir sozinho a ausência de inversões estatais, e existe consenso de que determinados investimentos cabem prioritariamente ao Estado. Para que sobrem recursos, decisões corajosas terão que ser tomadas. Segundo Armínio Fraga, as receitas poderiam advir de um ataque direto aos subsídios indevidos, desonerações fiscais e vantagens tributárias, além do aprofundamento da reforma da Previdência e do Estado. Acerca deste último, o custo do funcionalismo público, mais pensionistas, consome cerca de 80% do gasto total, enquanto os demais países desenvolvidos ficam em patamares inferiores a 60%.

Uma sociedade livre, soberana e plural não pode conviver com o quadro de tamanha disparidade entre seus cidadãos. É hora de agir. Após as reformas, com a limpeza da agenda patrimonialista, o enxugamento do Estado e a criação de um consenso de governabilidade e confiança, Governo e iniciativa privada devem olhar para a educação, saúde, segurança com visão estratégica. Além disso, a organização para um futuro melhor requer a melhoria dos sistemas de infraestrutura, mobilidade urbana, moradia e saneamento básico. Combinadas e equilibradas, as agendas política e econômica poderão atrair novamente os investimentos privados, interna e externamente, permitindo que o assistencialismo dê lugar à criação de oportunidades, para que possamos diminuir o atual abismo social que a todos deveria constranger.

23/09/2021

O jeitinho que não dá jeito...

No campo das competências, o improviso é uma qualidade importante, pois permite que nos desvencilhemos de certos problemas com maior desenvoltura. Contudo, quando a improvisação invade a gestão pública, geralmente seus efeitos são desastrosos. Qualquer ideia de Nação precisa incorporar uma perspectiva de projeto, de futuro, de avanço. Isso implica imaginar que a vida seja melhor, com maior justiça social, acesso amplo e democrático aos serviços básicos, renda mínima e segurança para uma existência digna. Nesse sentido, nosso País tem falhado em travar o tão esperado encontro entre nossas potencialidades e nossas aspirações. A tarefa de galgar o andar superior dos países desenvolvidos é árdua, e muito mais difícil se apresenta quando não existe planejamento. Décadas perdidas são tristemente colecionadas sem que os brasileiros, como um todo, escalem o amanhã com maior velocidade. De improviso em improviso, permanecemos parados. A cada ano, os milhões de jovens que chegam ao mercado de trabalho encontram não apenas um vazio de oportunidades, como não conseguem se habilitar por falta de competências elementares. Nosso País falha gravemente em uma de suas tarefas mais nobres, que é permitir uma formação de qualidade para a sua juventude. Esse *gap* de competências se torna mais dramático frente a um mercado que requer níveis crescentes de qualificação em habilidades cognitivas, intrapessoais e interpessoais, que possam dialogar com o ambiente hipercompetitivo que vivenciamos.

Não temos, entretanto, um projeto consistente e integrado de desenvolvimento, uma ideia mobilizadora que capture nossas fortalezas de forma inteligente, capitalizando a economia verde, a inovação, a formação em massa de técnicos para a era digital, buscando alternativas para nossa excessiva dependência de produtos primários de exportação. Continuamos presos a uma mentalidade atrasada, amarrados a um Estado paquidérmico, que consome grande parte da receita nacional para o seu próprio sustento, que presta maus serviços diante de mais de 1/3 que arrecada da renda de cada contribuinte. A promessa de mais Brasil e menos Brasília se perdeu entre tantas expectativas não cumpridas.

Assim, não deixa de ser oportuno lembrar o escritor Mia Couto, para quem "a maior desgraça de um país pobre é que, em vez de produzir riqueza, vai produzindo ricos". Sem enfrentar a questão da desigualdade, erra-se duplamente: não se desenvolve uma classe consumidora e perde-se um valioso capital intelectual, com o desperdício da ainda existente *janela demográfica*. Enquanto isso, patinamos nas reformas necessárias, com a manutenção de privilégios, sem mexer nas castas privilegiadas do funcionalismo público, sem enfrentar a questão tributária, com privatizações minguadas e agendas erradas. Nosso País precisa tratar a questão ambiental de forma integrada ao mundo, promover mais intercâmbio comercial e atrair novos investimentos. Também necessitamos recuperar a autoestima moral. Havíamos dado um passo importante no combate à corrupção, porém o fim melancólico da operação Lava-Jato, o afrouxamento na Lei da Improbidade, o fim da prisão após condenação em segunda instância, o esfacelamento das 10 medidas anticrime propostas pelo ex-Ministro Sérgio Moro, tudo isso sob o olhar contemplativo, senão cúmplice de quem se elegeu sob a bandeira do combate à corrupção, nos fizeram retroceder.

Diante disso, é preciso trabalhar uma nova mentalidade. Mais do que discutir esquerda ou direita, nessa polarização absurda que drena a energia do País, devemos formar um mínimo consenso que resgate a construção de um modelo de desenvolvimento factível, datado para acontecer, com pontos de controle e transparência, com o envolvimento e a participação de amplos setores da sociedade. O Brasil é maior que seus protagonistas do momento, cujo improviso nas ações contrasta com os imensos desafios que despontam no horizonte, tão avassaladores que requerem muito mais do que o *jeitinho brasileiro* e o improviso possam assumir.

07/10/2021

Um projeto para chamar de nosso

Engolfado por uma crescente radicalização política, o Brasil assiste à polarização ao turvar a visão de nossas lideranças, impedindo uma discussão lúcida sobre o futuro que almejamos. Nossas virtudes e o imenso potencial que reverenciamos com entusiasmo dormem silentes, enquanto outros países avançam e impõem um custo cada vez maior para a nossa indolência. Como bem lembrou o escritor Mia Couto, aquilo que somos não é o simples cumprir de um destino programado nos cromossomas, mas a realização de um ser que se constrói em trocas com os outros e com a realidade envolvente. Assim, pensar o nosso País num contexto de evolução consistente, equilibrada e aderente à dinâmica do mundo atual, requer novas capacidades para o enfrentamento de uma realidade crescentemente complexa, menos estável e segura do que outrora. Para tanto, não existem receitas prontas, caminhos já percorridos e que possam ser simplesmente replicados. Essa mudança de postura para um maior protagonismo, portanto, terá que ser original, construída com aquilo que temos de melhor e de pior, mas autônoma, corajosa e inovadora, essencialmente brasileira, por assim dizer.

O caminho para ingressar no seleto grupo dos países desenvolvidos é objeto de variadas teorias e múltiplas abordagens. De fatores geográficos, institucionais, culturais e do próprio acaso, as justificativas se multiplicam, restando, contudo, poucas explicações derradeiras. Por outro lado, essa falta de compreensão última dos porquês de algumas nações desfrutarem de pleno desenvolvimento, enquanto a maioria enfrenta a penúria, a fome, a violência e a falta de esperança, não impediu que algumas conclusões sobre o processo de desenvolvimento autóctone emergissem. Uma dessas conclusões evidencia que existe pouco comprometimento ou cooperação em questões de natureza estratégica entre as nações. É preciso construir um modelo próprio, a partir de nossos predicados originais, sob o risco de permanecermos estagnados, senão regredindo. Dessa forma, para que o Brasil aspire a um lugar dentre os países mais prósperos, há que se assumir, como bem assinala Mangabeira Unger, um componente de rebeldia, de não alinhamento automático a nenhum modelo preexistente. Teremos que construir o nosso projeto, e não será sem decisões difíceis e escolhas fundamentais. Uma delas, talvez a mais estratégica, é compreender qual o papel que o Estado brasileiro terá de agora em diante. Depois de décadas de estagnação, o Brasil não pode mais adiar o seu encontro com o futuro, sob pena de não apenas deixar de ascender, mas desabar fragorosamente sob o peso de suas escolhas erradas ou imperdoável postergação.

O que torna mais urgente esse debate é a atual arena competitiva, fortemente impactada pela intermitência das mudanças, pelos avanços tecnológicos, por rivalidades geopolíticas que remodelam as cadeias produtivas e de suprimentos, pelas alterações climáticas, pelo fenômeno da imigração e por uma sociedade mais interligada, mais impaciente e menos sólida. É esse *pano de fundo* que condiciona hoje a discussão sobre um projeto nacional, infelizmente ainda inexistente. De concreto, existe uma necessidade inadiável por mudanças na atual abordagem, partindo de uma visão de curto prazo para médio e longo prazos, do estado perdulário e ineficiente, para um estado necessário, austero e competente, adequado às demandas de uma sociedade brutalmente desigual e com níveis indecentes de pobreza, violência e abandono. Não há como se falar em estado mínimo numa realidade como a brasileira. Não há, também, como suportar um estado inchado onde deveria ser enxuto, e insuficiente onde deveria estar mais presente. O estreito corredor que nos levará ao chamado *primeiro mundo*, passa por uma inescapável decisão de termos um projeto nacional, uma ponte que nos ligue ao amanhã. Essa construção é coletiva, precisa de uma ação coordenada de todas as inteligências de que o País dispõe, mas, acima de tudo, precisa de um mínimo de pacificação, maior tolerância e bom-senso.

21/10/2021

Populistas de plantão

A forma como agimos e os porquês das nossas escolhas foram sendo progressivamente escrutinados a partir dos estudos sobre o comportamento humano e do desenvolvimento de variados campos da psicologia. Um dos pensadores que primeiro intuiu o poder do autointeresse foi Adam Smith. É clássica a frase do pai da economia moderna afirmando que "não é da benevolência do padeiro, do açougueiro ou do cervejeiro que eu espero que saia o meu jantar, mas sim do empenho deles em promover seu autointeresse". O pensamento de Smith viria a ter enorme prestígio sobre a corrente econômica liberal, sendo mais tarde confrontado pelo materialismo histórico de Karl Marx, outro pensador de extraordinária influência política e econômica. Marx, diferente de Smith, não acreditava na *mão invisível* dos mercados, mas numa visão de propriedade comum "de cada qual segundo a sua capacidade; a cada qual, segundo suas necessidades", prenunciando o contraponto central que iria segregar as duas doutrinas. Essa cisão de pensamentos, lapidada pelo tempo e enriquecida por outras abordagens, segue influenciando, no mundo todo, as esferas social, política e econômica, com impacto e relevância que desafiam o tempo. Após o planeta servir, durante décadas, de laboratório para essas teorias, a polêmica ganhou novos atores, com a crise de 1930 notabilizando o intervencionista John Keynes e, na sequência, consagrando Milton Friedman, economista liberal de cunho monetarista que confrontava Keynes, isso tudo no momento em que a economia passava a adquirir contornos inéditos de tamanho e complexidade, com a ascensão da robótica e a rápida integração dos mercados.

Sendo a economia um campo de avanços teóricos notáveis, não deixa de ser curioso que algumas questões, como a maior ou menor intervenção estatal, continuem irreconciliáveis até hoje. Por trás desse confronto conceitual e metodológico, não mais perdura somente o autointeresse dos indivíduos como propulsor seminal dos mercados, mas emerge a ideologia, que passa a dividir o mundo, teimosamente sob os hoje já arcaicos conceitos de direita e esquerda, cada qual com sua visão do papel do Estado e, por consequência, da maior ou menor participação governamental na economia. São vários os exemplos que demonstram continuarmos a testemunhar as mesmas premissas que dividiram Smith e Marx, Keynes e Friedman, perpetuarem-se no tempo, desafiando liberais, progressistas e conservadores numa discussão que nada tem de banal. A contenda, muito mais do que vinculada a algum tipo de perversidade ou desvio moral, decorre de compreensões diametralmente opostas sobre a dinâmica dos mercados capitalistas, com uma questão basilar ainda não superada, ao modo do dilema do *ovo ou a galinha*. De maneira mais explícita: é possível gastar antes de poupar? É possível uma política de investimentos sem primeiro formar uma poupança para tal? É preciso respeitar o teto de gastos? Qual a importância da responsabilidade fiscal? Cada uma das diferentes correntes de pensamento responderá resolutamente sobre o melhor caminho.

Apesar de reconhecer a falta de um consenso unificador e universal quando o assunto é austeridade ou gastança pública, há robustas evidências de que uma ação fiscal frouxa desorganiza toda a estrutura econômica. Políticas econômicas populistas, independente da matriz ideológica, estão na raiz do problema e já condenaram milhões à miséria. Erros colossais na alocação do escasso capital e o inchaço das máquinas públicas provocam danos irreparáveis, cabendo invariavelmente a governos mais austeros realizar o difícil trabalho de reconstrução dos fundamentos econômicos, por vezes com alto preço político. Acreditando que é possível gastar sem poupar, desdenhar da austeridade e acabar com a miséria imprimindo moeda, os populistas de plantão continuam a destruir riquezas. Esse grave erro de entendimento macroeconômico tem provocado um círculo interminável de equívocos que impedem ciclos mais duradouros e consistentes de desenvolvimento.

03/02/2022

Gigante acorrentado

Quanto vale o tempo perdido, indagava o economista Antônio da Luz em palestra recente a um grupo de empresários. A preocupação do economista-chefe da Farsul faz todo o sentido quando estudos apontam para o risco iminente de mais uma década perdida, retardando a consolidação do desenvolvimento nacional. O Brasil, contudo, não está condenado ao subdesenvolvimento. De 1930 até a década de 1980, fomos um dos países com maior crescimento no mundo, deixando de ser uma economia periférica e atrasada, para nos transformar numa das 10 maiores economias do planeta, revelando que a existência de potencial interno torna ainda mais indesculpável nossa crônica incompetência dos últimos 40 anos. Soubemos combinar, à época e a despeito dos sobressaltos internacionais, a relativa estabilidade do padrão tecnológico vigente, aproveitar um mercado interno relevante, dispor de financiamentos externos, decidir pela intervenção direta do Estado em articulação com o setor privado e desfrutar, com senso de oportunidade, de regras internacionais menos restritivas aos países adjacentes.

Nas últimas décadas, entretanto, os erros sistematicamente cometidos por quem comanda o País, mais do que ligados a qualquer hipótese como cultura, clima ou religião, têm muito mais a ver com a incapacidade crônica de fazer escolhas e definir caminhos, ou seja, uma falha recorrente de pensar e agir estrategicamente, consolidar as instituições e tornar menos instável o ambiente econômico. Enquanto isso não acontece, nosso encontro com o futuro vem sendo tragicamente postergado, com o desemprego em alta e os rendimentos médios mensais encolhendo a um ritmo alarmante. Mais doloroso ainda é reconhecer que o custo econômico e social da crise que perdura castiga de modo inclemente a população mais pobre, vítima primeira da ausência de planejamento e execução adequados.

Em 2019, o anuário de competitividade global realizado pelo IMD, da Suíça, analisou a competitividade de 63 países, colocando o Brasil na 59.ª posição. Por que não conseguimos replicar as premissas que alavancaram o nosso desenvolvimento até a década de 80 e passamos a empilhar décadas perdidas? Responder a esse questionamento é vital para encaminhar as linhas mestras de um projeto que se mostre factível e nos tire do atoleiro atual. O estudo do desenvolvimento dos países, suas causas e possíveis soluções não é assunto novo e vem sendo investigado desde o século XVIII por vários estudiosos, entre os quais o filósofo e economista escocês Adam Smith. Atualmente, um dos autores mais prolíficos na matéria é o americano Michael Porter, cuja teoria sobre a criação e sustentação da vantagem competitiva não apenas o consagrou, como permitiu compreender melhor os porquês de certas empresas e nações gozarem ou não de posição destacada no conjunto das nações. É importante analisar os conceitos de Porter sobre quais atributos são vitais para que ocorra o crescimento sustentável dos países, já que o Brasil teve a experiência de crescer a taxas médias anuais superiores à 6% a.a., e agora patina em índices abaixo até mesmo da média mundial. Para o professor de Harvard, os países podem buscar a criação e manutenção de vantagem competitiva, desde que observem alguns atributos cruciais para prosperar. Assim como foi possível ao Brasil avançar velozmente durante 50 anos, observando premissas daquela época, uma nova matriz tecnológica e ambiental e uma inédita configuração geopolítica mundial requerem novas posturas. Porter sinaliza que é necessário combinar e articular a estratégia com a estrutura e estimular um contexto de rivalidade positiva entre as empresas. Também ensina que devemos cuidar das condições de demanda, de fatores e das indústrias correlatas e de apoio. Parece muito claro que é urgente investir em um ambiente de negócios que permita a implementação das estratégias sugeridas, hoje lamentavelmente manietadas a um estado perdulário, paquidérmico e ineficiente, que, juntamente com a inépcia dos governantes, não apenas golpeiam o gigante sul-americano, mas o acorrentam de forma contundente e comprometedora.

17/02/2022

Bolo para poucos

De acordo com o Banco Mundial, entre 1960 e 2022, a participação do PIB – Produto Interno Bruto do Brasil saltou de 26,40% para 50,40% em relação aos demais países da América do Sul. A Argentina e a Venezuela foram os países que apresentaram as maiores involuções. Sob o ponto de vista da produção de produtos e serviços, foi notável o aumento da participação brasileira, denotando o crescimento de nossa economia e a concomitante perda de relevância de outros países do continente. Entretanto, quando o olhar se volta para a forma como essa riqueza gerada está sendo distribuída, a situação piora muito. Em 2020, nosso PIB *per capita* era de U$ 6.800,00, enquanto o Uruguai, país basicamente de economia agropastoril, ostentava U$ 15.400,00, acima do Chile (U$ 13.200,00) e da Argentina (U$ 8.400.00). Essa fotografia de como o nosso PIB é distribuído internamente nos remete a um dos maiores desafios do Brasil, que é permitir que haja uma menor desigualdade de renda entre os brasileiros, com o consequente fortalecimento de toda a economia. Também revela que o PIB, isoladamente, não é um indicador adequado para medir o desenvolvimento econômico e social de determinado País e que a sua leitura deve, necessariamente, incluir outras variáveis para uma análise mais consistente.

Foi de Delfim Netto, Ministro da Fazenda entre 1967 e 1974, época conhecida como *milagre econômico* a frase de que "é preciso primeiro aumentar o bolo (da renda nacional) para depois reparti--lo. A declaração se sustentava na premissa de que era natural que países em desenvolvimento teriam que, inevitavelmente, passar pela concentração de renda para somente depois tratar de socializar o crescimento. Com o passar dos anos, não apenas não ocorreu a esperada distribuição mais equilibrada de renda, como o Brasil se converteu num dos campeões mundiais de desigualdade social. Quase meio século após haver criado a *teoria do bolo*, Delfim Netto, num gesto elogiável de desprendimento e humildade intelectual, refutou aquilo que falou, e foi enfático ao dizer "que fazer o bolo crescer para depois distribuí-lo é sinal de ignorância econômica". Para esse novo olhar de Delfim, a virtude social neoliberal vendida como meritocracia é uma fraude, porque a condição necessária para a sua existência, a igualdade de oportunidades, não existe. Refletir sobre esse tema é importante para que se descortinem soluções para um impasse social que mantém milhões de brasileiros na miséria. Definitivamente, sem que este enorme contingente de pessoas seja incorporado a uma vida decente e produtiva, não poderemos falar de um país desenvolvido, mesmo que o crescimento do PIB seja robusto.

Nesse sentido, tornam-se óbvias questões como prioridade à educação de qualidade, programas sociais de renda mínima, universalização da saúde e geração de um ambiente favorável aos negócios. Mas não é apenas isso. O Brasil precisa se conectar com uma concepção de desenvolvimento que hoje extrapola em muito o meramente econômico, cuja mensuração isolada do PIB é um exemplo acabado dessa miopia. Não basta crescer; é preciso desenvolver-se em harmonia com um conjunto de outras variáveis igualmente críticas, que, de forma equilibrada, poderão colocar o País num outro patamar de desenvolvimento. Os cuidados com a responsabilidade ambiental, social e de governança, também conhecidos sob a sigla ESG, que já permeiam a realidade de milhares de empresas, devem inspirar os gestores públicos. Para tanto, é essencial observar com rigor os objetivos estabelecidos pelo Pacto Global na questão do meio ambiente, nos investimentos para combater a discriminação e possibilitar um tratamento justo aos excluídos socialmente, garantindo que nenhum grupo social deixe de ter acesso aos serviços essenciais. Uma governança adequada, com sólidos princípios éticos sendo incorporados, com transparência e zelo pelo erário também conformam a arquitetura que deverá ser a base para uma sociedade melhor. Não dá, e nisso Delfim acertou muito ao se reposicionar, esperar mais para que o bolo cresça.

07/07/2022

O Brasil a gente vê depois

No início dos anos 70, o professor de Stanford Walter Mischel desenvolveu importante pesquisa de psicologia comportamental que viria a ser conhecida como a teoria do *marshmallow*. Nela, crianças entre quatro e seis anos eram levadas a uma sala na qual recebiam um doce. Os pesquisadores, então, diziam às crianças que iriam se afastar da sala por 15 minutos. Quem não comesse o doce durante esse intervalo receberia um segundo doce, quando do retorno dos pesquisadores. A conclusão dos estudos demonstrou que havia uma forte correlação entre a capacidade de controlar o impulso do momento, postergando o prazer imediato, com o êxito profissional e pessoal das crianças que participaram do experimento. Conter os desejos presentes para conquistar ganhos no futuro é um exercício difícil, especialmente para os ímpetos juvenis, mas deveria ser natural para espíritos mais experientes. Não é, entretanto, aquilo a que assistimos quando olhamos para a forma como são conduzidos os destinos do Brasil. O apetite voraz dos donos do orçamento público tem consumido as sementes do amanhã, mesmo antes de vê-las brotar.

Tem sido assim quando medidas eleitoreiras ameaçam o teto de gastos, orçamentos secretos cristalizam uma relação obscura entre o Executivo e o Legislativo, quando reformas urgentes são adiadas, avanços consolidados na vida institucional desmoronam e o arcabouço democrático é aviltado diariamente por quem mais deveria protegê-lo. O Brasil comporta-se como aquele menino cuja incontinência inocente troca o futuro pela gula do presente, sem, contudo, contar com a desculpa de idêntica candura. Ademais, encontramo-nos cercados pelos mesmos erros estruturais que acometem o nosso continente, no qual sucedem-se governos embebidos na febre populista que não apontam senão para o recrudescimento do atual quadro de instabilidade política, econômica e social. Recente estudo do *The Economist*, sinaliza que, apesar do superciclo das *commodities*, tanto o nosso País quanto os demais vizinhos sul-americanos deixaram de fazer modernizações estruturantes nos últimos anos, com reformas políticas, tributárias e administrativas necessárias. A existência de privilégios oligopolistas e protecionistas, a falta de investimentos e a minguada taxa de inovação têm gerado uma mistura tóxica de violência crescente, baixa produtividade, pobreza endêmica e crescimento modesto.

Muito embora o histórico do processo de desenvolvimento brasileiro seja irregular e crivado de ineficiência, o potencial existente sempre deixa a oportunidade para que governos competentes e austeros quebrem essa sina que nos amarra ao atraso. A existência de uma franja considerável de *janela demográfica*, um potencial multiétnico de enorme valor, reservas minerais abundantes e uma agropecuária moderna e com índices crescentes de produtividade fornecem uma vantagem comparativa importante diante de um mundo carente de maior segurança alimentar e estabilidade política. Mas, infelizmente, o caminho não é tão simples quanto desejamos. Décadas de ineficiência e crescimento pífio geraram uma dívida social gigantesca, com milhões de brasileiros vivendo na miséria, experimentando a contradição dramática da fome mesmo sendo um dos celeiros do mundo.

Com vistas a deixar para trás o atual ciclo vicioso de baixo crescimento e aumento da miséria, será preciso romper com a sina que tem condenado todo o Continente à estagnação. Feito um aluno zeloso, disciplinado e autocontrolado, o Brasil deve aumentar a sua taxa de poupança interna para que haja novos investimentos públicos, respeitar o teto de gastos de sorte a não castigar as gerações futuras pela irresponsabilidade presente, reerguer a nossa indústria, investir maciçamente em educação, apostar fortemente em inovação e buscar uma integração cada vez maior com o mundo. Isso seria um bom começo para que não tenhamos mais uma geração inteira ficando velha sem a chance de se tornar próspera e de desfrutar, sem complexo de culpa, do seu merecido *marshmallow*.

17/04/2022

As tulipas do novo milênio

Não é de hoje que moedas, imóveis, ações e câmbio se convertem em objetos de especulação financeira, embalados pelo desejo tão tipicamente humano de enriquecer. Mas, nesse processo, há muitos riscos ocultos, nunca bem dimensionados e que temperam a história das crises especulativas com risos e lágrimas, estas últimas, muitas vezes, em tons dramáticos. Muitos não levam exatamente a sério o Oitavo Axioma de Zurique, que informa "ser improvável que entre os desígnios de Deus para o universo se inclua o de fazer você ficar rico". Foi assim na Holanda, em 1630, quando as improváveis tulipas assumiram o papel de agente de histeria e pânico generalizado, levando milhares de investidores à bancarrota. De lá para cá, com uma regularidade impressionante, as pirâmides financeiras, calotes coletivos, *crahes* e golpes vigaristas se sucedem sem que os erros do passado impeçam os equívocos no presente. A repetição das crises ao longo do tempo, moldadas pela gênese comum de pânico, histeria coletiva e efeito manada, levanta a questão da falta de aprendizado por parte das pessoas, mesmo com as cicatrizes expostas. Por que se repetem os episódios de especulação, drama e insanidade em massa? Parece que, em nenhuma outra área, a história vale tão pouco como no mundo das finanças. Não há, todavia, e infelizmente, um antídoto que possa inibir esse fenômeno, uma vez que o número de incautos compõe parcela expressiva do mercado, e são justamente os desavisados que servem de ração aos predadores sempre à espreita.

Esse contingente humano, movido por uma mistura de ganância, inexperiência e desconhecimento dos fundamentos do mercado, alimenta ciclicamente as crises. São, em sua maioria, pessoas desprovidas de maldade, mas tolas o suficiente para não acreditar nos ensinamentos da história, tampouco em conselhos ajuizados. O último e atualíssimo exemplo que corrobora o quadro de cegueira coletiva ao risco é a crise das criptomoedas. Enquanto parte importante das pessoas sequer ouviram falar até hoje em *bitcoin*, NFT, *blockchain* e demais neologismos da era digital, outro contingente, não menos expressivo, lançava-se à compra de ativos digitais com um apetite voraz. Como nos outros eventos especulativos, os alertas insistentes de alguns analistas sobre os perigos envolvidos no frenético movimento de compra eram tomados mais como um lamento de alguém não convidado para a festa do que um conselho razoável e prudente.

O desabamento das criptomoedas, ao contrário de um evento localizado, ocorre em escala planetária, conferindo uma dimensão capaz de colocar o acontecimento como um dos mais catastróficos devoradores de riqueza já ocorrido. São U$ trilhões que evaporam enquanto a mesma sina dos desesperados acontece: choro, dor e lamento por perdas irrecuperáveis. A complacência dos reguladores, juntamente com um encantamento geral pela novidade, impulsionados pelos meios eletrônicos, encorajou milhões de investidores a embarcarem na *onda das criptomoedas*, na qual o *bitcoin* é a estrela mais reluzente. Até que se transformasse em colapso, a indústria das criptomoedas conquistou uma "ilusão de respeitabilidade", como bem assinalou o prêmio Nobel de Economia Paul Krugman em sua coluna no jornal *The New York Times*. As *tulipas do novo milênio* abriram possibilidades por demais sedutoras para especuladores, ávidos, e até certo ponto deslumbrados, com um horizonte sem limites de rentabilidade prometida.

Como em todo final de uma ilusão, porém, o que geralmente se ouve são lamúrias e ranger de dentes, não sem também se buscarem os culpados pela tragédia, o que sempre traz uma espécie de consolo aos aflitos. É preciso também dizer que parecia evidente existir certa indulgência por parte dos bancos centrais, que deixaram de regulamentar tempestivamente um emergente mercado trilionário. Imaginar uma nova moeda ter curso sem se estabelecerem parâmetros mínimos de governança colocaria em xeque a própria soberania das autoridades monetárias, e isso, cedo ou tarde, cobraria o seu preço, como agora, desoladamente, constatam os portadores das tulipas do novo milênio.

21/07/2022

Lanterna na proa

Nos últimos meses, alguns temas envolvendo a política econômica do País voltaram a atiçar as discussões sobre uma maior ou menor presença do Estado na economia e seus reflexos junto à sociedade. Assuntos como a privatização de estatais, teto de gastos públicos, criação de piso salarial para algumas categorias e medidas de controle da inflação alimentam o debate, agora com mais intensidade por conta do período eleitoral. Nessas matérias, que nada têm de triviais, estão envolvidos aspectos políticos, culturais, econômicos e ideológicos, sendo estes últimos os mais complexos. Ao contrário do que haveria de se desejar, a dialética não é exatamente uma característica de ideologias em confronto, muito pelo contrário. Fechados em seus casulos conceituais, liberais e progressistas pouco avançam quando o desafio é a melhor forma de equilibrar a clássica equação entre liberdade e igualdade.

A economia é, por essência, o campo de batalha mais visível desse longevo embate ideológico, uma vez ser nessa arena que os pressupostos de cada visão são testados. Para os defensores de maior liberdade econômica não faz sentido o Estado se ocupar de questões que seriam melhor equacionadas pelo espírito empreendedor, pelo sistema de preços e pelas leis de mercado. Nessa perspectiva, saúde, segurança e educação seriam tarefas exaustivas o suficiente para que o *espírito animal* não seja desestimulado por um estado supostamente paquidérmico, lento e ineficiente, quase que um mal necessário. Um dos precursores do pensamento do estado mínimo, Ludwig Von Mises, tem uma abordagem original e provocativa que instiga, e em algumas situações fustiga seus antagonistas. Para Mises, a esquerda, de forma geral, comete um erro primário na abordagem do cálculo econômico, ao supor que o planejamento central possa substituir a sabedoria do mercado, aqui revelando um franco alinhamento com o clássico conceito da *mão invisível*, de Adam Smith, seu brilhante predecessor britânico.

O cálculo econômico dos defensores do estado máximo, de acordo com o pensador austríaco, parte de uma premissa social louvável de diminuir a pobreza e aumentar a justiça social, mas erra na fórmula para construir isso de maneira sustentável. Presume-se, a partir dessa linha de pensamento, que tabelando preços, arbitrando salários e afrouxando as políticas fiscais, haverá maior vigor econômico. Isso, além de utópico, também tem se revelado ilógico, embora muitos ainda advoguem tais medidas. Essa mentalidade, entretanto, e por conta disso temos o debate, ainda ecoa na suposição de que substituir o mercado pelo *planejamento central* poderia equacionar o dilema da fome, da desigualdade e da miséria.

De acordo com Mises, contudo, a economia, em sua forma real, figura de maneira muito esparsa no cenário glamouroso pintado pelos utopistas. No aconchego de suas fantasias, eles invariavelmente discorrem sobre como pombos assados irão de alguma forma voar diretamente para dentro das bocas dos camaradas, mas se furtam de mostrar como esse milagre virá a ocorrer. Quando eles começam de fato a ser mais explícitos no âmbito econômico, rapidamente se descobrem completamente perdidos, a exemplo das desastrosas tentativas de controle artificial dos preços, tabelamento de juros, emissão de moeda sem lastro e outras pirotecnias que invariavelmente resultam no oposto do que almejam.

O fato é que, muito embora a economia tenha se revelado ao longo das últimas décadas uma ciência com crescente cunho comportamental, seus fundamentos lógicos permanecem intactos, castigando voos mais deslumbrados e que teimam em confrontar seus princípios elementares. A inflação, o maior e o mais injusto dos impostos, é a prova cabal de que não se produz riqueza simplesmente imprimindo papel-moeda. Esse entendimento elementar, apesar de racionalmente simples, precisa ser relembrado, a exemplo do alerta de Von Mises sobre o risco que devaneios ideológicos suscitam quando em jogo questões de tamanha importância como a correta gestão do dinheiro público.

18/08/2022

Uma *janela verde* para o Brasil

A questão climática assume ares cada vez mais urgentes. O atual Secretário-Geral da ONU, António Guterres, não tem medido as palavras para alertar o planeta sobre os riscos que a humanidade corre caso medidas imediatas de controle de emissão de gases de efeito-estufa, responsáveis pelo aumento nos níveis da temperatura na terra, não sejam adotadas. "Estamos no caminho para o inferno climático e com o pé no acelerador", declarou um preocupadíssimo Guterres diante dos alarmantes relatórios que apontam uma elevação de até 2,5 graus *celsius* até o final deste século, algo dramático e de efeitos catastróficos para toda a humanidade. Estima-se, nesse contexto, que os países em desenvolvimento e emergentes – exceto a China – demandarão mais de U$ 2 trilhões por ano para o combate às mudanças climáticas. Quase metade desse valor deve ser liberado por investidores externos, o que pode também se converter, dado o efeito sinérgico desses aportes em outras áreas da economia, numa oportunidade para o Brasil, um dos países com maior potencial para colaborar nessa missão que se converteu num dos maiores desafios globais deste século.

Segundo Jorge Arbache, Vice-Presidente do CAF, a agenda ambiental, que visa a reduzir a pegada de carbono dos produtos, irá proporcionar importante oportunidade para alguns países com industrialização tardia ou ainda incipiente. Nessa perspectiva, o mundo testemunha a transição da globalização da produção determinada pelo custo da mão de obra para a globalização da produção determinada pelo impacto ambiental. O Brasil, nesse contexto, emerge como um dos países com maior potencial para aproveitar essa oportunidade da *janela verde* que se abre. Dono de grande potencial hidráulico, solar e eólico, além de enorme capacidade de produção de energia a partir da biomassa, biogás e biocombustíveis, nosso País tem todas as condições de converter suas potencialidades naturais em diferenciais que repercutam de forma ampla sobre toda a economia. Essa condição estruturalmente favorável do Brasil, somada a sua condição de grande produtor de uma gama variada de *commodities* minerais e agrícolas, servirá como forte atrativo de novos investimentos na produção industrial de aço, ferro gusa, alumínio, vidro, cimento e celulose, com reflexos muito positivos na diminuição da pobreza, via geração de novos empregos, combate à informalidade e benefício direto para pequenas e médias empresas que gravitariam em torno de novos ecossistemas de produção baseados em energia limpa. Além disso, a atração de investimentos externos aplicados diretamente no setor industrial daria um choque de otimismo ao setor, que vem perdendo relevância nos últimos anos, e teria impacto substantivo no aumento da produtividade e da competitividade, bem como na geração de impostos, maiores exportações e aumento de divisas para o País.

Para que o Brasil não desperdice essa oportunidade que a atual conjuntura mundial oferece, é essencial que haja um ambiente interno favorável à atração desses novos investimentos. Além de oferecer estabilidade econômica e institucional, caberá ao Governo colocar a questão ambiental no patamar estratégico que o mundo reclama, cuidando para que nosso patrimônio natural seja preservado, a começar pela Amazônia, região que sensibiliza o mundo a partir de sua importância crucial para o equilíbrio climático do planeta. Também será preciso cuidar do ambiente regulatório, fontes de financiamento adequadas, infraestruturas físicas e digitais modernas, logística eficiente para o escoamento da produção, segurança jurídica com redução da burocracia, o aprimoramento da Lei de Liberdade Econômica e demais mecanismos de facilitação à vida de quem investe e produz. Aproveitando sua condição privilegiada na questão da energia limpa, aliada ao afastamento de temas geopolíticos complexos, o Brasil tem todas as condições para se converter num grande ímã na atração de investimentos que contribuam para uma retomada sustentável do desenvolvimento econômico de que tanto necessitamos.

17/11/2022

Capitalismo: testando limites

Estima-se, hoje, segundo o Institute of Internacional Finance (IIF), em mais de U$ 300 trilhões o endividamento global de governos, famílias e empresas. Essa cifra é quase quatro vezes o PIB global e equivale a um endividamento de U$ 37.500,00 por pessoa no planeta. Isoladamente, esse número estratosférico pouco pode impressioná-lo, mas começa a fazer intrigante sentido quando se sabe, mesmo ponderando o crescimento dos PIBs nacionais, ser esse um patamar percentualmente inédito de alavancagem financeira na história do capitalismo. Nunca tantos deveram tanto e de forma tão agressiva quanto agora. Ao se acrescentar à análise dimensões além da macroeconomia, como, por exemplo, as implicações geopolíticas que o fenômeno do endividamento excessivo pode suscitar, o quadro passa a trazer mais inquietação. Mesmo que a situação atual não seja irreversivelmente apocalíptica, dado que o engenho humano é por demais sagaz, não custa lembrar, a título de alerta, a sabedoria premonitória de Peter Drucker, para quem a falta de vigor econômico isola as pessoas e as torna destrutivas, uma vez que a ausência de oportunidades de trabalho resulta na vida social não mais regida pelo razoável, mas por forças cegas e irracionais. Entretanto, caso você queira ignorar algo aparentemente distante, como são os dados globais do crédito, a realidade brasileira pode não lhe trazer mais tranquilidade, conforme denotam alguns números da economia nacional.

Dados recentes da CNC (Confederação Nacional do Comércio de Bens, Serviços e Turismo) informam que 77,90% das famílias brasileiras declararam ter dívidas sete pontos percentuais acima do verificado em 2021. Os principais vilões são o cartão de crédito, os carnês e o financiamento de veículos. Os dados do Bacen são ainda mais alarmantes. As taxas médias do rotativo do cartão de crédito saltaram de 328% a.a. para inacreditáveis 392% em novembro de 2022. Já o saldo no rotativo do cartão de crédito teve um salto espetacular de R$ 35 bilhões em dez./2020, para mais de R$ 83 bilhões ao final de 2022. A inadimplência no rotativo dos cartões também teve um crescimento preocupante, saindo de 32% em dez./2020, para mais de 44% em nov./2022. Não é difícil projetar que essas taxas de juros atualmente praticadas pelo sistema financeiro são insustentáveis, embora tenham sua própria lógica, impactadas pela taxa básica de juros do Banco Central (Selic), atualmente no patamar de 13,75% a.a. Aliás, nesse quesito, o Brasil desponta como o País com a maior taxa de juro real do mundo, descontada a inflação, de acordo com o levantamento da Infinity Asset Management, que inclui 156 países. Continuamos, apesar de nossos conhecidos e indecentes níveis de pobreza e desigualdade social, sendo um paraíso do rentismo, o que se dá, para a contrariedade de muitos críticos dessa política do Bacen, muito mais por fatores conjunturais externos e estrutura da nossa dívida interna (hoje perigosamente próxima dos 80% do PIB), do que propriamente por alguma perversidade dos dirigentes da autoridade monetária.

Ninguém sabe exatamente o que vai derivar da atual situação de ultra-alavancagem do crédito e do endividamento, mas o fato é que o moderno capitalismo está sendo testado em seus limites de confiança. A inflação, sabidamente o pior imposto que existe por seu impacto na base da pirâmide social, vem sendo parcialmente domada por algumas doses extras de juros pelos bancos centrais, o que agrava estruturalmente o problema do aumento da dívida e traz a reboque os países periféricos, entre eles o Brasil. Em muitas crises, o dinheiro virou pó, levando pânico, mudanças geopolíticas e impactos sociais profundos. O momento requer escolhas difíceis, uma vez que impor austeridade implica corte de gastos, o que pode ser uma missão particularmente indigesta para o novo governo federal, sabidamente voluntarista no gasto público. Entretanto, entre um possível colapso fiscal que se avizinha ou a revisão de alguns dogmas ideológicos, melhor torcer para a prevalência do bom-senso.

02/02/2023

Encontro com o futuro

No mundo da economia, há a triste constatação de que o Brasil envelheceu antes de ficar rico. Diferente de muitos países hoje prósperos e que tiveram a diligência de enriquecer mais rapidamente que o fim de suas janelas demográficas, nosso País assiste ao envelhecimento da população sem ter alcançado um estágio de desenvolvimento econômico e social que lhe permita imaginar um futuro com menos sobressaltos. Ao contrário, estudos indicam que a previdência social terá que ser reformada ainda algumas vezes, até que as aposentadorias não se convertam num pesadelo para os atuais trabalhadores. Se, na questão previdenciária, o quadro é sombrio por conta de desmandos e gestões incompetentes, no terreno da educação os sinais não são mais promissores. O analfabetismo funcional graça entre nós, e a distância entre os requisitos que a sociedade cibernética impõe aos trabalhadores e a realidade observada transforma a urgência por uma revolução na educação um imperativo para quaisquer que sejam os governos. Trata-se, sem dúvida, de uma agenda que deveria pairar muito acima de eventuais querelas ideológicas, mas que ainda está longe de ser um princípio unificador de vontades.

E essa cultura pós-moderna que vem sendo moldada, conforme acentua Domenico de Masi, cristaliza-se nas ideias, na linguagem, nos estereótipos, na estética, assim como nas manifestações de poder, nos hábitos e nos costumes, nos fatores de coesão e de conflito, estando inevitavelmente imbricada com o processo educacional. A recuperação da emotividade unida à racionalidade, na conformação da energia criativa movida à inovação, configura-se no motor da economia moderna. Não há como dissociar o desenvolvimento de uma nação do seu processo educacional.

A emergência do *smart working* é um exemplo da transformação em curso e não pode prescindir de um processo antecedente, de uma educação contemporânea do seu tempo, adequada e inserida nas novas linguagens, sem a qual o encaixe no trabalho moderno fica comprometido, afetando não somente a produtividade, mas a própria condição humanizadora que as novas configurações laborais projetam.

É também sob essa perspectiva ampliada que a sociedade como um todo terá que se juntar ao esforço de valorização do ensino, uma vez que somos um País que não enxerga na educação, verdadeiramente, um caminho para o desenvolvimento. Precisamos superar não apenas a indulgência com a deseducação, mas o trágico elogio à ignorância, onde muitos se jactam da própria burrice, enaltecendo o não saber, perpetuando uma visão tacanha e obtusa de mundo, que tem tudo a ver com nossa atual indigência intelectual, bem como com o aviltamento de nossas discussões políticas, cevando o campo para apologias de cunho autoritário, cuja nutrição deriva, em grande medida, do anacronismo e da falta de arejamento intelectual.

O obscurantismo educacional é, portanto, uma ameaça não apenas econômica, mas civilizacional, uma vez que sua arrogância compromete a compreensão de sua própria ignorância. A partir desse erro original, dessa presunção autossuficiente, começa a vicejar um conjunto de narrativas sem compromisso com a ciência ou a verdade. Como, então, sair desse estado catatônico que nos convida a elogiar e aplaudir o não saber ou assumir a soberba dos iletrados como um destino inescapável, quando não terreno para discursos de ódio e intolerância? Neste momento, o desafio básico e angular de repensar a nossa educação adquire uma nova dramaticidade, devido à necessidade de acoplar aos saberes práticos, muitos deles emergentes de uma rápida transformação tecnológica, uma educação para a civilidade, para a cidadania e para o conhecimento e a valorização das instituições que sustentam a nossa democracia. Para este futuro próximo que se desenha, não há espaço para vacilos. Ou o Brasil abraça um projeto emancipatório para nossos jovens por meio da educação, inserindo-os nesse novo milênio, ou continuaremos a patinar no gelo fino e instável de nossa eterna procrastinação dos grandes temas nacionais.

09/02/2023

Um debate inadiável

O Bacen brasileiro tem por funções primeiras garantir a estabilidade de preços e o poder de compra da moeda. Para cumprir esse papel, uma de suas armas mais eficazes, particularmente em momentos de choques externos ou de instabilidade interna, é o martelo poderoso da taxa de juros. Contudo, essa gestão da política monetária não é simples, geralmente implicando uma grande dificuldade de estabelecer os pontos de corte precisos ao longo do tempo, pois a duração dos ciclos inflacionários é determinante para que se observem os reais efeitos da política monetária na economia. De fato, calibrar adequadamente os juros é uma mistura de ciência e arte, uma vez que, além da técnica, é preciso muita sensibilidade para que o freio monetário não estrangule a economia, especialmente com a inibição de novos investimentos e o aumento generalizado da inadimplência. Para isso, é preciso que, tanto o Bacen, quanto o Governo, trabalhem de forma coordenada, de modo que os resultados desse diálogo espelhem um equilíbrio entre as políticas fiscal e monetária. Nesse sentido, as recentes declarações do Presidente Lula, criticando a atuação do Bacen, para além do aspecto político da manifestação, traz para o debate uma discussão incontornável acerca das possibilidades de uma redução mais rápida das atuais taxas, já que o Brasil lidera o *ranking* dos países com os maiores juros reais do planeta.

A combinação dos impactos em cadeia da Covid-19, especialmente com o efeito inflacionário que as monumentais injeções de liquidez causaram na inflação ao redor do globo, somada à guerra na Ucrânia e a cauda longa da desaceleração chinesa, alçaram as políticas monetárias dos bancos centrais a um papel decisivo. A receita comumente aplicada vem sendo o aumento dos juros das taxas básicas, em doses e temporalidade não coincidentes, uma vez que as características de cada economia sinalizam maior ou menor agressividade das autoridades monetárias. No Brasil, a título de exemplo, as causas já citadas como determinantes para a alta dos juros fizeram com que, em menos de quinze meses, saíssemos de 2% de juros para os 13,75% atualmente praticados. Isso representa uma taxa de juros, acima da inflação, na ordem de inéditos 8%, revelando a força bruta da política monetária, que agora suscita naturais questionamentos, já que o remédio poderia estar sendo aplicado em dosagem inadequada.

Nessa perspectiva de ponderação, uma análise consistente teria que considerar as variáveis comuns utilizadas pelas autoridades monetárias dos países que hoje também enfrentam a ameaça de descontrole inflacionário. A partir dessa comparação, seria possível verificar se há alguma calibragem muito discrepante entre os parâmetros, mesmo levando em conta haver parte considerável da análise que é subjetiva, portanto mais difícil de comparar. Entretanto, é forçoso reconhecer que, com a taxa Selic nos patamares atuais, não apenas há forte desestímulo a novos investimentos, como estamos plantando uma inadimplência potencialmente destrutiva e que pode comprometer a saúde da economia brasileira de forma muito grave para os próximos anos. Nesse sentido, alguns setores econômicos começam a manifestar inquietação com a atual política de juros altos do Bacen. Muito embora o agro, motor inconteste da nossa balança comercial, ainda esteja até certo ponto protegido por conta de parte dos créditos serem subsidiados, bem como dos bons preços das *commodities* agrícolas, no comércio, indústria e serviços, os atuais juros bancários, impactados fortemente pela Selic, estão em patamares proibitivos. Torna-se impensável, assim, admitir que conviver com a atual situação de estímulo ao rentismo não implique reconhecer que estaremos plantando uma das maiores inadimplências estruturais das últimas décadas, além de condenar o País a postergar, mais uma vez, uma recuperação consistente na taxa de investimentos públicos e privados de que tanto o Brasil precisa.

16/02/2023

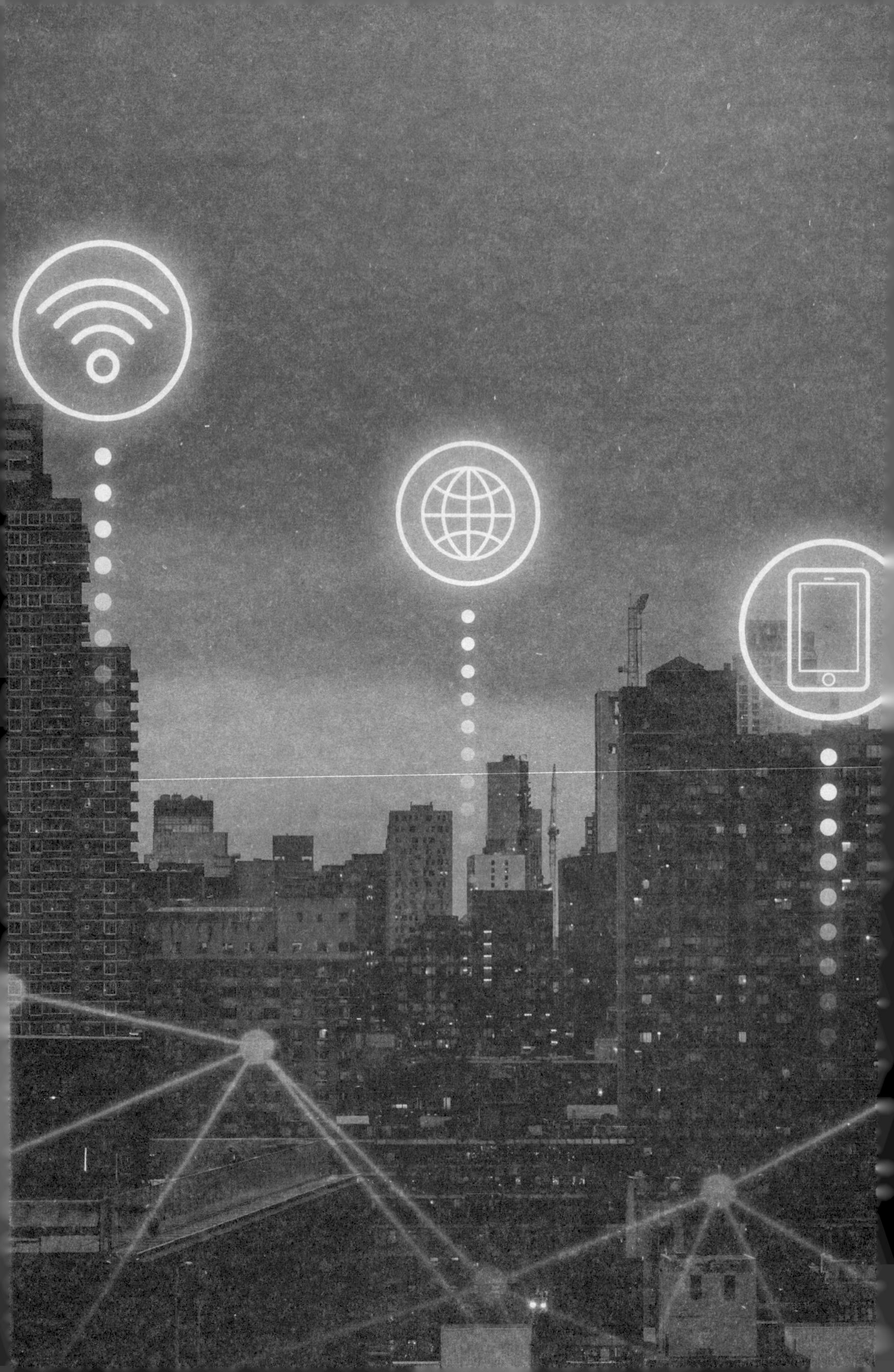

COMUNICAÇÃO

"Quem não se comunica,
se trumbica."

Chacrinha

"Quem se comunica, também!
Mas vale a pena correr esse risco,
pois é nos processos de comunicação
que nós, além de nos trumbicarmos,
nos conhecemos, nos identificamos, nos
apaixonamos, nos amamos e construímos
as possibilidades de sermos felizes."

Artur Roberto Roman

Apresentação

Quem diz que um texto denso, com fatos, dados, informações confiáveis, reflexões ponderadas, questionamentos pertinentes e denúncias consistentes, é chato e cansativo, nunca leu um artigo de Edson Bündchen. Ele nos oferece escritos com essas virtudes que destaquei e nos mantém atentos até a última linha.

As tecnologias de informação e comunicação nos possibilitaram participar de interações *on-line*, independente de estarmos presencialmente com nossos interlocutores. Também permitiram que compartilhássemos nossas ideias com um número incalculável de pessoas, onde quer que elas estivessem, graças à dinâmica de distribuição de mensagens das redes sociais.

Essas conquistas da inteligência humana exigem, como nunca antes na história da humanidade, que a comunicação siga preceitos acordados democraticamente e estabelecidos pela sociedade. Os 18 artigos deste capítulo, abrigados sob o tema Comunicação, trazem discussões necessárias sobre o dever de cada um e o compromisso de toda a sociedade de zelar para que os espaços de interação virtual, seja qual for seu objetivo, sejam utilizados com responsabilidade em processos comunicacionais éticos, e não ocupados como *uma terra de ninguém* comandada por *cretinos digitais*, com bem designa o autor.

AS PALAVRAS IMPORTAM

Nestes tempos de permissividade redacional conquistada pela pressa com que se escrevem mensagens nas interações virtuais, é agradável ler os escritos do autor. Edson Bündchen constrói com zelo as frases na busca de expor com clareza suas ideias. Distante do eruditismo pernóstico e sem cair na rudeza linguística, o texto de Bündchen se destaca pela elegância discreta, propiciada por um vocabulário diversificado, preciso e suficiente.

Dentro dos temas dos quais tem conhecimento para aprofundar, e são muitos, não há assunto que Edson se esquive de abordar. Quando digo *abordar* não quero dizer que o autor fica *nas bordas*, e sim que ele *vai a bordo* e se envolve com o tema, propõe o debate e expõe seu posicionamento, com ênfase, às vezes mesmo com veemência, quando o assunto exige. Mas sem perder a ternura jamais.

Há uma grande variedade de artigos de opinião disponíveis hoje na Internet. Mas, em muitos desses textos, não há radicalidade, ou seja, raramente se vai à raiz das questões. A nossa tela cotidiana está abarrotada de superficialidade ou de sectarismo, com a defesa, mesmo que sem argumentos, de dogmas da seita digital à qual pertencem os autores dos artigos.

Os textos de Edson não são mornos e têm substância. A leitura flui, mas, diluídas na cadência harmônica do texto, há sempre provocações a desestabilizar nossas certezas. Seu ponto de vista, porém, está sempre respaldado em uma leitura atenta da realidade e sustentado, quando necessário, em pensadores reconhecidos.

Além da experiência adquirida em uma carreira bem-sucedida como alto executivo do Banco do Brasil e de sua vivência como empresário, Bündchen carrega o título de Mestre em Administração. Sua maturidade intelectual aprimorada na Academia lhe dá tranquilidade para visitar obras de estudiosos de diversas áreas do conhecimento, e segurança para selecionar as contribuições adequadas e pertinentes para seus artigos, independentemente do posicionamento político-ideológico desses autores.

POLIFONIA E DIÁLOGO

Edson reforça, a cada artigo, sua defesa do estado democrático de direito e seu desejo de contribuir para construirmos um país mais justo para todos, especialmente em relação à dívida histórica com uma parcela considerável de brasileiros, despojados da cidadania e das conquistas da sociedade.

O autor não está preocupado com rótulos, mas ser progressista hoje é questionar a exploração desmedida dos recursos naturais para a produção de bens. É se preocupar com a devastação ambiental e sua repercussão no clima do planeta. É lutar por uma organização social mais igualitária e um modelo econômico que reduza a concentração de renda e garanta vida digna a todos, sim, podemos identificar Edson Bündchen como progressista.

Quanto ao identitarismo, que Bündchen prefere denominar de *bandeiras pluralistas*, o autor reconhece que é um movimento social legítimo que faz parte da configuração das democracias contemporâneas e está assentado no direito de expressão para que todas as vozes diversas da sociedade, que não comprometam a própria Democracia, sejam ouvidas e consideradas.

DISSENSO HARMÔNICO

Mas Edson não espera que seus leitores estejam de acordo com seus posicionamentos, especialmente em relação à política. Os artigos deste capítulo confirmam a fé e a fidelidade do autor aos valores democráticos e ao poder do diálogo, o que já se manifesta na própria escolha dos apresentadores deste livro, com representantes de posicionamentos políticos e ideológicos de diversos matizes.

Não tem nada, o articulista, contra o consenso, apenas dispensa concordâncias apressadas, alienadas e irrefletidas. Prefere estimular o contraponto às suas ideias, suscitar o contraditório e motivar o debate civilizado, pois é assim que mutuamente ampliamos nossa capacidade de análise para melhor compreender a realidade. Sabemos que nosso tempo está carente dessa disposição para escrever, falar, ler e ouvir argumentos consubstanciados que desconfortam as concordâncias comodamente estabelecidas.

Edson evita julgamentos, e seu ponto de vista não é imposto, mas proposto. E nos convida a aprofundar a reflexão sobre os assuntos discorridos nos artigos, animando-nos a ir além das mensagens que circulam nas redes sociais dos amigos e familiares, cujo principal objetivo é manter vínculos e reforçar valores, e não informar, questionar ou debater.

ANTI-ILUMINISTAS DO SÉCULO XXI

O estrago que a extrema direita de inspiração fascista está fazendo com a democracia no mundo, não só no Brasil, se deve à exploração inescrupulosa das redes sociais para disseminação de informações falsas, teorias conspiratórias, mensagens de ódio, ofensas, agressões e mensagens incitadoras de machismo, homofobia, misoginia, racismo, armamentismo, violência, ou seja, a promoção do atraso civilizacional.

Em vários artigos deste capítulo, publicados na imprensa em 2020 e 2021, Edson já trazia alertas pertinentes sobre redes sociais e *fake news*, antecipando um debate que se acirrou no presente sobre a regulação dos provedores de redes sociais, aos moldes do que se faz hoje em vários países, como Canadá, Inglaterra, França, Alemanha, Argentina.

As reflexões de Bündchen nos ajudam a entender por que é relevante e premente essa discussão. Seus textos nos ajudam também a entender por que esses provedores de redes sociais se empenham tanto contra a regulação, inclusive com divulgação de *fake news* e críticas sem fundamento contra o PL das *Fake News* que transita na Câmara desde 2020, desinformações essas reproduzidas pelos incautos submetidos à *obediência cega* aos senhores de suas consciências.

SEM CONDESCENDÊNCIA

O leitor irá acompanhar, também, diluída em vários artigos deste capítulo, a insistência de Edson sobre a importância da qualificação cidadã dos nossos representantes no Congresso, antevendo a perigosa conformação que acabaria tomando o legislativo federal em 2023, com o crescimento da extrema direita, engordada pela sub-religiosidade neopentecostal e pelo militarismo golpista.

A constante renovação de parlamentares é desejável e a chegada, ainda que tímida, de representantes de grupos minoritários nas casas legislativas é saudável para a democracia. Porém, eleitos por votos amealhados especialmente de conservadores alienados, extremistas e equivocados, chegam também estreantes seduzidos pela volúpia da exposição, que não perdem oportunidade para esbravejar, no plenário, declarações estapafúrdias, agressivas e falsas.

Não somente os chamados pomposamente de *creators* (*youtubers*, *influencers*, etc.), mas outros aventureiros estão reduzindo a um nível rastejante os debates, pois não lhes interessa discutir assunto de interesse para o País, e sim produzir performances a serem divulgadas em suas redes sociais para conquistar acessos e manter seguidores.

Os artigos deste capítulo reiteram a crítica justa àqueles e àquelas que transformam a tribuna da Casa das Leis em púlpito para a desfaçatez, agressividades, inverdades, acompanhadas pela desinformação e incivilidade e, no mais das vezes, temperadas pelo ódio.

Sem esbravejar, sem ofender, sem agredir, Edson exerce o seu direito e cumpre sua obrigação democrática de ser intolerante com a intolerância, seguindo a lição de Popper, a propósito, parceiro de Hayek, Mises e Friedman na confraria de Mont Pèlerin, cujos membros defendiam as ideias liberais e pregavam as virtudes da economia de mercado.

A fragilidade cognitiva é uma fatalidade biológica. A indigência intelectual, porém, para quem teve meios e condições de estudo e formação acadêmica, é uma opção de vida. Esses portadores de uma *visão obtusa* da realidade, na feliz expressão do articulista, e que abundam além do Congresso, não merecem, portanto, condescendência.

ESCOLHAS

Na capa de seu perfil no Facebook, Edson tem uma imagem com a antológica frase de Hubrecht Duijker, jornalista holandês especializado em enologia: "A vida é curta demais para se beber maus vinhos". Faço uma paráfrase para dizer que a vida é curta demais para se ler bons artigos. Temos tempo apenas para ler os ótimos. Neste livro, você os tem nas mãos. Então, abra um bom vinho ou uma outra bebida de sua preferência e curta a leitura das próximas páginas.

21/05/2023

Artur Roberto Roman
Pós-Doutor em Sociologia pela Universidade de Sorbonne e em Letras pela UFPR. Doutorado em Comunicação pela USP e Mestre em Linguística pela UFPR. Especialização em Administração pela UFPR e graduação em Letras pela Unespar e em Direito pela Univali.

Ética: uma agenda atemporal

De acordo com o professor Robert C. Solomon, as virtudes são uma maneira taquigráfica de sintetizar os ideais que definem o bom caráter. Há um grande número delas, e seria uma tarefa assombrosa listá-las todas.

No premiado filme *O Gladiador*, do diretor Ridley Scott, há uma cena emblemática na qual os atores Richard Harris, no papel de Marcus Aurelius, e Joaquin Phoenix, interpretando Commodus, travam um diálogo de altíssima carga emocional que redunda no parricídio de Marcus Aurélius, o Imperador de Roma.

– Pai, diz Commodus, você me ensinou as virtudes que eu deveria ter: sabedoria, justiça, firmeza e temperança.

– Eu não tenho nenhuma delas, pai, lamentou quase em prantos um mortificado e enciumado Commodus, diante da opção de Marcus Aurelius por Maximus, seu grande general de campanhas militares, como seu sucessor para liderar o Império Romano e fazer a transição para a república.

Esse brevíssimo excerto extraído da sétima arte não tem nenhuma pretensão, além de dar ênfase a uma questão vital, que, por vezes, nos foge diante do despreparo, da indigência moral e intelectual que assola parte de nossa classe política: falar sobre virtudes.

As virtudes importam, e muito. Talvez em tempo algum, especialmente diante dos tempos nervosos, turbulentos e imprevisíveis em que vivemos, foi tão crucial estabelecer limites muito claros e expectativas elevadas, particularmente na régua moral que deve orientar nossos governantes para que a atual sociedade não seja irremediavelmente edificada sobre pés de barro.

Afirmar, à maneira de Maquiavel, que há uma regra para os negócios e outra para a vida privada é abrir a porta a uma orgia e falta de escrúpulos diante da qual a mente recua, conforme bem assinalou R.H. Tawney. Por outro lado, afirmar que não há diferença alguma entre a gestão pública e privada é estabelecer um princípio que poucos homens que enfrentaram a dificuldade na prática se disporão a aceitar como de aplicação invariável, é expor a própria ideia de moralidade ao descrédito, sujeitando-a a uma tensão quase intolerável.

Nessa perspectiva, precisamos exercitar permanente vigilância, não somente em relação às entregas comuns a qualquer governo, estradas, portos, aeroportos, boas leis e todo um imenso conjunto de ações que compõem a natureza da gestão pública. Mais do que isso, devemos ir além e abrir um flanco permanente para discutirmos, ao modo de Marcus Aurelius, quais virtudes são indispensáveis ao gestor público. Quais virtudes esperamos ver nos atos, pronunciamentos e comportamentos de um mandatário da nação? Que tipo de guia moral conduz as decisões que moldarão o nosso futuro? Como bem alertou R.H. Tawney, pode ser temerário imaginar que os governantes operem sob as mesmas premissas e deveres morais da vida privada. E aqui não está embutida uma desconfiança *a priori* da conduta dos cidadãos, nem se estabelecendo uma moral própria e hermeticamente fechada à gestão pública. Muito antes pelo contrário, o diálogo entre as competências privadas e as virtudes públicas, em seu plano mais elevado, é que darão ao processo uma dinâmica mais rica e potencialmente transformadora.

Devemos, desse modo, trazer a discussão ética para o centro do palco. Um futuro que almejamos começa a adquirir contornos reais quando os cidadãos não somente se reconhecem como atores participantes, mas detêm um repertório adequado de virtudes morais vivenciadas e passíveis de imposição a quem nos governa.

20/02/2020

A banalidade do homem

Ao se deparar com os horrores da Segunda Grande Guerra, Hannah Arendt se perguntava que tipo de monstro poderia engendrar e perpetrar tamanhas barbaridades. Que sentido moral estava em jogo? De que forma alguém poderia colocar em ação um genocídio cuidadosamente programado e que levou à morte milhões de seres humanos?

Quando se debruçou sobre o caso do oficial alemão Adolf Eichmann, responsável pelo envio de judeus aos campos de concentração, Arendt se confrontou com uma constatação terrível e perturbadora: Eichmann era um homem comum, sem traços aparentes que o identificassem com um ser maligno e com uma personalidade psicopata. Ao contrário, o que se viu era um homem sem brilho ou inteligência superior, um burocrata como outro qualquer, mas que se via como alguém que simplesmente cumpria ordens, incapaz de sentir-se protagonista e muito menos responsável pelo mal que cometia. A isso Arendt chamou de *banalidade do mal*, fenômeno no qual o indivíduo torna-se incapaz de julgamentos morais por fazer parte de uma multidão, ou ligado a alguém superior que lhe dá ordens, e essa cobertura invisível lhe confere isenção de culpa por total falta de autocrítica. Nesse estágio, o comportamento individual é anulado e a consciência moral aquietada pode engendrar crimes terríveis, sem que isso lhe custe sequer uma noite mal dormida.

A expressão *banalidade do mal*, cunhada por Hannah Arendt, gerou muita polêmica. O consagrado pensador Peter Drucker, por exemplo, discordava de Arendt. Para Drucker, o mal nunca é banal, os homens é que são triviais. Nessa linha, o pensador austríaco estava empoderando e responsabilizando totalmente o indivíduo por suas escolhas. Não havia, portanto, na visão de Drucker, justificativa plausível para os desvios cometidos a pretexto do cumprimento de ordens superiores. Não há como eximir de culpa o sujeito que pratica ou deixa de denunciar um crime. O mal se alimenta justamente dessa tentativa permanente de esquiva moral, de terceirização da culpa e da responsabilidade.

A consciência do mal é crucial em momentos de tensão social. Nessas horas, instituições sólidas são fundamentais. Depender do sentimento primal dos indivíduos pode colocar em risco os pilares que sustentam a sociedade, e um desses fundamentos é o fiel cumprimento da lei. Sem um arcabouço legal bem estruturado, ficamos à mercê dos caprichos ou idiossincrasias pessoais, com perigo sistêmico para toda a sociedade, a exemplo da terrível experiência nazi-fascista. Sem ordem, portanto, o fenômeno desnudado por Hannah Arendt pode aflorar, muitas vezes de origens improváveis, mas capazes de catalisar sentimentos reprimidos e em busca de vazão. Isso pode ser muito perigoso e desestabilizador.

O homem levou séculos para criar a atual figura do Estado de Direito, uma construção social, portanto. Apostas no fortalecimento da democracia, do diálogo, da transparência e do senso de justiça são ações que criam barreiras à violência, à injustiça, à iniquidade e à barbárie. Fora do estado de direito não há solução. Por isso, é vital vigiar de forma constante os pilares fundamentais que moldam a sociedade, pois, no estado natural, como preconizava Hobbes, o homem vira lobo do homem e sob o manto da banalidade do mal a violência pode não encontrar barreiras legais ou morais suficientes.

05/03/2020

Por que me odeia, se nunca lhe fiz o bem?

Vivemos dias tenebrosos, incertos e paradoxais, terreno fértil para o florescer do melhor e pior da natureza humana. Convivem exemplos extraordinários de solidariedade e devoção ao próximo, em contraste com a intolerância e a ausência de empatia, que experimentam o seu apogeu no meio de uma crise inédita que amedronta o mundo.

Essa contradição afeta todos os setores da sociedade, mas tem sido mais visível na arena política. Emergem diariamente conflitos, ausência de diálogo e agressividade, onde deveríamos assistir a maior temperança, equilíbrio e sabedoria. Esse estado de coisas é particularmente preocupante no momento em que atravessamos a nossa mais grave crise da história recente, e não conseguimos visualizar lideranças capazes de desanuviar o tumultuado cenário.

De onde vêm esses sentimentos antagônicos que denotam a face mais cruel e negativa de cada um de nós, mas também revelam afetos de enorme empatia e comiseração para com os outros? Thomas Hobbes, filósofo inglês, tinha uma visão cética em relação ao nosso comportamento. Ele acreditava que o homem nasce mau, e que devido a instintos de sobrevivência é capaz de fazer qualquer coisa. Para Hobbes, o convívio entre as pessoas não é regido pela boa-vontade, tampouco é agradável. Convivemos apenas de modo tolerável, convencional e aceitável. Em situações de disputa, viramos lobos de nós mesmos, deixando aflorar os piores e malignos instintos em nosso comportamento.

Mas há quem pense diferente, e vê no ser humano uma tábula rasa, uma folha em branco a ser escrita na jornada existencial. Nessa linha, Rousseau, outro gigante da filosofia, afirma que, ao contrário do que defendia Hobbes, nascemos bons, ingênuos, puros e inocentes, mas a sociedade nos corrompe e nos impinge os sentimentos que nos fazem entrar em conflito com os nossos semelhantes.

Marcada por ambos os espectros do melhor e pior do comportamento humano, a convivência política no Brasil segue uma marcha que parece abraçar com mais fervor os preceitos do autor de *O Leviatã*. Como lobos, homens e mulheres ungidos pelas urnas, se digladiam numa feroz disputa, em que a astúcia, a calúnia e as artimanhas que trazem a assinatura de Maquiavel sobrepujam por larga margem a convivência harmoniosa e sensível aos anseios de uma sociedade que a tudo assiste, inerte e impotente. A Internet, por seu turno, potencializa uma indústria de *fake news*, na qual reputações são atacadas com espantosa prodigalidade, muitas vezes sem reparo possível. De modo constrangedor, palavras são empenhadas e desditas sem pudor, promessas quebradas sem maiores consequências e, em nome de uma suposta governabilidade, acordos pouco republicanos julgados superados no tempo voltam ao palco com enorme volúpia e destemor. Prevalece a ética da conveniência, dos interesses e do oportunismo.

Percebo que não é mais possível que tenhamos uma ética governando a política e outra ética orientando as ações na esfera privada. É chegada a hora de os princípios, os valores e a justiça valerem para ambos os setores. Não é aceitável que o mal feito tenha ainda justificativas sob o véu maquiavélico de que os fins justificam os meios. Há que haver espaço para uma ação mais cooperativa e humana, no qual os conceitos como lealdade, integridade, confiança, honestidade e compaixão não tenham que ser desidratados de significado para caberem no jeito de se fazer política. Entretanto, como toda mudança, essa também passará pela indelegável ação cívica de cada um de nós. Somente assim teremos a base para uma sociedade melhor e mais justa.

30/04/2020

Terra de ninguém?

Assistimos a uma intensa polêmica sobre os limites da liberdade de expressão diante de uma avalanche das chamadas *fake news*, que transformaram as redes sociais numa espécie de terra de ninguém. O que houve? Por que as publicações livres, democráticas e instantâneas não causaram até agora o impacto político esperado? Para o historiador escocês Niall Ferguson, a expectativa de que as redes sociais fariam um mundo melhor não se concretizou. A possibilidade de que os cidadãos da Internet seriam capazes de confrontar o poder estabelecido também não ocorreu como previsto.

Por um imperativo lógico, ninguém dá aquilo que não tem. Isso impõe limites aos planos mais modestos até aos mais sofisticados, uma vez que delimita a contribuição de cada um a seu próprio repertório. Não há como esperar que alguém, desprovido de capacidade crítica, por exemplo, consiga elaborar um pensamento melhor simplesmente porque dispõe de um meio universal para expressar suas ideias. Nesse caso, o sujeito estaria simplesmente amplificando a sua ignorância, sem agregar valor ou contribuir com o tema sobre o qual opina.

Nessa linha, o consagrado pensador Umberto Eco afirmou que o drama da Internet é que ela promoveu o idiota da aldeia a portador da verdade. A ampla liberdade de expressão nas redes sociais foi uma conquista enorme para toda a sociedade, mas também dissemina o ódio e o preconceito sem nenhum tipo de freio. Todos falam o que querem e poucos ainda são responsabilizados. É como se existisse um véu de impunidade protegendo a Internet. Hoje, a rede mundial de computadores a tudo permite, território no qual ataques à honra e aos preceitos mais caros à boa convivência social são ultrapassados com espantosa naturalidade, muitos deles sob autoria anônima. Trata-se de um campo ainda sem a devida regulamentação, o que é positivo em relação à liberdade de expressão e disseminação do conhecimento, porém também palco para calúnias e mentiras de toda ordem. Urge que se discutam limites mais claros para que a possibilidade de expressão não se converta num moedor de reputações e ataque indiscriminado às instituições e pessoas, como acontece atualmente.

A difusão instantânea das informações permitiu, ainda, o surgimento de redes colaborativas que imprimiram um ritmo frenético aos avanços tecnológicos, com transformações disruptivas que estão provendo a humanidade com tecnologias inéditas e de alto impacto em diversas áreas. A despeito disso, o que se questiona é a capacidade de a Internet fazer com que pensemos melhor, nos posicionemos com maior assertividade e ajamos politicamente com maior consciência.

Nesse sentido, não podemos desconhecer que a quantidade e a amplitude das informações disponíveis confrontam-se diretamente com o necessário esforço que determinados temas requerem para serem compreendidos e interpretados, provocando níveis rasos de compreensão. Assim, mais do que esperar que a Internet possa melhorar a nossa capacidade cognitiva pela simples troca de informações *on-line*, urge que voltemos a atenção para o verdadeiro aprendizado, aquele capaz de combinar os extraordinários avanços das tecnologias, especialmente nas comunicações, com uma disposição permanente para buscar novos conhecimentos em níveis mais significativos, e isso obviamente requer tempo e dedicação. Não há atalhos nem milagres quando o objetivo é atingir um patamar mais elevado em termos de consciência cidadã e melhoria do intelecto. Repercussões mais profundas na vida política, através da Internet, também dependem da melhoria geral do repertório dos usuários. Sem isso, as expectativas de que a rede promoveria *per se* um mundo melhor não ocorrerão.

04/06/2020

Escravos do preconceito

O caso de George Floyd, sufocado até a morte em uma operação policial nos EUA, provocou enorme reação de protesto por parte da sociedade americana, com reflexos no mundo todo. No Brasil, essa repercussão amplia a discussão sobre casos de racismo ocorridos no mesmo período. A violência contra as minorias, incluindo os negros, continua a manchar o senso de dignidade humana e requer não apenas vigilância e repúdio, mas ações concretas para a eliminação de qualquer tipo de preconceito, e isso passa por transformações profundas na legislação e no comportamento das pessoas.

Somos seres humanos da mesma espécie, independentemente da cor da pele, da raça, da religião que professamos e do lugar em que nascemos. Por que, então, existe o preconceito racial? Por que, depois de tanto tempo, os negros não estão totalmente inseridos em pé de igualdade com os brancos? Nossas diferenças estão na cultura, na história, na educação, ou na falta desta. Infelizmente, há preconceito por toda parte, e com os negros brasileiros, esse preconceito deriva, em grande medida, de um longo processo de exclusão social, forjado nos mais de 350 anos de escravidão, e de um inexistente processo de inserção social logo após a Lei Áurea, de 1888.

O Brasil foi, entre os países do Novo Mundo, aquele que mais resistiu em acabar com o tráfico de pessoas e o último a abolir a escravidão. Somos também o país com o maior território escravocrata do hemisfério ocidental, recebendo mais de 5 milhões de cativos africanos, 40% de um total de 12,5 milhões embarcados para a América ao longo de três séculos e meio. Com exceção da Nigéria, nosso país detém a maior população negra do planeta. Nas palavras do padre jesuíta Antônio Vieira, no século XVII, "o

Brasil tem seu corpo na América e sua alma na África", revelando toda a extensão de nossa negritude, e antecipando o impacto profundo na sociedade, na cultura e no sistema político-econômico que a escravidão teria nos séculos seguintes.

Definitivamente, o fim da escravidão no Brasil não significou a verdadeira liberdade para os negros. Jogados à própria sorte logo após a libertação, milhões de negros passaram a compor a maioria dos pobres no país, com menores possibilidades de ascensão social, uma vez que estavam desprovidos de bens e recursos que os posicionassem de forma competitiva junto ao mercado de trabalho. Essa condição desigual para uma inserção socialmente mais justa e equilibrada na economia produtiva nunca chegou a ser solucionada, restando ainda um abismo colossal que condena milhões de negros a uma condição de indigência social.

Hoje, dentre os vários movimentos e programas de combate às desigualdades sociais, discutem-se formas de reparar o flagelo vivido pelos negros ao longo da mais terrível das chagas: a escravidão. Não há como voltar ao passado e evitar o sofrimento de milhões de seres humanos que foram submetidos a excruciantes dores e inimagináveis sofrimentos. Há, porém, condições de se construir um novo futuro e, a meu ver, o caminho passa por uma profunda reflexão de toda a nossa sociedade.

Para tanto, também é preciso haver políticas consistentes do governo em prol de maior igualdade de oportunidades aos negros, somadas a um esforço coletivo das diversas entidades também envolvidas nesse movimento. É preciso ampliar as possibilidades de mobilidade social e melhoria de vida, permitindo maior acesso a terra, bons empregos, moradia digna, educação e assistência de saúde. Sem isso, não haverá a verdadeira paz, nem justiça social. Mais do que econômica, a questão do preconceito racial no Brasil é de fundo moral, e o seu resgate urgente paira como uma sombra sobre a nossa própria identidade como nação.

11/06/2020

As palavras importam!

Em tempos de debates acalorados na mídia e de aguda polarização política, com trocas de ofensas e uso de linguagem inadequada, sempre é bom refletir sobre a melhor forma de produzirmos diálogos autênticos e enriquecedores, bem como buscar compreender o fenômeno, para que prevaleça a empatia e uma visão mais generosa sobre o outro, condições essenciais para um diálogo construtivo.

Esse tema adquire maior relevância a partir das discussões entre liberdade de expressão e as chamadas *fake news*, muitas delas eivadas de preconceito, inverdades e uso frequente de termos agressivos. É necessário moderar e humanizar os diálogos, mas como, se na gênese do problema encontramos sementes crescentes de intolerância?

O professor Mário Sérgio Cortella provoca-nos com a seguinte pergunta: "Você é capaz de corrigir sem ofender e orientar sem humilhar?" Esse oportuno alerta para a prudência, para maior amorosidade na forma como tratamos o outro, é muito mais do que apenas se pressupõe, pois também invoca a reflexão para uma questão de caráter. O que é uma pessoa honrada? Aquela que, entre outras coisas, tem a percepção da piedade, da comiseração e da empatia, em outros termos, aquilo que precisa ser resguardado na convivência. A autenticidade não pode ser justificativa para uma língua ferina ou irresponsável. Eu não devo, assim, em nome da minha autenticidade, dizer tudo o que penso. Eu não devo, em nome da minha autenticidade, desqualificar alguém apenas porque quero ser transparente, embora possa querer ou poder assim agir. Domar a besta que existe em nós, antes de ser função do Estado, deve ser fruto de autorreflexão.

A meu ver, na raiz de toda a comunicação raivosa e mal elaborada, na qual, com a asséptica distância das mídias sociais, o emissor destila seu ódio e frustrações num receptor muitas vezes indefeso, encontram-se seres humanos desprovidos de conhecimento, vítimas de sua própria ignorância e do seu condicionamento psicossocial. Nesse terreno, a intolerância não encontra freios e a comunicação deixa de ser um processo interativo para perecer na visão autocentrada do emissor. Trava-se, dessa forma, um diálogo de surdos.

O que estaria, ainda, por trás de um boquirroto grosseiro e inconveniente? Ao explorar a caverna de Platão, numa alusão às prisões psíquicas representadas por certas formas de comportamento, é possível compreender alguns porquês do uso de linguagem tosca, chula ou inadequada por parte de cidadãos, políticos ou gestores com influência social. A agressividade verbal, além da origem cultural e cognitiva, tem também um fundo psicológico, e essa condição, *a priori*, influencia e formata a intensidade, a modulação e o conteúdo da fala. Há, de todo modo, uma mensagem subliminar na intencionalidade para além do que é dito, transformando as palavras em antessalas dos atos. Por isso é tão importante observar, valorizar e estudar os discursos. Eles falam muito sobre nós.

O contraponto ao discurso mal dito, mal falado ou insuficiente, por outro lado, é a palavra bem colocada, a ênfase naquilo que é relevante, a sensibilidade no tom, na adequação e no sentido de cada uma das palavras proferidas. Assim como existe sempre uma palavra para cada momento, existem também imensas possibilidades para que as mensagens não resvalem para o discurso ofensivo a partir de um reposicionamento pessoal. Reconhecer-se como ator de sua própria narrativa, incorporando elementos técnicos e emocionais a um discurso mais humanizado, não apenas projeta diálogos mais fecundos, como especialmente denota uma indispensável e urgente maior sensibilidade ao próximo.

Num futuro que se prenuncia mais colaborativo e integrado, isso pode fazer toda a diferença.

09/07/2020

Rodas e algoritmos

Chacoalhados pelo frenesi de mudanças sem precedentes, estamos sendo testemunhas de um confronto inédito entre a impermanência e o já estabelecido. Nesse embate, o que é tradicional se defronta com inovações crescentes, num ritmo e urgência que colocam em xeque a nossa própria capacidade de assimilação dessas transformações. Harmonizar a base estrutural vigente, moldada em milhares de anos, com a atordoante avalanche de informações, tem se revelado um desafio cada vez mais relevante. A correta dosagem entre aquilo que significa avanço com a preservação do habitual será determinante para a modelagem do nosso futuro.

A ordenação de todas as coisas, do ponto de vista da inserção humana no planeta, deriva, em larga medida, das limitações biológicas, psicológicas e comportamentais de cada homem ou mulher. Existe, nesse sentido, uma predisposição natural para que tudo seja da maneira que é. A coletividade, a partir da ascensão dos aglomerados urbanos, passou a necessitar de ordem e, para tanto, modelos de coexistência foram desenvolvidos numa matriz de infraestrutura elementar. Não foi, contudo, algo que pudesse ser proativamente deliberado ou pensado, mas fruto das virtudes e limitações da nossa espécie, que delimitaram o modo como se poderia viver comunitariamente, dentro de uma arquitetura-base organicamente construída.

Também é assim em relação às normas morais que governam o comportamento das pessoas. Padrões derivados das barreiras existenciais, paixões e interesses determinam o certo e o errado a partir da necessidade de autopreservação. Esse modelo contingente, naturalmente, também influenciou outras formas de entidades coletivas, tais como as empresas. Organizações humanas por excelência, as empresas são réplicas da arquitetura social vigente, e são governadas pelos mesmos princípios básicos do arquétipo geral dominante. Quando o teórico clássico em Administração Henry Fayol falou em planejar, organizar, dirigir e controlar, ele nada mais estava fazendo do que reproduzir, no universo corporativo, uma imposição natural de como as coisas de fato ocorrem. Nessa perspectiva, Fayol apenas trouxe à tona algo que jazia subjacente, uma espécie de sistema dinâmico auto-organizado, quase que matematicamente explicável.

O poder das forças intangíveis que modelam e guiam a ação humana, quer num desenho mais ampliado da sociedade ou numa abordagem mais limitada nas organizações, enfrenta agora um verdadeiro paradoxo imposto pelo avanço exponencial das tecnologias de comunicação: estamos encharcados de informações e carentes de conhecimento. Somos incapazes de absorver sequer uma fração da torrente de pesquisas, conhecimentos e referências que são disponibilizadas diariamente por múltiplos canais. Nossas limitações cognitivas e temporais nos impõem restrições concretas, e dessa impotência intelectual emergem pessoas cada vez mais angustiadas e adoecidas, trazendo para o centro do palco a questão das emoções, da busca pelo equilíbrio e da gestão do tempo.

Os nascidos a partir do início deste milênio, diferentemente das gerações anteriores, já não terão nenhum paradigma analógico como referência, e serão os primeiros a construir o novo a partir de um repertório totalmente digital. De que forma isso irá ecoar na maneira essencial sobre a qual a moderna sociedade se edificou, ainda é muito cedo para antecipar. A aceleração do tempo provocada pelas novas tecnologias, com suas repercussões sociais, políticas e econômicas, jamais foi testada com tamanha urgência, em contraste com a construção histórica, algo entre o orgânico e o artesanal, com o gradualismo prevalecendo até hoje. Os algoritmos modernos, entretanto, parecem bem menos resignados e mais nervosos do que o Crivo de Eratóstenes. Domar essa apressada inquietude, sem perder a essência, parece ser nosso maior desafio.

29/10/2020

Anti-iluministas do século XXI

O tempo avança e a frase inscrita no Oráculo de Delfos adquire cada vez maior propriedade. Conhece a ti mesmo passou a ser uma premissa essencial para a nossa correta inserção no mundo atual. Esse pré-requisito, herança da filosofia grega, desponta com vigor redobrado a partir da atordoante velocidade com que as informações circulam pelas redes de comunicação. A combinação da celeridade cibernética com a ausência de criticidade, aliada a uma crescente polarização política, tem levado a efeito uma afirmação de Umberto Eco, ao declarar que o drama da Internet é que ela promoveu o tolo da aldeia a portador da verdade. A ignorância sem freios, contudo, não é inofensiva, a exemplo de uma conversa entre néscios esquecidos num rincão qualquer. Ao contrário, sem autoconhecimento, a autocrítica enfraquece, e a propagação indiscriminada de inverdades torna cada vez mais difícil discernir os fatos das narrativas fantasiosas, muitas delas altamente nocivas. O problema se agrava se houver, por trás da indigência intelectual, também pendores intolerantes ameaçando os direitos individuais e a própria democracia.

Bertrand Russsell advertia que o problema da moderna sociedade é que as pessoas inteligentes estão repletas de dúvidas, enquanto os idiotas estão cheios de certezas. Cegos por ideologias que muitos nem conseguem interpretar, os negacionistas de plantão abraçam teses anticiência, antidireitos humanos e antiagenda ambiental com um fervor inquietante. Nesse contexto, a direita radical intempestivamente ressuscita os piores atributos de um mundo separado por muros ideológicos, no qual imperam a truculência verbal, a intolerância, o desprezo à ciência e uma visão obtusa e simplista da realidade. Um exemplo desse quadro obscurantista é a crítica que se faz ao chamado globalismo, que na visão da vanguarda do atraso seria uma enorme conspiração da ONU, da

OMC e de outros organismos multilaterais para implementar uma política de esquerda no planeta. Ora, a defesa do meio ambiente, da diversidade cultural, da pesquisa e da ciência, do antirracismo e de muitas outras bandeiras pluralistas não deve ser atrelada a um espectro ideológico ou outro, pois se trata de um consenso duramente arquitetado em favor de toda a humanidade. Ao admitir que essa pauta seja ideologicamente de esquerda, a ultradireita comete um grave erro de avaliação, fazendo uma leitura equivocada do contexto e condenando-se a ocupar um espaço muito restrito do ponto de vista político-partidário, a exemplo das últimas eleições municipais ocorridas no Brasil.

Esse conjunto de teses, ditas globalistas, combatidas pelos extremistas de direita, não foi construído de uma hora para outra, mas gradualmente, a partir de um desejável processo evolutivo, de concepções baseadas em evidências, no progresso cultural da sociedade, e de muito esforço científico. Desconstruir esses avanços, defendendo teorias da conspiração, sem nenhum fundamento concreto, não é apenas desonesto intelectualmente, mas muito perigoso em termos políticos. Os episódios recentes envolvendo a Anvisa, que colocaram em dúvida a credibilidade do Instituto Butantã, bem como as frequentes polêmicas na área do meio ambiente e na condução da pandemia da Covid-19 dão a dimensão trágica que o negacionismo pode promover. Todos também sabemos que o resultado político de arroubos inconsequentes e mentiras irresponsáveis invariavelmente repercutem nos mais vulneráveis e no desgaste da própria democracia. Ao contrário de uma visão reacionária do mundo, precisamos valorizar a autodeterminação do indivíduo, o direito à liberdade, o respeito aos direitos humanos, o incentivo à ciência e à sustentabilidade do nosso desenvolvimento, equilibrando as agendas econômica, social, ambiental e cultural. Sem isso, o Brasil não se habilita a ingressar competitivamente na moderna comunidade global, inexoravelmente cada vez mais integrada, multicultural e complexa.

10/12/2020

Iludidos pela esperança

Finais de ano são convidativos para reflexões sobre o amanhã e balanços acerca do que passou. Como cidadãos, almejamos um futuro no qual possamos nos orgulhar de morar num País socialmente justo, desenvolvido de forma sustentável, seguro para os seus habitantes, com uma educação inclusiva e de bom nível, além de um sistema de saúde público de excelente qualidade. Não é, contudo, o que vemos no Brasil. Pergunte a qualquer político sobre as três funções essenciais que espelham o legítimo papel do Estado. Sem muito esforço, ele lhe dirá que a segurança, a educação e a saúde são as áreas nas quais os melhores recursos e esforços devem ser dedicados. Sob essa perspectiva, um olhar crítico nos aponta que estamos falhando fragorosamente nessa missão elementar. A atual situação de caos na saúde pública, violência nas cidades e no trânsito, e educação de péssima qualidade demonstram que precisamos muito mais do que esperança para um futuro melhor.

O filósofo Nietzsche, famoso por seus pendores niilistas, provocativamente defendia que "enquanto houver esperança não haverá solução", convidando-nos para o abandono das ilusões e o enfrentamento da crueza dos fatos. Postergadores contumazes, cultivamos em nossas mentes algemas que nos aprisionam ao já conhecido e confortável. O novo nos assusta e o hábito arraigado em nosso comportamento cotidiano contém sulcos profundos dos quais nos é penoso fugir. De modo geral, também apresentamos uma conduta politicamente apática, para não dizer omissa, a considerar o conjunto de mazelas graves que nos afligem sem que nossa indignação vá além de alguns resmungos envergonhados. Nosso acanhamento é constrangedor, muito longe ainda do ânimo e da tenacidade necessários para mudanças efetivas. Resignados, condescendemos com a frase: "De onde menos se espera, daí é que não sai nada", reveladora de parte de nossa crônica indolência, proferida pelo impagável Barão de Itararé.

Substantivar a esperança está mais para atitudes efetivas do que para arroubos imaginários, sendo essencial contar com desprendimento e coragem para dar-lhe consequência. Sem desconsiderar as conjecturas pessoais a que somos submetidos pela cultura, pela própria sociedade e por nosso contexto único, é possível, e cada vez mais necessário, trilhar um caminho temperado por mais arrojo e fé em nós mesmos. As recompensas para quem cruzar a linha da mesmice e do conformismo podem ser gratificantes. Novos comportamentos e uma vida mais consciente e plena de sentido projetam também uma visão mais ajustada do nosso papel na sociedade, superando as amarras que nos vinculam à passividade e à negligência. Não é incomum vermos o sucesso das pessoas atrelado à ousadia, à determinação, ao ímpeto em adentrar no inédito. Isso também é verdadeiro para uma cidadania mais plena. Passar a existir foi obra do acaso; viver uma vida sem cor por opção é a verdadeira miséria.

É preciso, sim, mais do que esperança. Há um enorme espaço para microrrevoluções, iniciativas que independem de terceiros, do Governo ou de quem quer que seja. Arrumar a própria cama, tratar melhor o vizinho, ser mais solidário com quem está próximo, estudar e educar bem os filhos, cuidar de si mesmo e manter um senso ético consistente muito provavelmente será mais eficaz do que boas intenções, por melhores que sejam. Esse pragmatismo quase estoico poderá engendrar uma transformação real da sociedade. A ilusão de que somos abençoados por Deus e bonitos por natureza é tão equivocada quanto o *complexo de vira-latas*. Somos, fundamentalmente, aquilo que ousamos sonhar e realizar. Se, por acaso, você encontrar um político pregando austeridade por aí, pergunte o que ele fez para diminuir as despesas do seu próprio gabinete. Você poderá ficar surpreso de como esse pequeno gesto sinalizará que a sua esperança adquiriu um novo sentido, um novo significado. Não podemos mais continuar iludidos pela esperança.

31/12/2020

Ativismo de sofá no divã

A crescente dependência de novas tecnologias tem mudado nossas vidas, a forma como nos relacionamos, produzimos e vivemos em sociedade. O preço dessa dependência, em muitos casos, tem sido o sequestro do nosso tempo, horas de sono, a própria saúde, e influenciado diretamente o modo e a qualidade de tudo o que realizamos. Cada vez mais avançadas, as grandes empresas de mídia se valem de inteligência artificial para capturar a nossa atenção, fazendo com que a fidelização se dê à custa de maior dependência das programações, feitas sob medida para que o *ópio do século XXI* exerça todo o seu poder. Essa verdadeira rede neural cibernética, em suas infinitas interconexões, capturou e forjou alguns consensos naquilo que tem sido alcunhado de *globalismo*, uma espécie de agenda mundial de costumes e políticas, que seriam de aplicação sistêmica e abrangente. Ao se opor a essa diretriz planetária, muitos têm sido *cancelados*, excluídos da própria rede, tornando-se uma espécie de párias dentro do amplo espectro da Internet. Esse fenômeno, em escala menor, também é observado em grupos de WhatsApp, Facebook, Twitter e tantos outros, onde pessoas usam o poder asséptico da distância digital para bloquear, excluir ou eliminar dos contatos todos aqueles que, de uma ou de outra forma, afrontam as suas convicções.

Essa onda de intolerância global, por certo, não foi criada pela comunicação em rede, mas evidentemente encontrou no frenesi e na instantaneidade das mensagens eletrônicas um meio de potencializá-la. Um dos estudiosos que melhor capturou esse ambiente de extrema volatilidade e fluidez das interações humanas foi o consagrado escritor polonês Zygmunt Bauman. Para Bauman, a modernidade líquida é infinitamente mais dinâmica do que a sociedade tradicional. O *ativismo de sofá* e o entorpecimento com o entretenimento barato são subprodutos das redes sociais, que hoje funcionam como uma espécie de arena pública, a exemplo de antigas praças, nas quais as pessoas se encontravam para conversar, com a diferença fundamental de se poder eliminar silenciosamente quem pensa diferente, à distância de um clique. Ao nos fecharmos nessas *zonas de conforto*, nas quais se ouve apenas o eco de nossas próprias vozes, caímos na armadilha de falsos consensos, uma vez forjados na ausência dos contrários, que promovem, de fato, a verdadeira dialética do saber em evolução. Essas relações menos duradouras, mais transitórias e instáveis, funcionam como uma área de escape para a solidão, porém ao preço de nos manter presos a algemas que colocam em risco o próprio sentido de individualidade e de um saudável relacionamento social.

Há outros riscos também envolvidos nessa *alienação informada* que experimentamos. Em desabafo comovente, o jornalista e acadêmico uruguaio Leonardo Habekorn desistiu de lecionar na Universidade de Montevidéu, alegando ser impossível "falar de assuntos que o apaixonam para alunos que não conseguem descolar a vista de um telefone que não cessa de receber *selfies*". O WhatsApp e o Facebook venceram o inconsolável professor e nos dão a dimensão do atual desafio enfrentado por escolas no mundo todo. Vivemos num mar de informações, mas extremamente carentes de um saber não raso, aquele forjado no velho e bom hábito de leituras mais densas, para as quais se demandam tempo e muita dedicação.

Essa visão mais cinzenta das mídias sociais, entretanto, não é um veredito conclusivo sobre os limites e as potencialidades da comunicação via Internet. Há amplas possibilidades para evitar as armadilhas existentes e construir espaços para diálogos, não somente produtivos, mas edificantes. Conjugada com uma nova postura, mais consciente dos riscos envolvidos no uso inadequado das mídias sociais, é possível evoluir. Estamos em pleno curso de um novo modo de convivência virtual, que não deve ficar refém de nenhum paradigma, que não seja o de maior autonomia do próprio indivíduo, e essa é uma decisão inalienável de cada um de nós.

11/03/2021

Modernas contradições

O mundo é contraditório desde que o homem passou a estabelecer relações com seus semelhantes, tentando equilibrar um conjunto crescente de demandas também contraditórias. Para os sofistas, uma das formas de acomodar as contradições e buscar a razão, na superação do conceito mitológico, era apostar na fortaleza da argumentação e da retórica, como ferramentas de persuasão. Nessa lógica, o poder poderia ser conquistado por intermédio da capacidade de convencimento, das palavras, da oratória eloquente e até certo ponto manipulativa e relativista, fato que atribuiu aos sofistas uma conotação também negativa, já que o manejo da comunicação, em certo sentido, poderia construir narrativas descoladas da realidade. Desde então, as contradições filosóficas, religiosas, sociais, capitalistas, trabalhistas e históricas povoaram o cenário, conferindo cada vez maior importância ao ato de falar, agora em contexto muito mais complexo e incerto do que aquele que abrigou Protágoras e seus seguidores.

Essa estrutura que governa a forma como interagimos socialmente, mediada pela palavra, continua fundamental e adquiriu exponenciais possibilidades com o advento da Internet. Hoje, a *Ágora moderna* na qual se converteu a rede mundial de computadores e seus onipresentes *sites*, aplicativos e outras ferramentas de interação colocam-nos diante do monumental desafio de destrinchar a verdade numa miríade infindável de informações, que, em conjunto, tecem e narram *on-line* o cotidiano do planeta, nem sempre com o compromisso da verdade, o que torna ainda mais crítico valorizar a boa palavra. Nesse contexto de pós-modernidade, também a pós-verdade emergiu, uma vez que é atávico ao homem valer-se da mentira de modo instrumental, e isso foi historicamente recorrente. Desse modo, faz sentido e, mais do que isso, trata-se de uma agenda imprescindível observar até que ponto os discursos de hoje se encontram encharcados do pior do sofismo, na defesa da falsidade e na intenção premeditada de confundir em vez de explicar, manipular em vez de orientar.

Um exemplo de como ainda é usual o recurso da retórica sofista pode ser observado no campo político brasileiro. Conceitos fundamentais do nosso léxico estão sendo tomados para muito além do seu sentido estrito, senão convertidos em direção oposta, inseridos em discursos cuidadosamente engendrados com a finalidade de desconcertar aqueles que paradoxalmente deveriam ser esclarecidos. Isso seria aplaudido por Schopenhauer, na versão de sua obra que ensina como ganhar uma discussão sem ter razão, mas esse não é, definitivamente, um bom conselho. Deus, pátria, liberdade e povo são, indiscutivelmente, matéria essencial para qualquer abordagem que vise a conferir densidade e força ao discurso, notadamente se esse tiver o objetivo de mobilizar pessoas e engajá-las para determinado propósito. Sendo assim, haveria que se ter especial cuidado e zelo no uso desses termos, até porque são perenes e impessoais, sendo imprudente e incorreto amarrá-los a uma determinada corrente política em desfavor de outra.

Não é isso, entretanto, o que assistimos. Com notável prodigalidade, vemos a invocação de Deus, enquanto salvaguarda, somente à parte da população que aplaude aquele que invoca o divino, mas esquece de governar para todos. A pátria passa a ser apenas digna para quem está politicamente alinhado, e não mais a mãe gentil que a todos abriga e acolhe. Até o monopólio do verde e amarelo está sendo requisitado de forma unilateral. O povo não seria mais o conjunto da sociedade, mas a parcela que coaduna com o mandatário e a tudo aquiesce. Por fim, talvez o mais nobre dos valores, a liberdade, é invocada como escudo para sua própria supressão, em engenhosa metamorfose linguística. As palavras já foram articuladas de infinitas maneiras, porém ainda incapazes de compor uma verdade pela repetição de mil mentiras. Goebbels estava errado, e nem mesmo a maior das contradições que ora vivemos irá subverter a essência do que é verdadeiro.

12/08/2021

Sócrates e a era da pós-mentira

A guerra de Peloponeso marcou o declínio de Atenas e teve o testemunho de Sócrates, talvez seu filho mais ilustre. Todos perderam com o histórico conflito, como sempre acontece quando o diálogo naufraga e prevalece a ideia de supressão do outro, mas a humanidade se nutre até hoje dos ensinamentos que o pai da filosofia ocidental capturou de sua experiência no campo de batalha e na pólis grega. Tal como no cotidiano daquela época, a atual sociedade se debate tardiamente entre a razão e o mítico, entre o factual e a mentira, entre o conceito e a opinião. Ainda hoje, passados mais de 2.400 anos das reflexões socráticas, buscamos o conhecimento objetivo, num cada vez mais incessante fluxo torrencial de dúvidas, medo e insegurança. Quando Sócrates refutava a cosmologia, preferindo o fundamento de uma existência moral, racional e reflexiva, antecipava uma emancipação que até hoje não ocorreu, conforme podemos constatar no secularismo injuriado, no medo governando muitas realidades e na mentira proliferando sem freios. Numa era de juízos tão líquidos e escorregadios, jamais se precisou tanto de uma fundamentação da verdade, universal e independente, de modo a refutar a enxurrada de fabulações, cujos ardis agridem os modernos conceitos de justiça e liberdade.

A mentira, aliás, desde que o primeiro sofista se embrenhou a debater com Sócrates, teve sempre curso de alta valia para demagogos e contorcionistas retóricos. Assim, é sempre tempo para resgatar a crença na virtude, em seu sentido mais denso, buscando-se o ordenamento do mundo social na valorização do conhecimento, da sabedoria, da justiça e da consciência moral dos cidadãos. Isso soa premente quando nunca se mentiu tanto, em tão pouco tempo e para tantos. Com a proliferação das redes sociais, a opinião antes inocente adquiriu ares de arrogância, com hordas de milícias digitais se digladiando sem limites razoavelmente civilizados. A era das incertezas e da impermanência vem sendo aplainada à força por convicções inauditas e improváveis, muitas por embustes, imposturas intelectuais e deslavadas inverdades. Sem nenhuma pretensão estética, linguística ou de compromisso que passe perto do rigor e da precisão, mas embaladas na mais desassombrada e contraditória autoconfiança, o fenômeno da mentira viral coloca em xeque o ideal democrático, uma vez que a confiança na palavra é solapada, e prevalecem *sub-versões* da realidade, com recortes errados, imprecisos, senão maliciosos e até criminosos.

Esse *estado de coisas* no trato da comunicação na Internet tem estimulado, por exemplo, mais até do que a disseminação indiscriminada de mentiras, reinterpretações de conceitos antes havidos como consagrados, num trânsito livre e desenfreado de teses, teorias e conspirações que consternariam o mais arrojado ficcionista. Antes mesmo de pensar em qualquer tipo de censura ou controle dos meios de comunicação, se faz necessária uma nova demarcação do que é razoável e, no presente contexto, a razoabilidade está em flagrante desvantagem. Relações justas constroem uma sociedade justa. Relações mentirosas constroem uma sociedade hipócrita e doente, incapaz de parir a verdade no seio da mentira. Por isso, a sociedade atual precisa olhar para dentro de si, assim como o Oráculo de Delfos propunha para os cidadãos atenienses, reassumindo que valores fidedignos não são construídos com simples opiniões, mas na firme consciência de que somos agentes morais, cuja essência maior, como membros da sociedade, é o compromisso com a autenticidade. O ciclo perverso de falsidades hoje visto, contaminando a vida e as relações sociais, na era da *pós-mentira*, é uma ameaça real à própria convivência harmônica e civilizada que foi idealizada com tanto sacrifício por aqueles que nos antecederam. Desse legado ainda palpitante, cumpre-nos entusiasmo e destemor em sua defesa, assim como fez Sócrates, e mais modernamente Immanuel Kant, ao eleger a verdade como um imperativo categórico acima de nossa própria vontade.

02/09/2021

Simples, não mais que isso!

A simplicidade é o último estágio da sofisticação, teria dito Leonardo Da Vinci, justo ele que levou a arte ao último grau de refinamento artístico. Tomado esse adágio em toda a sua inteireza, faz sentido imaginarmos que algo, por mais complexo que seja, torne-se simples, mas não menos arrebatador, ao olhar de quem observa, sem que seja necessário penetrar nos meandros que fizeram determinado engenho tornar-se uma obra de arte, um conceito magistralmente elaborado, ou uma ação que implique destreza incomum.

Contudo, vista de maneira apressada ou astuciosa, a frase do gênio italiano esconde um risco hoje potencializado em diversos setores da vida humana. Nas mídias sociais, por exemplo, se converte numa comunicação mais pobre, menos elaborada, mais fugaz e simplória. O pretexto da simplicidade, é bem verdade, não deveria ser refúgio para o desleixo, a preguiça e o desinteresse, mas isso ocorre com frequência.

Com a profusão de pictogramas ou ideogramas, também conhecidos como *Emojis*, o recurso a uma linguagem bem elaborada dá lugar à síntese, porém ao custo, pelo menos em parte, do próprio pensamento que se deseja exprimir, e isso pode sinalizar bem mais do que sugere um simples descuido.

Nesse panorama, quem não aprende o *novo* idioma, e não se curva à comunicação por figurinhas, mas fala de maneira *normal*, pode ser visto com desconfiança pelos outros. Seu discurso tenderá a ser classificado como muito complicado e raro, porque exige uma capacidade de atenção e reflexão perdidas. Poucos estão hoje dispostos a ouvir, tampouco a ler textos mais apurados, longos para os padrões do Twitter, e muito menos parar e refletir.

Assim, discursos razoáveis, lógicos e coerentes tornam-se incompreensíveis para a maioria, uma maioria que teve uma educação sistemática à loquacidade, mais oral que escrita, em vez do reforço à técnica da boa argumentação. Há certa preguiça intelectual, uma malemolência condescendente e pouco provocativa a rondar o comportamento de muitos.

Raros se atrevem a enfrentar leituras mais espinhosas e adensar, de fato, seus repertórios. Assim, caímos nas armadilhas dos *memes* e dos chavões que infestam as mídias sociais. Nesse ambiente, formar determinados consensos a partir da lógica argumentativa é fatigante. Mais atraente é acreditar em fadas e mitos... Eles não exigem tanto do nosso cérebro e tornam o mundo mais simples, mas não menos improdutivo e inseguro, senão retrógrado e, em determinados casos, obscurantista.

Ao tempo em que soa paradoxal comprimir o repertório vocabular para enfrentar um ambiente crescentemente complexo, a dicotomia, a linearidade e a simplificação forçada da realidade também extrapolam o campo retórico e emergem como ameaças à conformação política e sociológica, como é possível perceber nos discursos eivados de atraso, intolerância e truculência, sinônimo de um descuido não apenas vernacular, mas humanístico também.

A propósito, dialogar com a emergente agenda humanista, que incorpora conceitos de maior cooperação, integração e interdependência, pressupõe o oposto do que a tendência aponta hoje, ou seja, premência por maior capacidade de expressão, a partir da arte combinatória, de visão sistêmica e de um aprendizado que coloca cada um de nós como protagonista do próprio desenvolvimento pessoal.

O uso exagerado dos hieróglifos modernos, ao tempo em que compromete o pleno potencial que o manejo da palavra nos permite, tem servido a discursos apelativos e simplificadores da realidade. Maior apuro linguístico, além de melhor nos revelar, contribui para uma comunicação não apenas adequada, mas capaz de posicionar, dialogar e enfrentar a realidade com naturalidade e fluência.

A agenda multidisciplinar moderna, na qual os saberes conversam incessantemente, veio para ficar, impactando a todos. A partir de um melhor repertório, fruto de um esforço determinado, a verdadeira simplicidade poderá estar ao alcance das mãos, sem que para isso precisemos imaginar sermos um gênio renascentista.

09/09/2021

Nossos inarredáveis casulos

Não é somente nas guerras que a primeira vítima é a verdade. Campanhas políticas, especialmente aquelas gestadas em ambientes polarizados, também tendem a sacrificar os fatos em favor das versões, muitas delas em completo desatino. Em todas as democracias do mundo, o fenômeno das mídias sociais tem impactado de modo contundente o processo dialógico que deveria balizar a construção de consensos.

A busca por algum conforto emocional em um mundo progressivamente depressivo e a crescente necessidade de aprovação social são campos férteis para discursos descompromissados com o real. As bolhas autocentradas na Internet fomentam certezas que serão replicadas e ajudarão a aplacar as consciências de indivíduos angustiados por um mínimo de estabilidade.

É disso que se aproveitam os charlatães, os falsos moralistas e toda espécie de mentirosos, que habilmente ocupam esse espaço de carência existencial comum a todos, em maior ou menor grau.

Nesse contexto, o espaço da racionalidade diminui, sobressaindo elementos intuitivos e emocionais, tornando estéreis tentativas de qualquer espécie de imposição forçada de argumentos. As pessoas não mudam de ideia a partir da refutação completa daquilo que pensam.

Assim, não cabe autorrecriminação ao falhar no convencimento de alguém. Existe explicação para esse processo de segregação política e comportamental, e as notícias não são exatamente as melhores para aqueles que imaginam *fazer a cabeça* dos outros abusando de dados, fatos e *ciência*.

Para Jonathan Haidt, somos fortemente inclinados a acreditar em quase qualquer coisa que apoie nosso grupo. Ainda segundo ele, décadas de pesquisa de opinião pública demonstram que o interesse próprio é um fraco preditor de preferências políticas. Antes, presumia-se que pessoas votassem por razões egoístas, optando pelo candidato que lhe trouxesse maiores benefícios.

Novas pesquisas sinalizam menos autointeresse e mais compromisso e lealdade com círculos ou facções, sejam raciais, políticos, regionais ou religiosos. Essas conclusões afetam decisivamente a forma como se desenrolam as escolhas, preferências e posturas pessoais, impactando não apenas o entendimento do complexo processo político eleitoral, mas também as nossas relações dentro de um contexto marcado por estruturas de afiliação mais gregárias, sensíveis ao olhar de aprovação do outro.

Isso, até certo ponto, explica por que o partidarismo tem um potencial viciante, segregando os extremos, colocando-os em posições de entrechoque permanente, uma vez ausente a mediação interpessoal ancorada na racionalidade, no caso superada por convicções já autenticadas pelo aval do grupo.

Essas conclusões se inclinam a sugerir que o confronto direto e agressivo visto hoje nas redes sociais, ao contrário de proporcionar eventual vitória de algum dos lados em conflito, aguçará ainda mais as posições extremadas, cristalizando posicionamentos sectários, com a chancela de todos aqueles que abraçam as muitas vezes dogmatizadas teses.

Não é a razão, desse modo, que será capaz de, sem o auxílio vigoroso de elementos intuitivos e emocionais, recuperar o indispensável espaço para a mediação entre contrários. O que se observa hoje, seja em grupos de WhatsApp, reuniões familiares ou demais encontros nos quais o assunto gire em torno de preferências políticas, é justamente o empoderamento dos feudos digitais, cuja couraça é tão mais resistente quanto maior tem sido a agressividade dos ataques que visam a miná-los.

Sem compreender que antes de sermos agentes racionais que sentem, somos agentes emocionais que raciocinam, falharemos na tentativa de nos aproximar de quem pensa diferente de nós.

Uma postura de maior abertura e entendimento, com a combatividade e a sensibilidade em equilíbrio dinâmico, sinalizará que opostos podem dialogar e, dialogando, abrir frentes empáticas em nossos casulos antes inarredáveis, que permitam convergir para uma convivência necessária, embora difícil, neste ano de tantos desafios e atribulações que assomam no horizonte.

13/01/2022

Por que não te calas?

Durante a XVII Conferência Ibero-Americana realizada em Santiago do Chile em 2007, o então presidente venezuelano Hugo Chaves sentiu o gosto amargo de um inusitado aparte do Rei Juan Carlos I, de Espanha, que indagou por que Chaves não se calava, após este retrucar, de modo impertinente, aos argumentos do presidente espanhol José Luis Zapatero. A sumária, cortante e rigorosa frase do Rei João Carlos I não apenas nos remete a reconhecer a força do verbo, mas imaginar o que envolve e caracteriza aquilo que está além da expressão em si, seu contexto, suas contingências, seus personagens e, especialmente, a carga emocional empregada. Em tempos de ânimos exaltados e falta de moderação vernacular dominando as redes sociais, muitos que deveriam calar, falam, e muitas vozes que deveriam ser ouvidas, estão mudas, não apenas por falta do que dizer, mas de ouvidos dispostos a ouvi-las. Essa polifonia truculenta tem sido terreno fértil para a disseminação de inverdades com propósitos escusos e de uma agressividade inaudita, capaz de tornar cada vez mais irreconciliáveis os polos que se confrontam.

O que, então, estaria por trás de um boquirroto grosseiro, inconveniente e inconsequente? Ao explorar a caverna de Platão, numa alusão às prisões psíquicas representadas por certas formas de comportamento, é possível compreender alguns porquês do uso de linguagem tosca, chula ou agressiva, especialmente por parte de gestores, políticos ou pessoas com influência social. A agressividade verbal, além da origem cultural, tem também um fundo psicológico, e essa condição *a priori* condiciona e formata a intensidade, a modulação e as circunstâncias da fala. Nessa linha, a agressividade e as palavras de baixo calão seriam de fundo psíquico, escapando em parte o controle do próprio dizer do agente. Há, de todo modo, sempre uma mensagem subliminar que carrega uma intencionalidade para além das próprias palavras. A intenção de ofender está implícita no gesto, no próprio movimento em assumir uma postura de confronto, mesmo usando *apenas* palavras.

Freud estudou o fenômeno. Com o aval do pai da psicanálise, é possível compreender que a sexualidade reprimida é um dos elementos que repercute na forma como as inquietações e preocupações inconscientes têm efeito nas personalidades e, consequentemente, no cotidiano individual, na vida social das pessoas e nas organizações de forma geral. Personalidades perturbadas e neuróticas têm maior propensão a tentar organizar e controlar o mundo, revelando um caráter obsessivo compulsivo que pode extravasar para uma linguagem de cunho libidinoso, por vezes vulgar, que dê vazão a esse conjunto de impulsos. Dessa forma, na próxima vez que ouvir alguém mais desbocado no discurso, apelando para termos pouco recomendados, pelo menos enquanto as crianças estiverem na sala, saberá que existe uma explicação que talvez lhe tenha escapado quando em outras tentativas de melhor entendimento desse frequente fenômeno: o sujeito está reverberando uma ideia de controle, explicitando um caráter obsessivo compulsivo, caracterizando aquilo que Freud chamou de personalidade anal-compulsiva, refletindo questões profundas relacionadas à natureza psicológica do indivíduo que uma análise rasa tenderia a desprezar.

A linguagem obscena, insensível e beligerante, portanto, mesmo que possa e deva ser analisada e compreendida em sua natureza original, não deixa de ser um entrave considerável para um diálogo adequado e producente. Com as mídias sociais amplificando os discursos de forma massiva, o recado para a população de forma geral é muito ruim quando a decência é suprimida pela vulgaridade. As manifestações orais devem passar pelo mesmo escrutínio dos atos, uma vez que são as suas antessalas, e todo o desvario verbal deve também ser criticado dentro de um propósito de qualificação permanente dos discursos. Menos que isso, melhor ficar calado, antes que soframos uma justa interpelação, à Juan Carlos I, cuja pontual indignação deveria a muitos alertar.

05/05/2022

O silêncio dos inconformados

A moderação está em baixa. Antes um sinônimo de contenção e sabedoria, na sociedade polarizada de hoje, quem busca a mediação e apelos ao bom-senso sofre ataques à esquerda e à direita, logicamente das franjas mais extremadas e estridentes, que acabam por moldar a tônica das discussões, sejam elas públicas ou até mesmo na intimidade familiar. Ninguém está livre da força gravitacional do radicalismo e da intolerância. Feito um buraco-negro, opiniões que buscam a prudência e o equilíbrio são sugadas para o terreno pantanoso do sectarismo. A intolerância vive o seu apogeu. A imposição desse contexto beligerante de antagonismo, dominado pelas paixões em desfavor da razão e do comedimento, porém, não é um destino em si, mas um fenômeno social e sociológico que tem raízes bem identificadas, e que experimenta transformações inéditas advindas de uma nova agenda, culturalmente multifacetada, demandando posturas nem sempre fáceis de assimilar.

A situação que vivemos no Brasil, contudo, não é algo isolado do que acontece no mundo atual. Um abrangente projeto de pesquisa sobre as *tribos esquecidas* denominado *Hidden Tribes* mapeou os grupos esquecidos da sociedade americana e fornece aos brasileiros um farol importante para o mesmo tema, considerando algumas similaridades entre as duas sociedades. O estudo esquematizou sete grandes grupos na política americana e buscou compreender suas características mais marcantes. A conclusão mais importante foi descortinar uma realidade que pode ter muito a ver com aquilo que vivenciamos em nosso País. Há, segundo a pesquisa, uma maioria da população exausta, que não abraça nem o radicalismo da direita, tampouco da esquerda. São pessoas que compõem o amplo segmento daqueles sem engajamento político, uma maioria silenciosa que exprime as suas opiniões, mas foge do confronto das redes sociais e dos onipresentes grupos de WhatsApp. São cidadãos mais flexíveis ideologicamente, estando dispostos a ponderar e acreditar que a política, necessariamente, não precisa nem deve ser uma guerra. Esse grupo majoritário, embora pouco ruidoso, defende que os extremos devem ceder, denotam cansaço com a atual polarização e se sentem pouco representados.

Entretanto, apesar de bem mais numerosos, os inconformados silenciosos acabam ofuscados pelo barulho da turma mais engajada e intolerante, e isso afeta o equilíbrio no necessário debate entre contrários. São os radicais estridentes que assumem as posições mais polêmicas e extremadas, inflamando as discussões nas redes sociais, fustigando os *inimigos políticos*, indo para a briga e chamando pejorativamente de *isentões* todos aqueles que não aderem aos seus pontos de vista e às suas causas, muitas delas inconsequentes. Mas existe uma boa notícia nisso tudo. Também de acordo com a pesquisa do *Hidden Tribes*, menos de 15% dos eleitores podem ser classificados como intransigentes e incendiários. Muito embora não seja prudente ignorar minorias raivosas, toda a algaravia das redes sociais não tem a representatividade proporcional à agitação que provocam, e devem ser naturalmente contidas pelo arcabouço jurídico/institucional vigente.

Isso lembra e nos remete a uma nova ética, cujos valores devem insistir, não obstante a existência de franjas intolerantes na sociedade, nos pilares do respeito mútuo, no pluralismo de ideias, em outras visões intelectuais, na liberdade de expressão e na valorização da diversidade. Esse conjunto de ideais a serem perseguidos confronta a velha ética que pressupunha concepções de autoridade encoberta de erros, totalitarismo e certezas subjetivas. Esses mesmos intolerantes de hoje, sob uma nova atmosfera de maior tolerância, quem sabe, amanhã coloquem suas certezas sob o escrutínio da falibilidade, do erro e do perdão.

Sem isso, provavelmente continuarão à margem do curso da história, insultando, difamando e agredindo, enquanto a maioria da sociedade caminha no lento, difícil e inescapável caminho rumo ao futuro.

25/08/2022

Matizes

No livro *A Cabeça do Brasileiro*, Alberto Carlos Almeida fez uma radiografia de nitidez impressionante sobre o que pensamos. A obra fala da ética do brasileiro e reserva um espaço especial para a questão do comportamento moral dos aqui nascidos em relação a vários temas do nosso cotidiano.

No momento em que a agenda de costumes é trazida para a arena do debate nacional e a reflexão ética ganha destaque a partir do comportamento dos homens públicos, é oportuno investigar um pouco mais o assunto. Você é a favor da corrupção, pergunta o autor: "claro que não", assegura o entrevistado. E, por acaso, já se utilizou pelo menos uma vez na vida do *jeitinho brasileiro*? Sem dúvida que sim, responde o cidadão.

Esse entendimento sobre os limites aceitáveis acerca da boa ou da má conduta é muito revelador. Pela ótica da pesquisa de Almeida, pequenas concessões morais não configurariam corrupção, assim como furar uma fila, estacionar em local proibido, comprar um diploma universitário, fazer um *gato* para a luz elétrica ou assinatura de TV pirata, consumir produtos contrabandeados...

A lista é longa, e é um exemplo nítido da malemolência moral que nos acomete. Temos um modo peculiar, e bem longe de imperativos categóricos, para julgar eticamente os nossos comportamentos, com longos dedos a apontar para os erros dos outros e muita cautela em fazer uma autocrítica sobre nós mesmos.

Poderíamos dizer que nossa ética é de conveniência, na qual o improviso do *jeitinho brasileiro* se apresenta como uma alternativa para "ir tocando a vida", equilibrando as ações no limite das normas sociais, da criatividade e da corrupção. Mas o problema exige muito mais do que compreender essa certa condescendência com determinadas transgressões, especialmente quando o nosso objetivo é avaliar criticamente de que modo nossos representantes políticos agem no trato da coisa pública.

Em um mundo que fosse claramente dividido entre o certo e o errado, entre a corrupção e o *favor*, entre o bem e o mal, seria muito mais simples exercitar o nosso livre-arbítrio moral. Entretanto, essa dicotomia não é absoluta, nem definitiva. Há uma diversidade de situações que contrastam, sombreiam, contradizem e tornam a escolha moral um exercício não binário, mas complexo e ambíguo.

O que dizer deste mundo em que uma zona nebulosa nem sempre deixa claros os limites a serem observados, no qual nossas preferências políticas, nossos interesses pessoais, nossa cultura e nosso contexto e circunstâncias tornam vacilante o julgamento que fazemos? Vários sociólogos, antropólogos e outros estudiosos se debruçaram para escrutinar quem de fato somos, o que permitiria, sociologicamente pelo menos, certo conforto em relação às nossas decisões mais polêmicas.

Há versões variadas, algumas mais ácidas, outras mais edulcoradas. Segundo o sociólogo Ivann Lago, no mundo real, o brasileiro é preconceituoso, violento, semiletrado. É racista, machista, autoritário, interesseiro, moralista, cínico, fofoqueiro, desonesto. Esses atributos, nada edificantes, obviamente contrastam com a visão ainda presente no imaginário do brasileiro, de que somos um povo cordial, bem-humorado, acolhedor, fraterno, alegre, autêntico e expansivo, revelando outra face de uma mesma moeda.

Se ao mesmo tempo revelamos capacidade de adaptação e de sobrevivência, abertura à inovação, a novidades, otimistas, hospitaleiros e apegados às tradições, também apresentamos fortes traços de dispersão e impontualidade, falta de cultura geral e pouca visão sistêmica, abuso dos relacionamentos pessoais e invasão da privacidade alheia, além de falta de direito e obediência à lei.

Como se pode depreender das análises sobre o nosso caráter, há muito mais matizes do que uma avaliação ligeira poderia supor.

Não somos apenas Canudos, Pelourinho e guerra urbana, bem como não nos resumimos a Carnaval, Samba e Círio de Nazaré.

O amálgama deste País contraditório e complexo se defronta agora com uma das eleições mais polarizadas já vivenciadas no Brasil. Quais dos matizes prevalecerão?

13/10/2022

WhatsApp: a difícil arte do diálogo

Você que está lendo este artigo muito provavelmente participa de algum dos onipresentes grupos de WhatsApp, ferramenta que revolucionou a comunicação entre bilhões de pessoas no mundo todo. Possivelmente também já sentiu dificuldade em interagir digitalmente quando os grupos são heterogêneos, com pessoas que não comungam das mesmas visões, dos mesmos modos e costumes, de uma identidade cultural semelhante ou de nível educacional similar ao seu. Esse, talvez, seja um dos motivos para a existência das conhecidas *bolhas na internet*, grupos com características comuns bem definidas e que ecoam suas próprias vozes, sem o risco do contraditório ou do dissabor de topar com alguém que questione ou ouse pensar de modo diferente. Fenômeno relativamente novo, os grupos da Internet vêm sendo estudados por sociólogos e pesquisadores de diversas áreas, já que seu potencial na difusão de informações, formação de consensos ou opiniões tem demonstrado reflexos importantes no cotidiano de todos nós. As interações via WhatsApp também se mostram relevantes dentro do espaço de discussão política, de forma especial impondo um novo olhar sobre temas como liberdade de expressão e seus limites frente a mecanismos de censura, ou *cancelamento*, para usar um jargão em voga no mundo da Internet.

Uma das dificuldades enfrentadas por quem espera maior pluralidade efetiva nas relações pelo WhatsApp é a sua baixa institucionalidade, ou seja, a dificuldade dessa ferramenta, embora de larguíssima amplitude, robustecer seu valor com a incorporação de uma personalidade mais democrática, amparada em parâmetros de qualidade nas interações, regras e etiquetas não escritas, formas de conduta compartilhadas e maior senso de responsabilidade. Com um baixo custo de mudança, o abandono dos grupos tem sido a opção mais simples para aqueles que, por algum motivo, não enxergam mais sentido em investir tempo e energia em discussões que confrontam seus pressupostos, alguns deles muito caros para serem *banalizados*. Essa questão sobre a moldura em que operam parte importante dos diálogos na era da informação é crucial, não apenas por desvendar as limitações impostas pela estrutura dada por um dispositivo tecnológico, mas por destacar o perigo de atrofia do próprio pensamento a partir da inexistência do contraditório. Se, ao primeiro sinal de questionamento das *minhas verdades*, existe o atalho de um *click* para me livrar desse dissabor, há o silenciamento de uma discussão, o que seria, nas palavras de John Stuart Mill "uma presunção de infalibilidade". Nessa perspectiva, prossegue o autor, como boa parte da argumentação em favor de uma opinião consiste em rebater os argumentos de opiniões contrárias, a única via para que se possa ter uma opinião racional é o conhecimento das opiniões alternativas: "aquele que conhece apenas o seu lado de uma questão, conhece pouco do seu próprio lado".

Em paralelo às limitações estruturais existentes para um diálogo mais efetivo nas redes, existe a questão individual. Debater ou opinar sobre determinado assunto exige do participante, de sorte a não ser raso, para não dizer inconveniente, que não fique preso a um aprendizado atrofiado, uma subserviência ao argumento da autoridade ou a um dogma qualquer. É preciso humildade para investir no próprio repertório, talvez com horas de pesquisa na Internet, leitura de artigos e livros, ou assistir a vídeos ou documentários que possam embasar a opinião ou contradizer algum pensamento exposto à crítica durante as interações. Há, ainda, a opção do silêncio. Aliás, é mais comum do que supomos a quantidade de pessoas que, diante do alarido agressivo de determinados grupos, preferam calar a enfrentar a intolerância que têm caracterizado alguns temas, sendo a atual polarização política o mais incendiário deles. Aqui, cabe uma razão epistemológica de humildade e falibilidade humana, pois, sem isso, os grupos de WhatsApp somente amplificarão nossos próprios egos, e o diálogo será apenas uma utopia.

20/10/2022

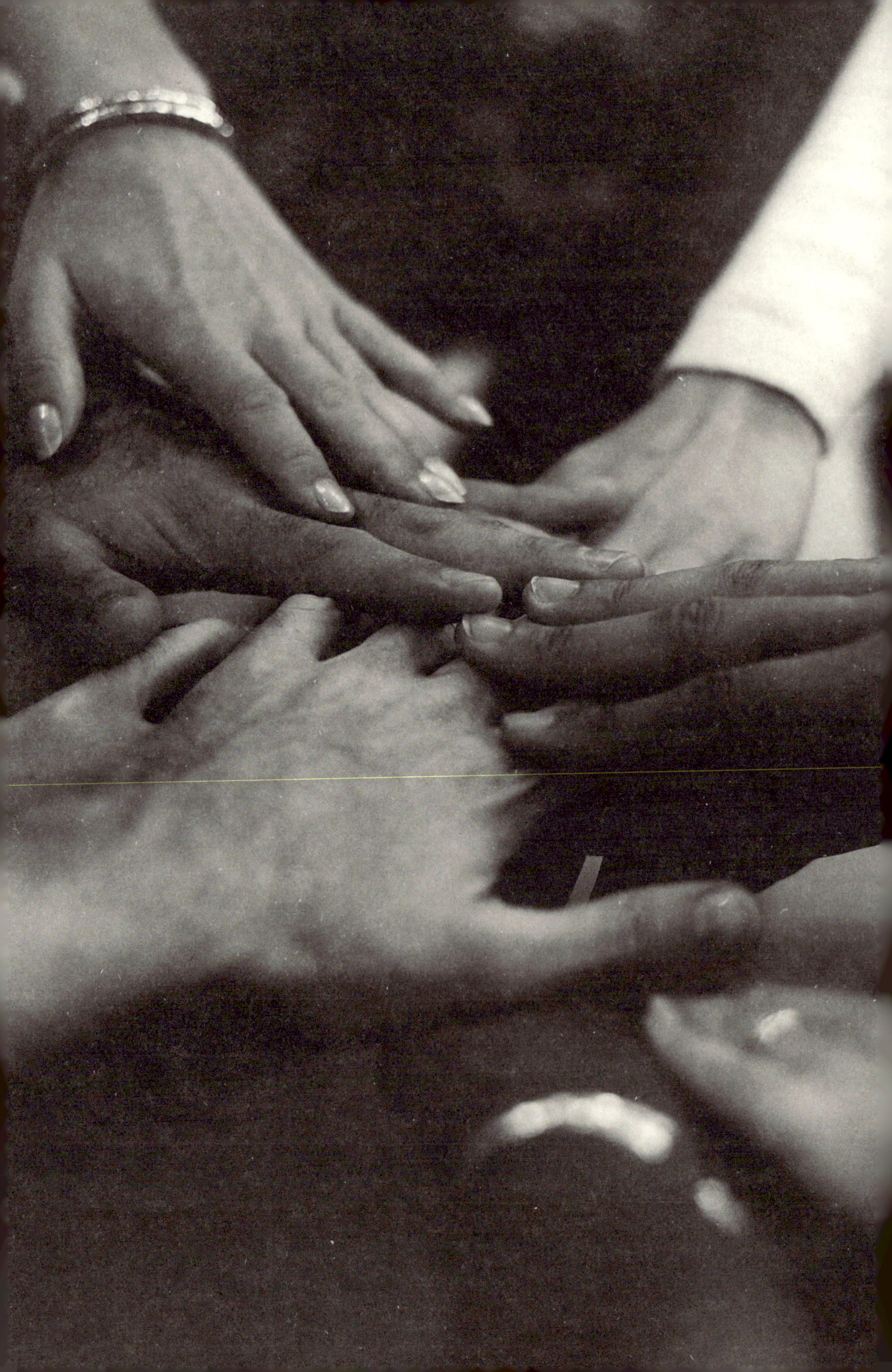

ÉTICA, DEMOCRACIA E SOCIEDADE

"Nada é tão maravilhoso que a arte de ser livre, mas nada é mais difícil de aprender a usar do que a liberdade."

Alexis de Tocqueville

O coro dos lúcidos e o rancor dos insensatos

O título deste prefácio – o que, em si, já parece inusitado, porque prefácios prefaciam obras que já possuem títulos – vem cleptado de um dos títulos de um capítulo do livro de Edson Bündchen que tenho o prazer de anunciar aos leitores. Lúcidos como ele têm de fazer coro contra o rancor dos insensatos negacionistas.

Edson Bündchen lucidamente se engaja nessa tarefa. *A Nau dos Insensatos, best seller* de Sebastian Brant, traduzido para 34 línguas, escrito em 1494, é um retrato dos que embarcaram nas aventuras das *fake news*, dos negacionismos e dos golpismos contra a democracia nestes tempos pós-modernos. Uma barca furada. Brant espelha, ainda século depois, a insensatez humana. Mundo afora. Não só no Brasil.

Nesse contexto, dando valor às palavras – que o mundo das *fake news* está dilapidando –, Bündchen vai seguindo uma espécie de denúncia de uma distopia presente. Quando se escreve distopias, se estão fazendo antecipações de desgraças, como tanta gente já fez. Orwell anuncia o futuro distópico de uma sociedade vigiada em que não há mais fatos, só versões, e em que o Ministério da Mentira é o Ministério da Verdade. Orwell fala por todos os pessimistas. Mas que também são realistas.

Com pequenos capítulos, o autor vai empilhando descrições densas (como diria Clifford Geertz). Os estragos feitos pela indústria das futilidades é um ponto central nas densas narrativas do livro. O tempo é algo tão precioso e deixamos que nos seja sequestrado com mentiras profundas, diz Edson. Na mosca: "estamos diante de uma ossificação intelectual". É isso.

Dos cancelamentos típicos dos "Novos cruzados do obscurantismo" à defesa da democracia, em tópico em que fala de sua inegociabilidade, este capítulo caminha firme por uma opção liberal, cavando espaços no entremeio das guerras culturais que povoam o imaginário brasileiro.

Em *Luzes, por Favor!*, Bündchen mostra como os militares norte-americanos discutiram o que fazer para bloquear eventual tentativa de golpe de Estado de Donald Trump. Daí a questão posta pelo autor: como construir e reforçar as grades para proteger as democracias mundo afora? Essa questão assume contornos mais sérios ainda quando nos deparamos com os recentes episódios conhecidos já como "o 8 de janeiro", quando a democracia brasileira esteve por um fio, *a lo largo* das narrativas negacionistas que buscam minimizar os episódios.

Por isso, em outro episódio do capítulo, Bündchen deixa claro que, para os democratas, não há espaço para omissão: "A minha liberdade de expressão não é maior que o seu direito à vida, saúde e bem-estar ou que a democracia, que é um bem coletivo". Aqui, o autor se alia aos "caçadores das obviedades do óbvio", como costumo dizer. Incluo-me. Esse óbvio deve ser dito. Porque o óbvio é ladino. Ele se esconde. Nossa tarefa – e Bündchen faz isso muito bem – é desvelar essas obviedades. Nenhum discurso pode ser suicida. Nenhuma fala pode ser autofágica. Nem mesmo autocontraditória.

Nos anos 80 do século XX, Alasdair MacIntire escreve *After Virtue* (Depois da Virtude), denunciando uma praga contemporânea – o emotivismo, o opinionismo. Ali ele mostra como o *No Nothing* (o partido do Saber Nenhum) chega ao poder. E fala das dificuldades de juntar os cacos. É que os néscios são muitos. O negacionismo contemporâneo é uma prova de que são muitos.

Por isso devemos construir barreiras contra o obscurantismo. Com palavras. É o que nos resta. Por isso a importância da obra de Edson Bündchen, em seus pequenos, porém densos textos.

Boa leitura.

Da Dacha de São José do Herval, escrito no final de junho de 2023, no inverno entrante que, embora tímido nas planícies, mostra seu vigor no alto da montanha, com o vento fustigando os *liquidambars*.

Lenio Luiz Streck
Jurista, professor, âncora do Programa Direito & Literatura da TV Justiça e colunista do *site* Consultor Jurídico

Um novo Renascimento

"Não faço esculturas; na verdade, elas sempre estiveram lá. Eu apenas retiro os excessos", disse Michelângelo, com a não incomum austeridade e humildade dos grandes gênios.

Assim como as obras de Michelângelo, também as sociedades têm dentro de si, muito antes de aflorar, as sementes da mudança. Os prenúncios, contudo, não são evidenciados à luz do dia. Muitos desses sinais vivem à sombra e são difíceis de perceber. Outros, entretanto, estão à flor da terra, a exemplo do esgotamento do atual modelo de consumo e da falta de consciência ambiental.

O assombro da humanidade frente à pandemia da Covid-19 é um desses fenômenos disruptivos com potencial para forjar uma nova era. Foi também disruptiva a Revolução Agrícola que antecedeu a Revolução Industrial e que nos trouxe à atual Sociedade do Conhecimento. De um primeiro ciclo de quase 10.000 anos para a superação da Sociedade Agrícola, tivemos um lapso de somente 400 anos para o surgimento da Era do Conhecimento, gestada a partir da Sociedade Industrial, e menos de 70 anos para a presente mudança, que antevemos com cores cada vez mais nítidas.

As novas e avançadas tecnologias deste novo milênio aceleraram a decadência da última onda, cujo tempo parece estar se esgotando. As características da velha ordem tais como o individualismo, a competição desenfreada, a ganância, a violência, a agressividade, a intolerância crescente diante do outro, a indiferença frente à brutal desigualdade social que fere a nossa dignidade, a omissão criminosa perante a degradação ambiental e a erosão gradual dos valores mais caros à boa convivência se debatem e ainda resistem ante a presença de uma força transformadora que não é mais possível negar, sob pena do nosso próprio desaparecimento.

Em contrapartida, o confronto de vida ou morte que confinou o mundo a esta inédita e assustadora quarentena, cujos impactos econômicos e sociais ainda são impossíveis de calcular, está antecipando o surgimento de uma nova sociedade, uma sociedade cujos valores terão que inapelavelmente confrontar o antigo paradigma: de uma visão individualista para um modo mais solidário, cooperativo e focado nos interesses do grupo; da competição desenfreada para a colaboração e valorização dos diferentes talentos; da ganância sem limites para maiores generosidade e desprendimento; da violência para uma defesa cada vez mais intransigente da paz; da agressividade para a formação de ambientes mais equilibrados e harmônicos; da intolerância crescente para maior compreensão e empatia; da indiferença a uma preocupação ativa para com os mais pobres; da omissão para um engajamento efetivo frente à destruição do nosso ecossistema e, finalmente, de uma erosão das nossas virtudes para a reinterpretação da boa convivência alicerçada nos valores humanitários de justiça, liberdade, solidariedade, honestidade e paz.

Os fundamentos de um mundo mais humanizado, contudo, dependem de um protagonismo indelegável de cada um de nós. Exercer a nossa cidadania em toda a sua plenitude e deixar o suposto conforto de nossa zona de conveniência para compreender e agir diante dos desafios deste novo mundo são elementos indispensáveis para a transformação em curso. A julgar pelas magníficas demonstrações de solidariedade, senso comunitário e empatia no combate à pandemia da Covid-19, há razões para que acreditemos num mundo melhor. Assim como o Renascimento brotou das sombras da Idade Média, do mesmo modo também poderemos estar renascendo para um novo e melhor tempo. A escolha está em nossas mãos.

02/04/2020

Simples, errado e perigoso

As ideias circulam pelo mundo. Algumas delas ganham densidade e se transformam em conhecimento; outras, em projetos que alteram realidades locais e, algumas poucas, alçam à condição de ideologias, capazes de mudar a vida em sociedade. Dentre estas últimas, existe uma especialmente perigosa, por se camuflar com uma aura de simplificação da realidade, mas que carrega sementes de indisfarçável autoritarismo e intolerância.

A visão descomplicada do mundo é muito atraente. Para problemas complexos, uma solução simples pode ser tentadora, mas geralmente está errada. Pessoas assoberbadas por um cotidiano estressante e incerto tendem a achar simpática uma saída que lhes exija menos tempo para compreensão. Desse modo, políticos que tragam uma solução mais simples, mesmo que equivocada, podem ter sucesso. Mas esse certamente não é o maior problema. Por detrás desse aparente despojamento, existe uma ameaça perigosa e que possui raízes históricas comprovadamente trágicas: o fascismo.

Para Jason Stanley, professor de Filosofia na Universidade de Yale, as ideias do fascismo estão latentes e, mesmo distantes da realidade econômica, social e política da Itália de Mussolini, ainda encontram eco nas ações e nos comportamentos de muitos governantes. Não é difícil identificar as práticas de cunho fascista, uma vez que essas possuem na política do nós contra eles o seu fio condutor, e compartilham alguns princípios em comum. Em conjunto, esses ideais se transformam em ameaça real aos pilares da democracia, como a liberdade de imprensa e de expressão, judiciário independente, eleições livres, etc. Talvez por esse falso apelo à simplicidade e ao discurso dissimulatório, a besta do fascismo ainda permaneça como uma sombra a pairar sobre nós, com a sua visão limitadora e preconceituosa do mundo.

É interessante notar que, ao abraçar uma mentalidade excludente e intolerante em relação ao outro, quase que naturalmente emerge um conjunto comum de características identitárias do totalitarismo. Dentre as vítimas, encontram-se as universidades e os intelectuais, justamente por significarem o oposto ao pensamento absolutista. Domar as ideias plurais e humanistas passa a ser um objetivo a ser perseguido por admiradores do pensamento único. Além disso, a recriação da narrativa de um passado mítico, ameaçado pelo globalismo e cosmopolitismo liberal, o uso da propaganda para atacar as instituições, a hierarquia como anteparo à luta pela igualdade e o nacionalismo autopiedoso, no qual existe uma suposta dívida pregressa a ser resgatada, sustentam parte importante do ideário ditatorial.

Stanley ainda descreve a noção de uma raça pura e de masculinidade patriarcal como pressupostos de uma idealizada preservação dos valores tradicionais da família. Mas não é somente isso. Dentro da ideologia fascista, existe desconfiança sobre o elevado grau de pluralismo das grandes cidades, e um apelo maior pela vida rural e seu *ethos* de autossuficiência. Ademais, a noção de minorias é encoberta pela ideia de competição do mais apto, com simpatia pelo darwinismo social, visão que constrange iniciativas socialmente inclusivas.

O canto da sereia dos discursos autoritários é real e afeta objetivamente a vida de milhões de pessoas pelo mundo. No momento em que desafios globais como a questão ambiental, a migração em massa de pessoas e a recuperação da economia pós-pandemia da Covid-19 reclamam por soluções integradas e colaborativas, o pensamento fascista converte-se em risco potencial. Identificando e combatendo as políticas opressivas, teremos condições de preservar e fortalecer o ideário democrático e afastar o risco do totalitarismo. Nesse sentido, a participação ativa na vida política do País não deve ser negligenciada, sob pena de ideias simples, erradas e perigosas virem a nos governar.

17/09/2020

Perigosamente distraídos

Uma mosca pousou na cabeça de Mike Pence, durante o debate entre os candidatos à Vice-Presidência americana, no último dia 07.10.2020. No dia seguinte, a despeito de outros assuntos colossalmente mais importantes, a imprensa concedeu generoso espaço ao acontecimento. O ocorrido revela que o olhar que dedicamos aos eventos pode estar sendo perigosamente distraído, com reflexos na compreensão da própria narrativa que molda a construção da história e na escolha de quem deve nos representar politicamente. Sim, há fatos bem mais pungentes, concretos e insidiosos do que insetos descuidados pousando em nossas cabeças.

Nossa jovem democracia amadurece aos poucos, incorporando em seu curso evolutivo as características peculiares da nossa sociedade. Para além do "homem cordial" que Sérgio Buarque de Holanda tratou no livro *Raízes do Brasil*, vivemos noutro contexto histórico, já com os efeitos da enorme transformação dos últimos 100 anos, migrando de uma sociedade agrária e patriarcal para uma realidade mais urbana e plural. Contudo, muito embora tenhamos avançado em termos econômicos e educacionais, é verdade que ainda convivemos com uma legião de analfabetos funcionais, incapazes de terem uma inserção plena de sua própria cidadania. São vítimas de uma condenável miséria intelectual que lhes subtrai a capacidade de uma participação política mais efetiva.

Os efeitos dessa incômoda miopia em relação à interpretação da vida nacional, traduzida em inação diante dos fatos ou a sua completa negação, têm provocado na sociedade brasileira um comportamento pendular, oscilando entre a indignação fugaz e o silêncio constrangedor. Os mesmos cidadãos que marchavam em nome de uma "nova política" e do apoio incondicional no combate à corrupção em 2013, hoje assistem silenciosos ao desmonte gradual da Lava-Jato, maior operação anticrime que o País já teve e símbolo de um momento no qual uma vigorosa expectativa por mudanças catalisou o sentimento de grande parte dos brasileiros por uma sociedade mais justa.

Essa mesma sociedade também parece entorpecida diante de algumas tragédias que assolam o País. A brutal realidade dos milhares de mortes violentas, a maioria delas impunes, a vulgarização da barbárie no trânsito, onde sucumbem inacreditáveis cerca de quarenta mil mortos por ano, e a corrupção criminosa em plena pandemia da Covid-19, conferem ainda maior espanto diante de um quadro já aterrador.

Mesmo sem tradição revolucionária, pelo menos não em grande escala, o Brasil quase sempre acomodou as suas contradições, dilemas e crises de forma engenhosa, para não dizer de conveniente conformismo, combinando uma complexa teia de interesses, que ao longo do tempo foi moldando a atual arquitetura patrimonialista de apropriação privada do Estado. Faltaram ao País, por certo, ciclos mais duradouros de fortalecimento institucional. Os atuais acontecimentos políticos, onde é visível o aumento da polarização extremada, tornam o ambiente ainda mais complexo para uma compreensão equilibrada da realidade. É inegável que uma democracia vibrante não pode prescindir de sólidas instituições, como também do envolvimento crescente e qualitativo dos cidadãos nos debates e nas escolhas políticas.

Com um quadro extremamente desafiador à frente, a ausência de criticidade e a falta de atenção naquilo que é essencial podem comprometer o nosso futuro. Nenhuma nação se desenvolveu sem uma participação política qualificada. A incapacidade de adequada compreensão dos fatos, a manipulação das massas, bem como a farsa e a mentira são ameaças reais presentes no tabuleiro político e eleitoral brasileiro. Sem investir de modo inteligente na formação de nossos jovens, qualificando-os e atraindo-os para uma sólida participação cívica, insetos impertinentes e outras banalidades continuarão a nos deixar perigosamente distraídos.

Déspotas enrustidos

A democracia apresenta sinais inquietantes de enfraquecimento. De acordo com o "Democracy Index", da revista *The Economist*, em 2017 menos de 5% da população mundial vivia sob regimes democráticos plenos. Em contraposição, cerca de 35% do planeta era governado por ditaduras. Steven Levitsky e Daniel Ziblatt, pesquisadores de Harvard, acreditam que o fenômeno dos ataques aos regimes democráticos sofreu uma sensível mudança, na qual o modelo do golpe militar ou da revolução perdeu o protagonismo, cedendo o lugar para uma escalada lenta e gradual contra o judiciário e a imprensa, além da erosão constante das normas políticas. Enfrentar esse quadro extremamente ameaçador pode significar a vida ou a morte da democracia tal qual a conhecemos.

Para o lendário primeiro-ministro britânico Winston Churchill, a democracia é a pior forma de governo, com exceção de todas as demais. A frase revela quão desafiador, e até certo ponto insondável, é o caminho democrático, e como a sua manutenção e fortalecimento dependem da combinação harmoniosa entre a institucionalidade formal e o conjunto de regras informais. Dentre os preceitos não escritos, encontra-se a crença de que os valores democráticos fazem sentido e que vale a pena lutar por eles. Passar no teste e receber o selo de uma democracia efetiva, contudo, não é uma missão qualquer. Isso ajuda a explicar o baixo número de países que ostentam essa condição, e a expressiva quantidade de nações que atuam com falhas em seus regimes democráticos.

Uma democracia plena necessita de um conjunto equilibrado de virtudes dinâmicas, a começar por manter um processo eleitoral com nível de justiça adequado, liberdade e pluralidade das eleições, um governo que funcione com honestidade e eficácia nas questões econômicas, e uma vigorosa participação política dos cidadãos, com destaque para o papel das liberdades civis. Sem que esses atributos estejam presentes, não há democracia de fato. Nesse sentido, a Constituição brasileira espelha bem os pressupostos democráticos: soberania, cidadania, dignidade da pessoa humana, valores sociais do trabalho e da livre iniciativa, além do pluralismo político.

Mesmo diante das declarações expressas na Constituição Federal em favor do Estado Democrático de Direito, há sinais alarmantes que precisam ser vigiados. O apelo autoritário é uma besta-fera enjaulada, cujas grades podem ruir, uma vez não sendo fortalecidas perpetuamente. Hoje, o Brasil encontra-se dividido politicamente, com o debate sendo polarizado entre dois extremos que se hostilizam, sem espaço para o contraditório e o diálogo. Nessa conversa entre surdos, sobram mentiras, preconceitos e agressões de toda ordem, e faltam bom-senso, equilíbrio e sabedoria. Impulsionada pelas mídias sociais, a indústria das chamadas *fake news* continua a manchar reputações e a espalhar inverdades.

Autocratas têm sido eleitos em todo o mundo e apresentam notável semelhança em suas práticas. De tempos em tempos, candidatos a ditador da hora aparecem, superando as barreiras das indicações dos seus partidos, convertendo-se em ameaças reais ao sistema democrático. No poder, esses políticos aparelham tribunais e outros órgãos de controle, confundem deliberadamente Governo com Estado, aplaudem a mídia que os adula e combatem a imprensa livre, reescrevendo as regras políticas para atacar os oponentes, agora transformados em inimigos.

Paradoxalmente, esses assassinos da democracia foram eleitos, mas, sutil e mesmo legalmente, usam as instituições democráticas para enfraquecer o próprio regime que as abriga. Os sinais são claros e estão sendo exibidos à luz do dia. O colapso da democracia, entretanto, não é irreversível, e o seu fortalecimento passa por reconhecer os ditadores travestidos de democratas e, democraticamente, construir barreiras institucionais cada vez mais sólidas para a contenção desses déspotas enrustidos.

05/11/2020

A última mentira

Nas crianças, a mentira constituiu-se, ao longo do tempo, em meio para escapar das punições ou obter alguma recompensa; nos adultos, assumiu a função de tornar as interações sociais mais fáceis e evitar as desavenças. Todavia, há mentiras e mentiras. Heródoto, já no século V a.C., escrevia relatos pouco críveis, imprecisos e até plagiários; Galileu Galilei mentiu para escapar de uma condenação por heresia, e o Apóstolo Pedro, possivelmente na negação mais clássica da história, desconheceu Cristo por três vezes. A mentira, infelizmente, não ficou no passado. De acordo com o "The Factor Checker", do jornal *The Washington Post*, o presidente americano Donald Trump falou ou escreveu, em média, 23 mentiras por dia, levando pouco mais de 1.200 dias para atingir a incrível marca de 20.000 declarações falsas ou enganosas. Por si só, esse seria um fato extraordinário, mas, considerando que o autor das inverdades estava sentado na cadeira mais poderosa do mundo, esse comportamento adquire contornos perigosos e inquietantes.

Ao perder a eleição para o democrata Joe Biden, Trump lançou a sua cartada mais ousada e irresponsável, colocando em dúvida o processo eleitoral do seu País, num ataque frontal ao coração do estado democrático de direito americano, alegando terem sido as eleições fraudadas sem apresentar uma única prova sequer. Com essa atitude insensata, mas coerente com a sua forma de governar, arriscou-se a dividir o seu próprio País, já extremamente polarizado, em favor de um projeto pessoal egocêntrico.

O avanço civilizacional é lento e irregular, sujeito a toda espécie de dificuldades e imprevistos. A construção da estrutura de poder dos modernos governos não foi uma obra isolada, mas um esforço histórico que compreendeu a necessidade de organizar a sociedade de forma que a coexistência entre as pessoas fosse possível. A figura do Contrato Social, edificada por nomes como Thomas Hobbes e Jean-Jacques Rousseau, finalmente teve, na tripartição dos poderes de Montesquieu, a garantia de certo equilíbrio contra pendores autoritários. Contudo, mesmo dispondo de instituições criadas para proteger os cidadãos do arbítrio, não há ainda barreiras contra o aparecimento de arrivistas inoportunos.

Nesse cenário, o surgimento e o fortalecimento das instituições democráticas foram decisivos para o mundo moderno. Criações abstratas em essência, essas arquiteturas engenhosas evitaram o esgarçamento das modernas sociedades, sendo responsáveis pela coesão social, porém num processo de permanente tensão. A democracia vive momentos difíceis, e as eleições americanas refletem essa ansiedade quando um personagem central assume posições em flagrante contraste com a verdade dos fatos, colocando em xeque uma democracia com mais de 200 anos de história. Em nome da volta para um suposto passado glorioso, Trump abraçou políticas protecionistas e agressivas, colocou o American First à frente do multilateralismo, construiu muros e ignorou pautas atreladas aos direitos civis, particularmente os vinculados às minorias. Além disso, rompeu com o Acordo de Paris, enfraquecendo a questão ambiental, e atacou a OMS no momento em que fracassava na condução da Covid-19.

Em questões centrais para o planeta, a agenda global demanda hoje uma visão mais colaborativa, muito longe da visão individualista que Trump defende. Clima, segurança e inteligência artificial, por exemplo, são temas que não podem ser tratados isoladamente. Governos nacionalistas e pouco cooperativos são uma ameaça à construção de soluções efetivas. Nesse contexto, a eleição de Joe Biden e Kamala Harris pode sinalizar um alento para o mundo, especialmente por sua maior capacidade de compreender que não há caminho fora das instituições, e que o negacionismo, o ódio, o extremismo e a desinformação são venenos contra qualquer democracia.

12/11/2020

O coro dos lúcidos e o rancor dos insensatos

O mundo tem enfrentado uma onda de negacionismo com repercussões muito graves sobre temas de elevada importância. São recuos extemporâneos e inadmissíveis, agora estimulados pelo instável ambiente da pandemia, que se revelou um terreno fértil para a proliferação desse abominável fenômeno. O comportamento antivacina, que permitiu a volta do sarampo, hoje também ameaça a efetividade do processo de combate à Covid-19. Essa espécie de balaio de teses esdrúxulas, muitas até inofensivas, outras patéticas, mas algumas extremamente perigosas, devem ser antes compreendidas em sua gênese, para que se mobilizem formas e esforços no sentido de combater implacavelmente esse flagelo. A lucidez e a ciência são as armas apropriadas contra esse comportamento que desassossega, ofende e intriga todos aqueles que lutam para preservar a sensatez e o equilíbrio, num momento tão difícil para a saúde e a preservação da vida das pessoas, em meio à maior crise sanitária deste século.

Negacionistas sempre existiram, mas foi a ascensão da moderna sociedade que permitiu detectar melhor as evidências de sua atuação, e identificá-los enquanto protagonistas do obscurantismo. A rejeição aos fatos e uma desconfiança quase mórbida em relação aos avanços científicos, sempre compuseram o repertório dos arautos do atraso. A revolta da vacina, ocorrida no Rio de Janeiro, em 1904, é ressuscitada mais de 100 anos depois, com matizes e razões ainda mais indesculpáveis do que àquela época. Chocante também foi e ainda é a negação do holocausto, onde o próprio senso de humanidade é gravemente abalado. Negar as consequências da degradação ambiental e ignorar todas as evidências em relação ao futuro do planeta é também obra desse pensamento nefasto, cujas convicções não são apenas um cárcere em si mesmo, mas uma ameaça concreta ao conjunto da sociedade.

Ao negar a realidade como maneira de confrontar os eventos desconfortáveis, ultrajando em muitos casos um conjunto enorme de evidências, revela-se bem mais do que uma visão cética do mundo. Essa busca por uma verdade conveniente ao seu universo particular, pode estar vinculada a alguma crença religiosa, autointeresse, ou simplesmente uma autodefesa contra determinado distúrbio psicológico. Mais preocupante, todavia, é a cegueira que estiver simplesmente reverberando a estupidez do indivíduo. Neste caso, a patologia adquire contornos de voluntarismo inconsequente, no qual a leitura inadequada da realidade deriva do desconhecimento da própria ignorância.

Esse desatino, dotado de pendores intolerantes, desprovido de uma visão factual clara, e impulsionado por rancores inconfessáveis, muitas vezes alimentados por um ódio difuso contra tudo e contra todos, faz emergir a figura do negacionista. Antes circunscrito a um espaço limitado para a propagação de suas convicções obtusas, hoje o largo espectro da Internet dá asas e turbina a torrente de bobagens proferidas pelos negacionistas aos quatro cantos do planeta, muitas vezes capturando a atenção de outros tantos incautos que se juntam para formar uma falsa narrativa, uma pseudoverdade que desafia a lógica, o conhecimento já consagrado e o bom-senso. Enquanto restrito ao terraplanismo ingênuo, pouco risco existe. O mesmo não se pode afirmar caso a negação da verdade adquira contornos políticos, buscando reescrever a história sob uma nova roupagem ideológica, a exemplo de alguns propósitos que sustentam a atual discussão sobre a vacina contra a Covid-19.

Somente com um permanente debate, enfrentando de modo vigoroso essa sistematizada ode à mentira, é que a verdade dos fatos será protegida e fortalecida. A evolução do conhecimento que nos trouxe até aqui sempre enfrentou percalços, muitos deles pagos com a própria vida de homens e mulheres, mas nenhum se afigurou tão insidioso e abrangente como essa tentativa negacionista de contestar e reescrever a história dos próprios fundamentos da ciência e do saber.

24/12/2020

Lições de um mau perdedor

O mundo assistiu estarrecido à invasão do Congresso americano por extremistas do Partido Republicano. O episódio, prontamente repudiado pelos países livres, afeta a imagem da democracia americana e acende uma luz amarela para todos aqueles que se preocupam com o futuro da democracia. A irresponsabilidade do Presidente dos Estados Unidos jogou, por algumas horas, a maior democracia do mundo no espanto, na instabilidade e na insegurança. Tanto a gestão de Donald Trump, sustentada no ataque sistemático às instituições, e baseada na estratégia política de mentiras em série, quanto o episódio do assalto ao Capitólio, denotam, com cores dramáticas, o perigo que um mau perdedor pode representar para as democracias do planeta.

Desde a posse, Trump já dava sinais de desrespeito às instituições, agia de forma autoritária e alimentava seus seguidores com uma narrativa na qual os adversários se converteram em inimigos, e as normas não escritas de tolerância, moderação e bom-senso foram crescentemente abandonadas. Desprezando as leis e a prudência e agindo de modo ególatra, o Presidente americano foi o responsável direto pela violação do Capitólio, ao incitar seus seguidores a não reconhecerem a derrota para Joe Biden, apesar de nenhuma corte ter-lhe dado guarida nessa insensata demanda. É possível, contudo, extrair lições valiosas do lamentável ocorrido no berço da maior democracia do mundo. Evidencia-se, em retrospectiva, que o desapreço pelas instituições, doses crescentes de intolerância racial, abandono das temáticas globais de preservação do meio ambiente e das políticas de apoio à diversidade, além de uma visão xenófoba, em oposição a maior abertura, integração e colaboração, transformaram o nacional populismo de Trump numa perigosa ameaça para uma agenda que se afigura cada vez mais dialógica, compreensivelmente mútua e culturalmente diversificada no encaminhamento dos grandes problemas que afligem a sociedade moderna.

No Brasil, existem sinais inquietantes e algumas semelhanças sombrias com o estilo adotado por Donald Trump. Vivemos uma crescente polarização política, cuja escalada está provocando uma cegueira ideológica em parte da população. Aumentam a intolerância, o sectarismo e a inflexibilidade, com o diálogo sendo substituído por ataques cada vez mais agressivos, de parte a parte. Estamos perigosamente nos dividindo, num mimetismo assustador com nosso "irmão do norte". Mesmo com uma matriz causal diferente em termos históricos, as zonas de convergência da agenda do atraso são suficientemente graves para que a sociedade fique em alerta. Antes de estimular a atual polarização entre os extremos do espectro político, devemos ser capazes de aproximar esses opostos, reconhecendo ser urgente a construção de uma agenda basilar compartilhada. Quando os preceitos da Constituição começam a ser pisoteados, é essencial que o sistema de freios e contrapesos seja reforçado, de sorte a aumentar a resistência da nossa ainda jovem democracia.

A cada ataque verbal sem moderação ao Supremo Tribunal Federal e ao Congresso brasileiros; cada vez que as autoridades silenciam ou são negligentes, quando deveriam se pronunciar em temas relevantes como saúde, educação, segurança e meio ambiente, e sempre que a ciência é negada por quem deveria defendê-la, avançamos rumo ao enfraquecimento das grades que protegem a nossa democracia. Nesse sentido, precisamos mais do que o legado clássico da separação dos poderes de Montesquieu. É essencial respeitar os acordos tácitos, as regras não escritas de respeito e boa convivência. Não podemos perder esses vínculos, esse modo razoável de conduzir a vida em sociedade. Fora dessa moldura harmonicamente civilizada, impera o medo e a insegurança, conforme foi possível ler nos semblantes tensos de americanos contra americanos, mostrando quão frágeis podem ser os laços de solidariedade social, e como é urgente estender os nossos horizontes em favor de maior entendimento e cooperação.

14/01/2021

Fogo contra fogo

A intolerância tem sido alimentada com fervor poucas vezes visto nas mídias sociais, nos debates políticos, na grande imprensa e junto a formadores de opinião. Há uma inegável tensão no ar. Como atributos comuns ao debate, a inexistência de empatia e compassividade, a inflexibilidade e o rancor. Subjaz a perigosa ideia de que somente com a supressão do oponente uma *nova verdade* será instaurada. Ambos os contendores, nos extremos do espectro político, se arvoram como porta-vozes dessa verdade singular, esse caminho idealizado como inexoravelmente único. Há, é preciso destacar, graves riscos matizados nesse processo. Uma das questões de vulto que se coloca para tratar desse fenômeno é se precisamos deixar claro que o incentivo à intolerância deva ser colocado fora da lei, da mesma forma como já consideramos delituosas a incitação ao assassinato, ao sequestro, ou qualquer apologia à discriminação sexual ou racial. Há urgência nisso. A escalada da intolerância avança rapidamente. Muitos, fanatizados, apelam inclusive para tons messiânicos, devotando a seus líderes uma fé quase religiosa, suprimindo o diálogo e fomentando a intransigência.

As religiões são guiadas pela fé, enquanto os estados modernos são seculares, há mais de duzentos anos. Essa é uma diferença fundamental que precisa ser bem compreendida. Não se faz boa política com os mesmos pressupostos que movem as religiões. A escalada dessa tensão dialética agressiva, nutrida por convicções extremadas, tem ocasionado o recrudescimento da intolerância entre ambos os polos em contenda. Esse fenômeno, não fosse da atual magnitude, talvez pudesse ser desprezado. Não é o caso. O poder de minorias raivosas, e a história mostra isso, geralmente está associado a rupturas, descontrole e violência. É a versão hobbesiana na prática, tendo como palco pessoas em confronto por não poderem dar vazão a suas inquietudes políticas e existenciais sem recorrer à truculência, a ameaças, à eliminação dos contrários.

Nesse caldeirão sectário, surgem discursos e narrativas que agridem e afrontam a democracia, atacam as instituições e não se constrangem em flertar com a tirania. Diante disso, parece inevitável indagar até que ponto uma sociedade que escolhe ser tolerante deve ser condescendente com a intolerância. Devemos aceitar, em nome de uma suposta defesa da liberdade, que agressões à própria liberdade permaneçam impunes? Podemos ter uma minoria intolerante com poder para controlar e até destruir a democracia? Em caso positivo, precisamos ser mais do que intolerantes com algumas minorias intolerantes? A resposta não é simples. É quase impossível, entretanto, evitar uma batalha que seu inimigo queira a qualquer custo. Nesse caso, os valores democráticos, estrito senso, com seus princípios de tolerância e abertura, hipoteticamente estariam em desvantagem para tratar com o fundamentalismo ideológico, uma vez que não se admita a possibilidade concreta e objetiva de enfrentamento. É necessário enaltecer a feição humanista da democracia, mas não ao preço de torná-la claudicante por omissão e incúria.

Numa abordagem permissiva, a tolerância ilimitada leva ao desaparecimento da própria tolerância. Se estendermos a tolerância ilimitada, mesmo para aqueles que são intolerantes, e se não estamos preparados para defender uma sociedade tolerante contra o ataque dos intolerantes, então os tolerantes serão destruídos, como bem lembrava Karl Popper. Não temos figuras como Cristo, Buda ou Maomé a nos conduzir. Temos homens, muitos deles limitados, que somente conseguem avançar por intermédio de cooperação e diálogo. Pessoas comuns, fazendo coisas incomuns, em conjunto. Se cada época é salva por um pequeno punhado de homens que têm coragem de não serem atuais, conforme proclamava G.K. Chesterton, é também verdade que confrontar a intolerância, assumindo o desafio de suprimi-la, não deixa de ser uma missão atemporal, portanto sempre atual, permanente, e muitas vezes impostergável.

01/04/2021

Sem atalhos

Em tempos turbulentos como agora, emergem em considerável número aqueles que não se acanham em defender atalhos institucionais, medidas de exceção e outros comportamentos em choque direto com o Estado Democrático de Direito. Por trás desse fenômeno, não apenas é possível observar um entendimento falho dos delicados mecanismos que sustentam essa notável construção humana que são as instituições democráticas, mas também uma alta dose de intolerância, sectarismo e truculência, compondo um quadro inquietante. Esse estado de coisas não ameaça somente a democracia, mas afeta outras áreas da vida social, como a saúde, por exemplo. Durante a pandemia que assola o mundo, a ignorância tem impulsionado a negação da ciência, o uso indiscriminado de remédios sem efeito e levantado suspeitas infundadas sobre a eficácia das vacinas, abrindo espaço para o obscurantismo, em pleno alvorecer do terceiro milênio.

É preciso tato e cuidado para tratar da ignorância alheia. Incapazes muitas vezes de reconhecermos nossas próprias falhas, tendemos a postular virtudes devidas ao troco de rigor excessivo para com terceiros. Feito o reparo, não é descabido afirmar que a ignorância age em desfavor do desenvolvimento harmônico de qualquer empreendimento humano. Isso é tanto mais verdadeiro quanto menos sólidas e mais ambíguas se tornam as relações sociais, políticas e econômicas. É difícil avançar quando a estreiteza cerca a nossa visão e impede que tenhamos uma ideia clara dos fatos. Fala-se aqui mais do que somente do desconhecimento do saber básico, de uma matemática simples, de um *gap* de competências elementares, mas de lacunas comportamentais, de um saber ser, saber agir e se comportar, de uma capacidade emocional adequada e equilibrada, de uma inserção correta no mundo a partir de pressupostos universalmente consagrados. Se, individualmente, o impacto da ignorância é preocupante, quando expandido para uma fatia considerável da população, pode converter-se em enorme risco coletivo.

Do ponto de vista democrático e do debate que compõe as narrativas, sejam elas do espectro político que forem, o peso do voto de um ignorante, nos termos aqui tratados, tem o mesmo peso de um letrado. O Brasil carrega essa lacuna histórica, essa constrangedora herança de contar com milhões de indigentes intelectuais, massa de manobra, de manipulação, e, sem que lhes possamos atribuir dolo ou má-fé, empobrecem as possibilidades de avanços, debilitam o debate de ideias e são joguetes nas mãos de políticas e políticos inescrupulosos. Estamos reféns de uma realidade que inadiavelmente precisa ser transformada. Para isso, não existem atalhos. Consciência política e cidadã andam de mãos dadas com maior educação formal, de base, universal, de alta qualidade, com padrões de excelência que já foram capazes de reconfigurar a realidade de muitos países, a exemplo de Coreia do Sul, Singapura, Nova Zelândia e tantos outros, nos quais a educação passou a ser prioridade de Estado.

Um projeto educacional consistente é missão indelegável de qualquer nação que se imagine moderna. Enquanto esse enfrentamento contra a ignorância não ocorrer, adiaremos o nosso encontro com o pleno desenvolvimento, uma vez ser impossível imaginar um país próspero com milhões de cidadãos que mal escrevem o próprio nome, vivendo em completa alienação, que lhe solapa a dignidade de uma cidadania plena. Uma democracia vibrante, ao contrário, se fortalece pelo enriquecimento intelectual dos seus protagonistas, pela intensidade dialética com que contrários se defrontam, mediados e amparados pela razão e pelo conhecimento, em oposição à escuridão que as más políticas reservaram a milhões de brasileiros, alijados de uma justa e necessária emancipação pela educação. É urgente e sem atalhos a imperiosa decisão de colocar o Brasil em linha com as melhores estratégias educacionais do planeta, sob pena de continuarmos a adiar indefinidamente o nosso futuro, com a injustificável complacência de nossas lideranças.

08/04/2021

Inegociável

Há poucos meses, quando das últimas eleições americanas, o mundo assistiu com espanto à invasão do Capitólio, ápice de uma escalada retórica da gestão de Donald Trump, ao incitar seus eleitores contra o resultado das urnas. Hoje, há notáveis semelhanças entre aquele episódio e o discurso adotado aqui por alguns defensores do voto impresso. Mesmo sem tradição revolucionária, pelo menos não em grande escala, o Brasil quase sempre acomodou as suas contradições, dilemas e crises de forma pacífica, numa engenhosa combinação de interesses que, ao longo do tempo, foi moldando a arquitetura patrimonialista de apropriação privada do Estado. Quase tudo sempre se arranjou de modo que determinadas mudanças fossem refreadas, mesmo ao preço de contínuo sangramento do erário, senão de corrupção endêmica. Parte da nossa aviltante desigualdade social deriva dessa incapacidade de reformar a estrutura do Estado, historicamente paquidérmico e ineficiente. Faltaram ao País, por certo, períodos mais duradouros de fortalecimento institucional. Desde a República, o presente ciclo é o mais longevo a garantir estabilidade democrática ao País. A partir da redemocratização, o Brasil passou a contar com eleições livres, sugerindo que o tempo e a prática de contínuos pleitos se encarregariam de tornar cada vez mais robusta a nossa democracia. Muito embora tenhamos tido, desde então, o impedimento de dois Presidentes da República, não é descabido afirmar que avançamos nos principais fundamentos democráticos. Nunca, porém, houve nada parecido com o atual estado de beligerância, no qual os contendores polarizam e antagonizam-se, dentro de um ambiente de crescente intransigência. O diálogo vem sendo suprimido e as próprias eleições têm sido ameaçadas por nossa principal autoridade pública.

Prever o futuro nunca foi uma tarefa fácil, mas a missão se torna menos árdua quando sobram evidências de que algo possa acontecer. Há previsões simples, quando, por exemplo, olhamos para céu coberto por nuvens escuras e deduzimos que pode chover. Existem, porém, antevisões mais complexas, especialmente aquelas decorrentes do comportamento humano, geralmente eivado de contradições. É nesse último diapasão que se percebem rumores cada vez maiores de que teremos problemas graves nas próximas eleições. O assunto do momento são as urnas eletrônicas, que, de exemplo de eficácia para o mundo, passaram a ser questionadas pelo atual Chefe do Executivo Federal. O histórico da atual polarização que cindiu o País nutre-se da combinação crescentemente irreconciliável de fatos e declarações, feito a crônica de uma tragédia anunciada. Como chegamos a esse quadro? Como foi possível um desacordo tão profundo a ponto de ameaçar a própria estabilidade de nossas instituições, numa perspectiva sombria na qual sobram, de parte a parte, ameaças, rancores, mentiras e um ódio visceral que alimenta narrativas de violência, supressão dos contrários e eliminação do diálogo como elemento de contenção e conciliação? Compreender essa conjuntura pode iluminar um pouco melhor o campo das alternativas para que a exacerbação do sectarismo e da intolerância não mergulhem o Brasil no caos e na violência, ou num *vale-tudo*, conforme preconizou, há poucos dias, o atual Presidente da República, protagonista maior da presente controvérsia.

Em momentos como este, o essencial deve ser defendido e preservado, e não pode haver dúvida de que o Estado Democrático de Direito deve ser inegociável. Depois de tantos anos de fortalecimento institucional, qualquer recuo cobraria do País um preço demasiado alto, quer em termos políticos, quer ainda no desassossego da vida nacional e repercussões ainda difíceis de avaliar nos campos econômico e diplomático. O voto é a alma da democracia e sustentáculo do modelo que permite ao povo exercer o seu poder de forma livre e soberana. Mesmo o mais agudo desacordo não pode colocar em risco as eleições de 2022, e para que isso seja garantido, a omissão não deve ser uma opção diante da atual polêmica.

15/07/2021

Luzes, por favor!

Em livro ainda a ser lançado, Carol Leonnig e Philip Rucker, repórteres do jornal *The Washington Post*, revelam de que forma militares americanos discutiram planos para neutralizar uma eventual atitude golpista do Ex-Presidente Donald Trump, logo após este ter promovido mudanças em posições estratégicas do Governo, depois da vitória de Joe Biden. Essa ação preventiva das Forças Armadas Americanas, agora reveladas, não surpreendem tanto quanto ratificam que o perfil autoritário de Trump, e suas reiteradas posições de vítima, mentiroso contumaz e "salvador da pátria", sempre sinalizaram um risco real e iminente à maior democracia do mundo. A propósito desse tema emergente, outros estudiosos também se debruçam sobre o atual fenômeno de aumento da polarização, intolerância e escalada retórica autoritária em várias partes do mundo. Nesse sentido, um dos mais destacados autores a analisar o processo do avanço dos riscos às democracias no mundo, Steven Levitsky, de Harvard, afirma que não é necessária nenhuma violência prévia para determinar ou sinalizar a iminência de uma ruptura institucional: basta observar o discurso e algumas ações de quem está no poder. Existe notável semelhança entre as narrativas golpistas.

Nessa linha, um sinal vermelho clássico, por exemplo, é qualquer discurso sobre possíveis fraudes no sistema eleitoral, quando, obviamente, não as houver. Se determinado país detém um processo eleitoral tradicionalmente confiável, em que qualquer especialista, doméstico ou estrangeiro, sabe que o sistema é íntegro, ataques infundados e intempestivos denotam a tentativa de enfraquecimento do processo, configurando-se em ameaça concreta à democracia, assegura Levitsky. A busca pelo controle ou sistemáticas ofensas ao sistema judiciário, bem como a incitação à violência, também fazem parte do arsenal autoritário, e juntamente com eventual aparelhamento das Forças Armadas, compõem o perigoso mosaico de comportamentos golpistas, mas não se encerram apenas nisso. Há outros elementos singulares ligados às personalidades envolvidas, maturidade das instituições e engajamento político da população, que também não devem ser menosprezados.

Esse alerta de especialistas quanto ao enfraquecimento das grades que protegem as democracias no mundo ocorre no epicentro da mais dramática transformação social e de costumes pós-Revolução Industrial, fortemente influenciada pelo paradigma digital, e de uma sociedade cada vez mais instável, ou líquida, conforme as palavras de Zygmunt Bauman. Faz sentido, assim, buscar compreender que espécie de contraponto estrutural pode ser avocado para salvaguardar as democracias sob risco e, mais do que isso, imaginar que seja possível engendrar justamente o seu oposto, maior robustez à participação e envolvimento populares, dentro de uma perspectiva mais inclusiva e institucionalmente fortalecida. Para Steven Pinker, professor de Harvard, a resposta pode estar na defesa da razão, da ciência e do humanismo, naquilo que ele denomina de "novo iluminismo".

A propósito, a comemoração em 14 de julho, da Queda da Bastilha, nos remete à urgente necessidade do resgate e atualização, até mesmo uma defesa entusiasmada, dos preceitos que iluminaram o mundo em 1789. Hoje, parte dos nossos problemas políticos, sociais e econômicos derivam, em grande medida, de um indesejável afastamento das luzes e dos ideais que forjaram uma noção de crenças e valores humanistas, dentro de uma sociedade aberta, inclusiva e liberal. À espreita, às sombras, brotaram líderes, e o presente reafirma isso, que enxergam nos infortúnios da modernidade palco ideal para projetos personalistas, intolerantes e autoritários, numa completa inversão do que Rousseau, Voltaire, Montesquieu e tantos outros ousaram sonhar. Para que as luzes perdurem, verdades antigas devem conservar seu lugar nas mentes dos homens, e reafirmadas na linguagem e nos conceitos das sucessivas gerações, assinalou Friedrich Hayek, inspirando-nos, ainda hoje, a não abandonarmos essa missão.

22/07/2021

Besta à espreita

Na Grécia antiga, no início do período clássico, os Eupátridas detinham plenos poderes, criando as leis, executando e julgando, no que hoje seria um regime autoritário nos moldes da Coreia do Norte, mas em contexto histórico completamente diferente, o que torna o regime de Kim Jong-un tão bizarro quanto extemporâneo. As lideranças gregas, diante de grave tensão social reinante à época, optaram por escolher, dentre os seus sete homens mais sábios, aquele que teria a missão de promover as reformas e leis necessárias para a volta da paz e da normalidade. O escolhido, Sólon, 594 a.C, implementou várias mudanças estruturais e de alto impacto, entre elas o fim da escravidão por dívidas, o perdão dos débitos dos escravos, a limitação do tamanho das propriedades e a extinção de privilégios por classe social. Essas mudanças acabaram por prenunciar o surgimento da democracia, que viria a emergir com Clístenes, por volta de 508 a.C, sem blindar, contudo, a sociedade ateniense das recorrentes crises e tensões sociais, comprovadamente um convite a pendores autoritários, conforme Maquiavel, bem mais tarde, viria a confirmar.

Mesmo o passar do tempo e todo o amadurecimento das eternas idas e vindas das formas de governos experimentadas mundo afora, ainda não é possível dizer que estamos livres das ameaças totalitárias. Os vícios, as paixões e os defeitos humanos que atribulavam o caminho dos precursores da democracia na Grécia antiga ainda permanecem muito vivos. Esse *continuum* tormentoso, temperado por períodos de transformações econômicas, sociais e filosóficas, permite um sobrevoo retrospectivo em busca de pistas que iluminem melhor a nossa compreensão histórica dos eventos. De fato, é manifesto reconhecer que o progresso da sociedade, do iluminismo, das Revoluções Industrial e Francesa, dentre outros, influenciaram de maneira decisiva a moldura contemporânea, tanto no que se refere à formatação geopolítica do planeta, quanto dos impactos político-sociológicos decorrentes desse desenrolar da história.

Mas não é apenas isso. Hoje, falar em democracia requer também um novo olhar, especialmente diante do recente paradigma, no qual a instabilidade extrema mexeu com todo o quadro, o que reclama uma permanente interpretação dos elementos e análise da integração dos sistemas sociais. A globalização não tornou apenas o mundo menor, mas afetou profundamente o comportamento das pessoas, além de tecer uma cadeia de integração econômica que torna os diversos interesses difusos e interdependentes, carentes de estabilidade, ao tempo em que convivem, mesmo que a contragosto, com a sempre presente sombra totalitária. Há notável contraste entre o avanço econômico e o anacronismo político. Dessa forma, é quase impossível, atualmente, compreender ou atuar efetivamente no processo de mudança política sem reconhecer o papel da sociologia e das novas premissas que regem o ecossistema político moderno. Isso, por vezes, tem escapado aos que intentam manejar a ciência política com os mesmos instrumentos da Grécia antiga, ou de Florença, do início do século XVI.

A tentação em encurtar caminhos, solapando preceitos institucionais, além do uso de estratégias antidemocráticas plasmadas no tempo, tem se agravado na vida nacional. Estão sendo recorrentes ataques às instituições, insinuações acerca da não realização das eleições em 2022, e outras ações que afrontam os preceitos mais caros a uma verdadeira democracia. Mesmo valendo-se de enredos já conhecidos, os riscos autoritários não devem ser menosprezados, pois, conjugados com um alto grau de imaturidade política de parte da população, ignorância ou suscetibilidade a apelos populistas, podem despertar a besta totalitária. Diferente de Atenas, não dispomos dos poderes de Sólon para fazermos as mudanças que o Brasil requer, mas de um trabalho que se requer orgânico e disciplinado, alinhado aos preceitos constitucionais e longe de qualquer aventura que ameace o futuro de nossa ainda jovem democracia.

05/08/2021

Os discursos "mal-ditos" e a democracia

Na Roma antiga, com os poderes de tribuno, e a um giro do polegar, o imperador podia punir com a morte, sem juízo prévio, qualquer pessoa que não cumprisse com seus deveres. Muitos séculos depois, na França, Luís XIV também decidia sobre a vida e o futuro de súditos, cidadãos comuns ou até mesmo membros da própria Corte sem nenhuma cerimônia ou freio legal. Não eram necessárias muitas palavras para se obter o convencimento ou a concordância de terceiros submissos. O tempo passou e o absolutismo ficou para trás. O surgimento do Estado Moderno, baseado na repartição de poderes de Montesquieu, moderou a ação do governante de plantão e permitiu que as decisões mais extremadas fossem mitigadas por ponderação legal, ou seja, a Lei passou a superar os arroubos, os desejos ou caprichos pessoais dos detentores de poder. A força argumentativa, na imbrincada teia de relacionamentos que permite que se governe, adquiria maior relevo, e junto consigo, como sempre na história, também emerge o falseamento da realidade. Começava, de forma ainda incipiente, a hoje famigerada indústria das *fake news*.

A comunicação, nos dias atuais, especialmente com o advento das mídias sociais, em todas as instâncias, se encontra muito mais fragmentada, difusa e polifônica. Artur Roman, Doutor em Comunicação pela USP, criou uma forma original para caracterizar os vários discursos que são comuns às organizações. Há, segundo o autor, a comunicação *bem-dita*, *não-dita* e *mal-dita*, todas presentes e intercambiantes no processo comunicacional, sinalizando o tipo de relações que se estabelecem a partir dessa estrutura.

As piadas, bobagens, brincadeiras, *sacanagens*, fofocas, boatos e rumores compartilhados pelos funcionários no ambiente de trabalho são os discursos *mal-ditos*, produzidos na clandestinidade, desautorizados, não oficiais, inconsequentes e irresponsáveis. Aparecem normalmente nas chamadas *radiocorredor*, *radiopeão* e *radiocafezinho*, enfim, nas redes sociais presenciais e, especialmente, nas virtuais. Trazem uma *sub-versão* da realidade. Não têm compromisso com a exatidão dos fatos e com a verdade, portanto não são confiáveis.

Em ambientes corporativos, a boa interlocução é um pré-requisito essencial para que a gestão flua a contento. Quando expandida para a comunicação às massas, comum a governantes, uma comunicação efetiva se torna ainda mais crítica, seja ela feita em cima de um palanque, na grande mídia ou nas redes sociais. A tipologia proposta por Roman não se circunscreve, portanto, apenas ao mundo corporativo, mas pode ser observada com até mais evidência na vida política. Discursos *mal-ditos*, sendo inconsequentes e irresponsáveis, ameaçam a própria estabilidade democrática, como observado hoje no Brasil. O contorcionismo retórico, estando em desserviço à verdade, além de ferir a ética, cria uma *sub-versão* da realidade, abre flancos de oposição mundo afora, afeta nossas relações comerciais e enfraquece a vida institucional. As fofocas, os boatos, os rumores compartilhados até podem ser mitigados enquanto restritos a ambientes corporativos, mas tornam-se insidiosos quando nutrem sistemáticos ataques à imprensa, defendem posturas antivacina e anti-isolamento na condução da atual pandemia e, sistematicamente, agridem o Estado Democrático de Direito.

Seria cômodo se pudéssemos tributar tais desatinos verbais a simples descuidos. Entretanto, mesmo a *Navalha de Hanlon* sugerindo que não devemos tributar à malícia aquilo que pode ser explicado mais adequadamente pela burrice, é adequado termos cautela na assertiva desse antigo epônimo. Reconhecer a força das palavras e atentar para seu uso de forma ética e responsável deve ser tarefa de todos. Discursos *mal-ditos* continuarão a existir, mas identificá-los é a primeira tarefa para quem, verdadeiramente, objetive absorver das palavras toda a sua força, toda a sua exatidão e toda a sua grandeza, em especial quando discursos *mal-ditos* assombram o futuro da própria democracia.

26/08/2021

Sob o jugo de si mesmo

A palavra, o conceito e o tema *liberdade* tem ganhado corpo nas discussões que permeiam o debate político atual. Falar em liberdade sempre foi atraente e necessário, e não é de agora que filósofos, intelectuais e curiosos se debruçam sobre o tema, enquanto assomam declarações contraditórias acerca do que verdadeiramente significa ser livre. Tomado de forma descuidada, existe o perigo de encapsular o sentido do vocábulo numa visão egocêntrica, quando, de fato, não existe liberdade sem considerar o outro, a coletividade e o próprio contexto. Ser livre, assim, mais do que poder dizer ou fazer algo, é reconhecer os próprios limites que o conceito encerra, o que justifica e reconhece que exercer a liberdade é trabalhoso, e defendê-la, em tempos de polarização e sectarismo crescentes, além de trabalhoso, é imperioso. Também não é pertinente falar sobre liberdade sem lembrar que o seu oposto, a tirania, não apenas continua à espreita, como possui um apelo improvável junto àqueles que julgam por demais custoso assumir o destino de suas vidas. Não é surpresa, nesse caso, que a servidão voluntária, originalmente descrita pelo francês Ètienne De La Boétie, em meados do século XVI, como sendo a entrega da nossa autonomia para o controle de outrem, ainda reverbere entre nós, com uma atualidade atordoante.

Por que ainda é necessário que defendamos a liberdade, sendo ela um valor universal que já deveria estar consagrado? O que nos seduz em obedecer? Por que poucos governam milhões e aceitamos bovinamente que nossos destinos sejam decididos muito longe dos nossos olhos e ouvidos? Essas foram e são questões que mantiveram o seu frescor no tempo, embora não vivamos mais sob regimes totalitários, pelo menos, não considerando as eras que precederam o surgimento dos estados modernos. Contudo, a transformação das algemas físicas em digitais, nossas "gaiolas douradas" do consumismo contemporâneo, impõe o mesmo desafio a todos: assumir a autonomia de decidir por nós mesmos. Abrir mão da liberdade, deixar que outros nos governem, sentir conforto na servidão e até prazer na submissão não se explicam, contudo, simplesmente pelo uso da força, pela tradição, pelo hábito, pela religião ou cadeia de poderes. Há um outro decisivo e paradoxal elemento: nossa própria autocondescendência para com a servidão. A angústia da liberdade assusta e leva muitos a amansarem a sua rebeldia na certeza de que um único senhor, seja o Estado ou um tirano qualquer, possa aplacar esse desconforto existencial. Essa fraqueza humana sempre existiu, especialmente na política, conforme a história revela quando Ulisses proclama aos gregos em Troia: "Não é bom ter vários senhores! Um só seja o Senhor! Um só seja o Rei!".

A reflexão sobre os limites da liberdade e os riscos da tirania talvez fosse desnecessária, não estivéssemos presos à nossa própria natureza servil, conjugada com desejos por maior poder de quem já o usufrui. Considerando isso, o perigo da servidão voluntária é escamotear um amor inconfesso pela tirania, o que pavimenta e facilita eventuais sonhos totalitários, mesmo que intempestivos. A tirania se nutre de uma sociedade amorfa, inerte, de cidadãos alienados, indiferentes e acríticos, convertidos em inimigos potenciais de si mesmos. Se as formas do exercício do poder mudaram ao longo do tempo, foi graças ao engenho humano, que, a partir das instituições, conseguiu proteger um acordo social possível, por isso mesmo frágil. Não há garantias perenes, a não ser nossa própria vigilância. A servidão voluntária é a "Síndrome de Estocolmo" social que mais nos ameaça, pois não apenas ignora, como até flerta com o inimigo. A passividade com que hoje cidadãos modernos contemplam discursos autoritários, muitos proferidos por falsos democratas, não apenas avilta a condição de sujeitos que nos cabe na história, mas potencializa, senão incentiva, pendores autoritários latentes, sempre atentos aos impulsos autossabotadores que sugestionam as nossas vontades.

30/09/2021

Os novos cruzados do obscurantismo

O avanço civilizatório não é obra do acaso, mas de uma tensão constante entre o passado e o futuro, mediado pela ação humana. Nessa confrontação perpétua, muitos ficam à margem, alheios ao desenrolar da história, ordinariamente por falta de capacidade, até mesmo cognitiva, para capturar, processar e agir em relação aos fatos. Alguns, mais aquinhoados pela fortuna ou pela virtude, fazem escolhas, ponderam e, em alguns casos, agem. É dessa colisão entre o antigo e o novo, através da superação eterna de paradigmas e do esforço laborioso, que inéditas soluções emergem, que costumes mudam e se adaptam, e leis são criadas para espelhar esse novo espaço de convivência em comum; afinal, estamos falando de vida comunitária, de vida em sociedade. Poucas vezes, contudo, enfrentamos um desafio tão profundo em termos de mudanças culturais, demográficas e ambientais como hoje. Há um choque dramático e revelador, impulsionado pela maior revolução tecnológica da história, e que contrasta com um homem ainda acometido pelas sombras de sua caverna ancestral, frente a uma realidade virtual grandemente incompreendida. A nova arena dos gladiadores virtuais se encontra em construção, e suas bases estão sendo estabelecidas não da forma tradicional, mas pela força das palavras, *on-line*, em redes, na grande aldeia cibernética. O parto do futuro, portanto, é verbo proclamado, cuja tecitura traz a campo o melhor e o pior de todos nós, à velocidade da luz.

Nesse embate febril, deparamo-nos com a atualíssima cultura do cancelamento, fenômeno global e que expressa uma renovada feição do politicamente correto, ou incorreto, dependendo do ângulo de análise, ambas externalizando as pautas de conservadores e progressistas, que se encontram em acirrada contenda pela primazia da agenda cultural. Temas como gênero, raça e respeito à diversidade de forma geral, passaram a ser tratados como universais, moldando, até certo ponto, legislações e comportamentos mundo afora. Exemplo manifesto e que espelha o poder do *mainstream* cultural progressista, foi o afastamento do jogador Maurício Souza, do Minas Tênis Clube, após declarações consideradas homofóbicas em sua rede social. A esquerda, no que se refere especificamente à condução dessa agenda dita, em tom crítico pela direita, globalista, tem conseguido obter um consenso mais amplo, e se apropriado melhor do tema, especialmente junto à grande mídia, mas não apenas nela. Como esperado, o Judiciário tem repercutido esse novo olhar para as questões globais, criando uma jurisprudência cada vez mais rigorosa contra o preconceito, em seus variados matizes. Além disso, um tratamento mais duro diante do ataque às instituições e a defesa do Estado de Direito também parecem ter adquirido um novo *status*, especialmente após as manifestações do último dia 7 de setembro. Nesse sentido, o questionamento à legitimidade das eleições e outros que afrontam a democracia passam a sofrer uma vigilância mais severa. A matéria ganha mais atualidade e força com a decisão do STJ de incluir as publicações das mídias sociais para efeito de produção de prova no uso de *fake news* nas eleições do ano que vem. O grande teste, sem dúvida, será o início da campanha de 2022.

Com as redes sociais passando por um escrutínio mais rigoroso, os conservadores que tiveram grande parte de sua agenda sequestrada pelo extremismo dos novos cruzados obscurantistas, terão que reinventar seu processo de comunicação. O uso do ódio, de notícias falsas e de teorias da conspiração como estratégia política, muito embora gerem engajamento, afrontam a lei e devem ser combatidos. Esse perverso incentivo para profanar a verdade precisa ser superado pela recuperação dos ideais liberais, do respeito aos direitos humanos, da autodeterminação do indivíduo, e do direito à liberdade, situação que recolocaria a legítima direita liberal em condições de reequilibrar o necessário debate com a esquerda, muito acima da atual polarização sectária e contraproducente a que assistimos atualmente.

04/11/2021

Bolhas

O conhecido fenômeno das bolhas na Internet retrata bem a forte tendência de fugirmos do confronto, especialmente de ideias. É mais cômodo dialogar com quem pensa parecido conosco, sobretudo quando os assuntos são os tradicionalmente mais sensíveis, como moralidade, política e religião. Mas por que as pessoas são segregadas por esses assuntos, a ponto de cancelarem amizades e buscarem o conforto de ouvir somente o eco de suas próprias vozes? Jonathan Haidt, instigado por essa questão, embrenhou-se num trabalho de fôlego e muito talento, escrevendo *A Mente Moralista*, uma obra que, na crítica do *The New York Times Books Rewiew*, é um marco na contribuição da compreensão da humanidade. O assunto ganha destaque e atualidade devido ao crescente clima de polarização política no mundo. Os conceitos *esquerda* e *direita*, mesmo cada vez menos capazes de agasalhar os matizes das preferências, usos e costumes modernos, ainda são uma forma aceita para delimitar, pelos menos em suas características mais pronunciadas, de que lado do espectro político nos situamos. Nesse contexto, a psicologia moral é a responsável por deslindar os meandros dos comportamentos hoje observados, dos conflitos, da eterna segregação e da necessária cooperação para superar e criar um acordo possível. Haidt assinala, de modo inovador, que os julgamentos morais não surgem da razão, mas das emoções, e essa conclusão nos permite entender um pouco melhor dos motivos para que tantas tensões, hoje grandemente espelhadas nas redes sociais, exacerbem os traços de incompreensão e intolerância de forma quase insuportável.

O apelo por mais pluralidade, seja de pensamentos, formas de relacionamento e interações pessoais, apesar de pertinente, não tem recebido a aceitação que deveria. Há uma nítida preferência, nos momentos em que a polêmica se instala, em buscar refúgio num dos extremos em disputa, geralmente atribuindo aos que pregam mais parcimônia e diálogo alcunhas pouco lisonjeiras, comumente associadas a indecisão, ingenuidade e até indolência. Em tempos de intolerância acentuada, parece que colocar *panos quentes* deixou de ser uma virtude de contenção e equilíbrio. Essa preferência pelo belicoso, pelo choque e pela defrontação, muitas vezes ostensiva, não deve ser um destino inevitável, nem fazer capitular o nobre interesse em trazer elementos de dissuasão aos ânimos mais exaltados em favor do diálogo e da empatia.

Um caminho para um acordo possível, com a distensão progressiva das índoles em choque, é jogar luzes sobre o tema, trazê-lo ao palco e não escamoteá-lo. É preciso destrinchar seus elementos constitutivos. É necessário também abrir a caixa de pandora da intolerância, esmiuçá-la, dissecá-la, até que emerja um quadro mais promissor, mesmo que ainda incompleto. Para Haidt, a solução é alargar aquilo que ele denomina de alicerces morais, expandindo o paladar, ampliando os níveis de compreensão pelo enriquecimento de nossas papilas gustativas morais. Há, é fato, bem mais cores e nuances nos comportamentos morais do que podemos supor. Convém lembrar que, expandindo a análise para além do dano e da justiça, com o acréscimo de uma abordagem pluralista, nossa capacidade de interação empática tende a encorpar-se, aprimorando nossos julgamentos morais e trazendo-nos para uma zona de compreensão e tolerância que nos afaste das franjas radicais. Apesar de atraentes por sua simplicidade, os extremos do espectro político pouco contribuem para o enriquecimento do debate e a construção cooperativa de entendimento e acordo. Ao contrário, a segregação em bolhas autossuficientes sedimenta o rancor, o ressentimento e a intolerância, uma vez desprovida do combate dialético, do contraditório e do pensamento alternativo. Uma sociedade justa não será edificada sobre princípios e critérios intolerantes. Ampliar o nosso repertório moral, incorporando uma visão mais humanizada e generosa dos outros, pode ser um bom começo para que não padeçamos enclausurados em nossas bolhas existenciais.

24/02/2022

Siameses

Na Revolução Francesa de 1789, durante as assembleias, os delegados que defendiam a manutenção da situação vigente à época sentavam-se à direita, enquanto aqueles que lutavam por mudanças perfilavam-se à esquerda. Desde então, esquerda e direita representam o progressismo e o conservadorismo, hoje com o acréscimo de novos matizes que o tempo se encarregou de produzir. Essa simplificação binária tem servido para acomodar, não sem naturais dificuldades, a expressão das diversas ideologias, como se trilhas fossem, cada qual abrigando um conjunto de crenças sobre a ordem e o modo adequados para um eficiente funcionamento da sociedade. A atual clivagem dos dois polos antagônicos não tem ocorrido, entretanto, sem aumento das tensões, e esse fenômeno não é apenas local, mas acomete o mundo todo, num processo que tem levado estudiosos, políticos e demais formadores de opinião a uma pergunta basilar: a convivência entre progressistas e conservadores chegou a um ponto de eventual ruptura? O Iluminismo e a Revolução Industrial teriam exaurido suas forças propulsoras originais que fixaram as bases de uma sociedade dividida entre capital e trabalho? O desemprego estrutural, o aumento da longevidade nas sociedades ocidentais, o descomunal acúmulo de riqueza entre poucos e a revolução da Internet teriam tornado insuficiente o exoesqueleto institucional tão bem pensado por Montesquieu? Diante desse quadro, sinais inquietantes de desassossego social emergem pelo planeta e reclamam por um necessário melhor entendimento do que se passa, até porque as nuances envolvidas são tamanhas que não é desprezível imaginar que o próprio futuro da democracia esteja em jogo.

Um exercício analítico, contudo, não é tarefa simples, tampouco desprovida de alguns requisitos essenciais, sendo o maior deles uma necessária humildade para reconhecer que nem a esquerda nem a direita estão, isoladamente, com a plena razão. De fato, ao contrário, são até necessariamente complementares, mais inclusive do que poderiam supor. Nessa linha, a crescente dificuldade em harmonizar o atual embate de visões à esquerda e à direita não mais se resume à defesa de uma eventual posição de inclinações por mudanças *versus* manutenção do *status quo*. Mais do que isso, a evolução da complexidade social agregou novos elementos, muitos até idiossincráticos, o que torna a compreensão do tema obrigatoriamente mais plural. Estão envolvidos, por certo, fatores culturais, sociais, de autointeresse, econômicos, religiosos, políticos, educacionais e uma infinidade de questões circunstanciais que conformam o tronco de uma bifurcação siamesa que teima em se defrontar perpetuamente. Buscar, nesse contexto, alguém que se enquadre ideologicamente sob medida no figurino A ou B é tão improvável quando exaustivo.

Esse desfecho nos leva naturalmente à conclusão de que a circunscrição ideológica, se necessária para abrigar um contexto mais abrangente, torna-se claudicante quando orientada para análises individuais, cada uma refém de suas próprias especificidades. Desse modo, tratar genericamente os comportamentos políticos, situando-os como originalmente foi possível a partir da matriz de uma França conflagrada, onde o acaso nos legou uma herança terminológica hoje insuficiente, pode desfavorecer os próprios fundamentos democráticos, já que o albergue para uma sociedade multifacetada como a atual não comporta mais qualquer tomada binária e maniqueísta da realidade. Antes ao contrário, supor que isso seja possível, mais do que impedir uma adequada compreensão dos motivos da polarização que vivemos, submete-nos ao duro teste de expor as instituições aos caprichos de quem porventura encontra abrigo, inclusive para propósitos obscuros, numa simplificação que perdeu parte do sentido, mas não sua importância histórica. É preciso, em contraposição ao diálogo de surdos que domina o cenário, acreditar e agir no sentido de estabelecer premissas mais abertas e inclusivas. Ainda há tempo...

19/05/2022

Cegos e banguelas

A moralidade, espelhada na agenda de costumes, trazida de modo raivoso para a política, cega e divide as pessoas. No atual momento, o Brasil encontra-se segregado pela política, não a política capaz de mediar o possível, mas a política do "nós contra eles", na qual a existência do outro ameaça a nossa própria identidade. Esse quadro é agravado quando discursos oficiais são contagiados por questões de cunho moral e religioso, criando-se uma tensão não mais contida em pressupostos racionais, mas passionais e sectários. Não se presume, portanto, que as próximas eleições sejam marcadamente programáticas, como deveriam ser, mas fortemente emocionais, saturadas de ressentimento, alimentadas por discursos intolerantes, cujas raízes são complexas, mas que caudalosamente desembocam nessa inquietante quadra da vida nacional. O Brasil precisará, contudo, atravessar esse momento sem colocar em risco os avanços institucionais das últimas décadas e, talvez para isso seja preciso bem mais do que apelos ao bom-senso e à moderação.

Somos um dos maiores países cristãos do mundo, e a religiosidade se expressa de múltiplas maneiras em nossa sociedade. No sentido legal, deveríamos viver sob um Estado laico, com a Igreja e seus assuntos separados das funções típicas de Governo. Porém, as discussões envolvendo o debate ético, do certo e do errado, e as inevitáveis tensões surgidas no terreno da moralidade colocam em xeque o Estado Secular e provocam o acirramento de uma cisão social em curso, explicitada em inédita polarização política. O recente caso envolvendo o aborto em uma menina de apenas 11 anos deflagrou intensa discussão na sociedade, denotando o quão difícil se torna harmonizar contrários no confronto de sistemas morais, enquanto conjuntos interligados de valores, virtudes, normas, práticas, identidades, instituições, tecnologias e mecanismos psicológicos evoluídos que trabalham juntos para suprimir ou regular o interesse próprio e possibilitar sociedades cooperativas, como tão bem definiu o professor Jonathan Haidt.

O atual debate político, entretanto, parece cada vez mais inclinado a ouvir os conselhos de Maquiavel aos príncipes florentinos do que exatamente apaziguar, conciliar e formar consensos, mesmo que ainda frágeis. Vivemos sob o signo da vingança como forma de justiça, da intolerância e do autoritarismo como expressão do poder, flertando com a lei de talião do "olho por olho, dente por dente", mesmo ao risco de ficarmos todos cegos e banguelas. Nesse caminho, não deveria soar ingênuo desejar ou admitir que todos podemos nos dar bem, de que é possível colaborar, superar nossas eventuais divergências e conviver com os contrários, mesmo que não idealmente. O enfoque religioso e moral, todavia, em vez de amainar os ânimos e congregar, tem operado de forma diversionista e contrastante aos seus propósitos originais. Além de não promover a união entre as pessoas, usar a metáfora bíblica da luta entre o bem e o mal, tem distanciado os opostos e exaurido uma energia que seria canalizada de modo mais produtivo para o encaminhamento de soluções que hoje agonizam a vida dos brasileiros, como a pobreza, a fome e a violência.

O perigo dessa radicalização política que vivemos hoje não está nas inclinações que possamos ter por um pensamento mais conservador ou progressista, pois isso sempre existiu. O problema é não respeitar a pluralidade de ideias, o contraditório, o diferente, e resvalar para o dogmatismo, para o autoritarismo, para a violência como alternativa ao diálogo. Ao se apropriar de uma suposta verdade, geralmente impositiva, e imaginar que todos aqueles que divergem de nós são inimigos a serem suprimidos, elimina-se a possibilidade de cooperação e aniquila-se qualquer construção possível dentro de uma ideia comunitariamente desejada. Isso não é somente indesejável, como deveria ser objeto da atenção e do envolvimento de todos aqueles que decididamente enxergam na democracia a melhor forma de equilibrar as complexas e crescentes demandas da sociedade moderna.

29/06/2022

Mentiras profundas

Está cada vez mais difícil discernir fatos de inverdades na Internet. Tomadas por uma espécie de avalanche de desinformações, as interações sociais mediadas pelos onipresentes aplicativos estão infectadas por mentiras, travestidas sob as mais ardilosas formas de dissimulação da verdade, com objetivos muitas vezes inconfessáveis ou até mesmo criminosos. Um dos últimos e mais insidiosos modos de fraudar a verdade lança mão da inteligência artificial (IA) para inserir rostos reais em cenas falsas com o objetivo de criar vídeos com alguém dizendo algo que não disse, contradizendo-se, ou produzindo provas contra si mesmo. Trata-se de um passo além das *fake news*, impondo à sociedade o enorme desafio de impedir que uma realidade artificial sobrepuje os fatos, comprometendo não apenas as relações entre pessoas, mas abalando gravemente a confiança nos meios de comunicação digitais.

Há mais de 25 anos, Carl Sagan, astrofísico americano, foi premonitório ao descrever o futuro das mídias como um repositório de desinformação e pseudociência. Muito embora sejam inegáveis os benefícios que a Internet trouxe para a sociedade, o alerta de Sagan sobre uma espécie de celebração da ignorância é uma realidade inescapável para quem navega pela rede. O pensador polonês Zygmunt Bauman chama esse atual estágio da revolução das redes sociais de *sociedade líquida*, na qual as relações estão mais fluidas e superficiais. Segundo Bauman, estamos hoje encharcados de informações e carentes de conhecimento, de capacidade de análises combinatórias ou causais inteligentes e consequentes. Umberto Eco, outro crítico importante das mídias sociais, também já tinha alertado sobre o perigo do idiota da aldeia vir a ser portador da *verdade*. Isso se agrava considerando que não alcançamos a liberdade buscando a liberdade, mas sim a verdade. A liberdade não é um fim, mas uma consequência, conforme tão bem disse León Tolstoi.

Mas não são apenas as mentiras, agora potencializadas pela novidade das *deepfakes* que tornam o quadro tenebroso: a indústria das futilidades também é assombrosa. Sob o *estilo Tik Tok*, as mensagens deste e de outros aplicativos dominantes premiam o impacto visual e são gerenciadas por algoritmos cada vez mais assertivos, tornando menor o poder de escolha do indivíduo. Nesse espaço, há um sequestro crescente do tempo dos usuários, não em leituras e estudos que lhes confiram densidade imaginativa ou intelectual, mas uma ossificação intelectual diante da repetição incessante dos mesmos temas, embalados sob medida para qualquer que seja o gosto dos internautas. Isso tudo, restam poucas dúvidas, impacta não somente a vida dos indivíduos, mas projeta sombras sobre o futuro das sociedades, tais quais as conhecemos. Entretanto, se Sagan foi capaz de auscultar o que hoje experimentamos enquanto a Internet apenas engatinhava, permite-nos também supor que se encontrarão mecanismos de contenção para essa avalanche de notícias falsas que invade a rede.

Um desses mecanismos para fugir do perigo de informações duvidosas é a mídia tradicional. Sujeita ao desaparecimento na visão dos futurólogos mais afoitos, jornais, revistas, rádio e emissoras de televisão se convertem agora numa salvaguarda contra os riscos que a indústria das *fake news* nos acomete. Submetendo as notícias ao escrutínio rigoroso das redações, o perigo de uma inverdade tomar proporções epidêmicas, a exemplo de algumas narrativas que povoam a rede, é bem menor. Ao par da ampla divulgação da pseudociência e da desinformação na rede, também é inegável que a teia complexa, polifônica e difusa das comunicações é a expressão de um mundo que luta para se equilibrar diante de novas premissas de convívio social que emergem. Do mesmo modo que revoluções anteriores defrontaram a humanidade, a atual transformação provocada pela Internet apresenta gigantescos obstáculos, talvez o maior deles sendo superar a camada de inverdades que povoa a Internet, sem, contudo, abrir mão dos imensos ganhos que a comunicação virtual nos trouxe até aqui.

22/09/2022

A mentira, o medo e as instituições

Stephen Bannon, conselheiro de Trump no fomento à guerra ideológica nos EUA, mesmo condenado pela Justiça daquele país, tem se animado a dar conselhos e palpites a outros governos. Sua última investida foi dizer que as eleições do último dia 30.10.2022 no Brasil podem ter sido fraudadas. O uso de mentiras e do medo são ingredientes comuns no cardápio de Bannon. Ele se vale de um conjunto de ações e discursos, todos coordenados e sintonizados, com o objetivo central de criar um ambiente tumultuado no qual seja plantada a desconfiança sobre a lisura, a segurança e a confiabilidade das eleições, visando a questioná-las, em caso de derrota. Existem também estratégias para fustigar as instituições democráticas, colocando-as contra a população, num exercício de permanente confronto. A retórica antissistema adotada por Trump dividiu a sociedade americana e causa temores quanto ao futuro da maior democracia do planeta, além de emitir um alerta ao mundo sobre os perigos da combinação de psicologia social, Internet e populismo capitaneado por espíritos pouco democráticos.

A mentira e o medo se converteram, por meio da onipresença das redes sociais e da indústria das *fake news*, em armas poderosas para movimentar as massas. Feito uma terra de ninguém, as mídias sociais impulsionam discursos de ódio, intolerância e narrativas descoladas da realidade. A pauta de valores também tem sido um recurso para cooptar o apoio de faixa importante do eleitorado. No Brasil, um dos maiores países cristãos do mundo, temas como aborto, ideologia de gênero e drogas encontram muito eco e colidem com o chamado globalismo, mais ligado à esquerda progressista e que defende uma agenda mais plural do ponto de vista das liberdades individuais, combatendo todas as formas de preconceito e mais atrelada a temas globais como a questão do clima, da imigração e dos direitos das minorias. Desse confronto de visões, o amplo uso de informações falsas e a disseminação de inverdades em larga escala geraram a narrativa belicosa que hoje sustenta a ação dos grupos mais radicalizados.

Nesse ambiente em que a comunicação instantânea molda a realidade a cada segundo, parte da população submete o cérebro a excitações exageradas, fantasiosas, sem sentido, muitas delas incutindo o medo, a insegurança e maior ansiedade em relação ao futuro. Não é possível afirmar, como querem alguns, tratar-se de algo deliberado à moda Goebbels, mas o fato é que está havendo um processo de disseminação do medo como arma política. Quando o grau de hipnotização social chega a tal ponto, as pessoas realmente passam a acreditar nos cenários mentais profundamente arraigados em suas mentes, por mais absurdos que possam parecer. Exemplo disso é enxergar risco na volta do comunismo, do fim das Igrejas e outras mentiras que assolam as redes sociais, bem como o grau de intolerância e fanatismo facilmente comprovado hoje no País. As pessoas estão sendo configuradas para odiar.

Como anteparo a resistir à atual avalanche antidemocrática que o mundo enfrenta estão as instituições, de cujo delicado equilíbrio depende o futuro da democracia. É na dialética que se estabelece entre os diferentes pontos de vista, e não na supressão da verdade, que o direito se estabelece e se fortalece. Também as críticas a quaisquer dos poderes compõem o ecossistema discursivo no qual as tensões se ajustam, mas não podem converter-se em aríetes contra o coração do sistema. O perigo é quando determinado poder vira alvo de uma sanha persecutória, cogitando-se, inclusive, sua supressão. Aí entramos num terreno mais escorregadio, conforme podemos ver em nosso País nos últimos anos. O equilíbrio entre os poderes é frágil. Sua força deriva, ao modo como Marco Polo descreveu, feito uma ponte, pedra por pedra.

"Mas qual é a pedra que sustenta a ponte?" – Pergunta-lhe Kublai Khan.

"A ponte não é sustentada por uma ou outra pedra", responde-lhe Marco, "mas sim pela linha do arco que elas formam". Essa linha institucional é quem nos tem garantido, não sem dificuldades, viver sob uma democracia ativa e vibrante.

03/11/2022

Pela democracia

Jamais a democracia esteve tão ameaçada quanto nos últimos anos. O fenômeno, ancorado numa nova ordem mundial em curso, é sistêmico, segundo especialistas em ciência política. A combinação da revolução tecnológica, o redesenho geopolítico do planeta, o fim do emprego tal qual o conhecíamos e o colapso das ideologias fomentam um quadro por demais impreciso, no qual se percebe uma inadequação das pessoas com a pós-modernidade, evento que estraçalhou as certezas e jogou os indivíduos numa competição sem precedentes e de poucos horizontes. Esse ambiente turbulento e impermanente tem se mostrado propício ao surgimento de lideranças populistas, várias delas com pendores autoritários e que dão vazão a anseios populares muitas vezes distantes do ideal democrático nascido em Atenas. As tensões decorrentes desse novo panorama fustigam as instituições de forma inclemente, testando-as, muitas ao limite, e minando gradualmente os pilares que sustentam o estado democrático de direito. O episódio da invasão ao Capitólio americano foi o ápice de uma escalada retórica patrocinada por Donald Trump, um *outsider* político que quase coloca de joelhos a maior democracia do mundo. No Brasil, após a vitória da esquerda nas últimas eleições, milhares foram às ruas, num ressurgimento fora de tom e época do desatino americano ocorrido em Washington, bloqueando rodovias e manifestando-se em frente aos quartéis para pedir o fim da democracia, num saudosismo anacrônico e antidemocrático poucas vezes visto.

Hoje, porém, mesmo sob ataque de grupos radicais, a democracia brasileira tem demonstrado notável resiliência, fundamentalmente por dois motivos: o primeiro reside no arcabouço institucional brasileiro. Não apenas o STF e os demais órgãos jurídicos estaduais e municipais, mas especialmente o TSE, na gestão do processo eleitoral, mostraram-se atentos, diligentes e precisos no monitoramento do uso da mentira como arma política. Mesmo ao custo de enorme desgaste junto às chamadas milícias digitais e outros agitadores, a Justiça Eleitoral demonstrou coragem e prontidão para minimizar os efeitos negativos que a "indústria das *fake news*" produzia incessantemente. É um fato inquestionável que as redes sociais, não obstante seu inestimável valor, se converteram num repositório da disseminação do ódio, da intolerância e de inverdades como nunca antes, e remetem todo o sistema político e jurídico a pensar em formas legais para evitar danos ainda maiores no futuro.

A segunda barreira de contenção e proteção do regime democrático foi a imprensa. Tanto os jornais, as revistas, rádios e TVs, mesmo com posturas por vezes criticadas por eventuais vieses, foram quase que unânimes em defenderem, não apenas a lisura e a confiabilidade das urnas eletrônicas, mas afiançarem não haver saída que não seja o estrito cumprimento do que prevê a Constituição Federal. Esse esforço conjunto da imprensa, malgrado o avanço das mentiras em série na Internet, permitiu que as informações fluíssem para todo o País, com respeito à verdade dos fatos, obliterando, até certo ponto, os efeitos negativos da guerra declarada e dos devaneios golpistas nas redes sociais e nos grupos de WhatsApp.

A tarefa da defesa permanente e intransigente da nossa democracia, contudo, não deve e nunca deveria ser somente ofício da Justiça brasileira e da nossa imprensa. Todos os brasileiros, indistintamente, podem e devem combater qualquer espécie de agressões às nossas instituições, à nossa Constituição, às nossas eleições, e desfrutar do direito inalienável de viver sob os princípios democráticos do império da lei, da ordem e da justiça. O fato de o fanatismo não se basear em evidências, mas numa profunda vontade de acreditar, conforme alertou Carl Sagan, torna ainda mais urgente a tarefa de cada brasileiro trilhar o caminho das luzes da razão e do entendimento, em oposição à cegueira ideológica, do ódio e da intolerância, cujos resultados cindem e agridem nosso próprio sentido de Nação.

10/11/2022

A coragem de não ser atual

É de G.K. Chesterton a oportuna lembrança de que cada época é salva por um punhado de homens que têm a coragem de não serem atuais. Confrontada com a realidade vivida pelo Brasil, a frase adquire notável atualidade e denota o contraste entre a defesa emergencial da democracia e as manifestações em frente aos quartéis pedindo intervenção militar. Vistas somente como um modo caricato de expressão da liberdade, as formas fantasiosas de alienação e desapego democrático que ora presenciamos podem nos levar a conclusões insuficientes, senão falsas. A dissonância cognitiva daqueles que abraçam um conjunto de teses ilusórias como argumento para confrontar as instituições e a democracia do País, a exemplo das supostas fraudes nas últimas eleições e da ameaça comunista, converteu-se em munição para o desatino em curso. Nessa perspectiva, o ecossistema de desinformação gerado no seio das mídias digitais se revela bem mais insidioso e ameaçador do que somente a manifestação inofensiva de algumas velhas senhoras e aposentados em busca de distração. A amplificação da mentira em escala industrial contra a democracia é uma dura realidade a ser enfrentada, não sem antes reconhecer de que forma esse mecanismo opera e quais prejuízos têm potencial de causar. Essa realidade, portanto, não deve e não pode ser tratada com desdém ou indiferença, mas com a urgência real e imediata para a preservação dos fundamentos do estado democrático de direito. Não compreender isso é condenar o País ao desassossego e à instabilidade, inimigos mortais para quem deseja a prosperidade da nação brasileira.

Ciente da gravidade dos atuais ataques ao aparato legal constituído, o Judiciário se encontra na difícil missão de deslindar assédios frontais de parte da extrema direita brasileira e, simultaneamente, defender as instituições, mesmo ao custo de decidir sob indisfarçável desconforto questões que envolvem o delicado tema da censura, de tão triste memória em nosso País. Curioso nesse episódio dos cancelamentos das redes sociais de algumas autoridades e influenciadores digitais no Brasil são as reações que provocam, ou deveriam provocar e não ocorrem. Ao contrário, inclusive, vemos *garantistas* do quilate de um Lênio Streck silenciarem ou até apoiarem as decisões do Ministro Moraes. Essa postura, esse silêncio consentido, partindo de um constitucionalista como Lênio, ou de muitos outros juristas consagrados, deveria suscitar que há algo no ar além de aviões de carreira, como dizia o Barão de Itararé. Esse óbvio não captado por muitos, seja por implicância ideológica, seja por obtusidade intelectual ou má-vontade mesmo, sugere, contudo, que a proteção da democracia posiciona-se hoje num patamar acima de veleidades ocasionais que a vaidade poderia reclamar, o que não é pouco, dado que até reinos naufragaram pelo capricho de seus imperadores.

Destaque-se que, nesse tormentoso momento institucional que atravessamos, a interpretação enviesada do que seja liberdade de expressão converteu-se em poderosa arma contra a própria democracia. Paradoxalmente, os mesmos que se arvoram como defensores intransigentes da liberdade, condenando eventuais cancelamentos ocorridos nas mídias sociais pelo Judiciário, são aqueles que, sem embaraço, defendem atalhos institucionais, a exemplo do apelo junto aos militares para que solapem a democracia à luz de uma interpretação torta da Constituição. Embora aberto, o debate sobre os limites da liberdade de expressão precisa avançar para um entendimento preliminar: não existe democracia sem instituições sólidas. O argumento de garantir ampla liberdade de expressão ao preço de colocar em risco a própria democracia configura uma das mais flagrantes contradições desta época marcada pela intolerância. Saber discernir quais são os limites da liberdade de expressão, dentro de um contexto marcado por discursos de ódio e ataque às instituições democráticas, converte-se no mais urgente clamor àqueles que demonstram valorizar a democracia como nosso único caminho para o pleno desenvolvimento e a paz social.

08/12/2022

Será que aprendemos?

É muito difícil, no momento que vivemos, obter análises da realidade que pesem os prós e os contras, que vejam virtudes e defeitos, que sejam capazes de enxergar a realidade de forma isenta e que sejam sensatas e equilibradas. Em vez disso, assistimos a um festival de certezas embaladas numa vassalagem sem freios ao sectarismo e à intolerância. Nesse ambiente, muitas pessoas preferem o aconchego de suas bolhas, o abrigo morno dos casulos amistosos e fraternos da Internet, fechados para o contraditório, mesmo ao custo assumido de uma visão estereotipada, limitada, e muitas vezes fantasiosa. Mas ali, no conforto do eco de suas próprias vozes, não há ninguém para contestar *a verdade*, não existem incertezas ou dúvidas, mas somente a fé de que existe um único caminho, messiânico e certo, que separa o bem do mal, a mentira da verdade. Nesse mundo imaginário, as opiniões não são contestadas ou contrariadas, não há diálogo, somente convicções. Isso pode ser falsamente interpretado como uma nova e democrática forma de comunicação virtual, mas de fato converteu-se num veneno para a própria democracia e para a sociedade de modo geral. É nesse ecossistema da desinformação que muitos disseminam ataques contra as instituições, impondo à justiça brasileira o indelegável trabalho de contenção desses arroubos inconsequentes.

Nos EUA, por exemplo, milhares de americanos foram instados a invadir o Capitólio por meio das redes sociais, mais especificamente pelo Twitter de Donald Trump, o improvável presidente que quase levou ao colapso a maior democracia do planeta. Depois desse ataque sem precedentes, 964 pessoas já foram detidas e acusadas de crimes e 465 fizeram acordos e se declararam culpadas. Os julgamentos dos líderes que disseminaram desinformação já começaram, e ocorreram duas condenações por conspiração. No Brasil, mesmo antes da mudança de governo, vândalos incendiaram veículos e promoveram uma grande baderna na capital da República, indicando a gravidade do atual momento político que vivemos. Como uma espécie de última trincheira para conter atos radicais contra a democracia, o TSE tem atuado com agilidade e firmeza. O rigor das ações para prevenir atitudes antidemocráticas reveste-se de justificada cautela contra as ações de insurreição e ataque às instituições, uma vez que o risco à democracia é real, embora venha travestido sob a justificativa de defesa da liberdade de expressão, na verdade uma espécie de biombo a abrigar objetivos camuflados nas injúrias ao estado democrático de direito.

Aliás, o uso da liberdade de expressão como fundamento para minar as instituições é uma tática que, se não bem compreendida, pode destruir a ordem institucional. Assim, o agir resoluto do TSE, confundido por tirania por alguns, de fato se converte numa ação preventiva contra aqueles que agridem a democracia, promovem a baderna e espalham mentiras. Quando punidos, os infratores usam a estratégia de inverter a culpa: o tirano passa a ser quem protege o estado de direito. Como o TSE e, particularmente, o Ministro Alexandre de Moraes perceberam essa manobra, as punições em curso têm caráter pedagógico, ao desencorajar novos tumultos e sinalizar ser a preservação da democracia uma condição inegociável para o futuro da Nação. O País precisa passar a olhar para seus verdadeiros problemas, que são muitos, e não pode ficar refém de uma minoria que não compreende os limites de viver em sociedade e sob a égide da Constituição, do império da lei e da ordem democrática. Os inconformados devem entender que há espaço, dentro da legalidade, para que se faça uma oposição responsável, para que se proteste dentro dos limites legais e que não se cogite de nenhum tipo de ação que não seja a estrita observância dos fundamentos legais já estabelecidos. A valiosa lição dada pelos americanos no tratamento ao episódio do Capitólio nos mostra que é impossível agredir a democracia sem se sujeitar aos rigores da lei. Tomara que essa lição seja bem aprendida por aqui.

22/12/2022

Capitólio à brasileira

Há fatos que marcam de forma indelével a vida nacional. São eventos que, por sua magnitude e impacto, reverberarão em tempos futuros, geralmente como tragédias, conquistas ou derrotas marcantes. Nessa perspectiva, a Nação brasileira assistiu, entre perplexa e indignada, à ação de vândalos extremistas que, no último dia 08.01.23, incitados pelo ódio e pela intolerância, profanaram, de forma inédita, os três poderes da República. A destruição material foi muito grande, porém mais aviltante foi a agressão à simbologia histórica das instituições, cujo crucifixo de Cristo jogado ao chão, junto aos escombros do STF, só encontra paralelo na forma desonrosa como foram tratados outros ícones nacionais, dentre os quais Rui Barbosa, nosso *Águia de Haia*, cuja vida foi dedicada às grandes causas nacionais, dentre elas o fortalecimento de nossa incipiente democracia. Agora, restabelecida a ordem, mudanças profundas no arcabouço legal de proteção ao estado democrático de direito terão que ser reforçadas, de sorte que em tempo algum no futuro tenhamos que passar por tão ultrajante momento como esse que tristemente testemunhamos.

Para além do episódio criminoso em si, desdobram-se no momento, em consequência natural, as causas que ensejaram tamanha tragédia. Não é demais repetir que a exaustiva comparação com ataque semelhante ocorrido há cerca de dois anos, quando da invasão do Congresso americano, em reiteradas ocasiões, faziam-se correlações com a nossa realidade, não sem também alertar para as consequências que o País sofreria caso lograssem êxito tais intentos golpistas. Necessário também destacar que a invasão do Capitólio não teve a conivência de forças de segurança, bem como nos EUA somente o Congresso foi invadido. Aqui, também as sedes da Justiça e do Executivo foram assaltadas, conformando nosso exemplo em uma moldura ainda mais alarmante, inclusive aos olhos do mundo.

Mas é preciso olhar para a frente e colher o necessário aprendizado. Estando certo o filósofo Nietzsche, ao dizer que "tudo aquilo que não me mata somente me fortalece", estará sinalizado que nossa ainda jovem, mas não menos tumultuada democracia, encontrará nessa tentativa fracassada de golpe mais um elemento a forjar a sua própria solidez e perenidade. Contudo, dado o caráter amplo com que a extrema direita tem agido no mundo, bem como a existência de sinais inquietantes de ataques sistêmicos às instituições que sustentam a democracia, conter as sementes do fascismo será uma missão indelegável para todos os verdadeiros democratas. Nesse sentido, não deixa de ser positiva a velocidade e a contundência com que nossas principais lideranças políticas e setoriais se posicionaram de forma uníssona frente aos atos bárbaros praticados contra os poderes constituídos. Calar, num momento tão grave da vida nacional, seria aquiescer com o indesculpável, omitir-se frente à incivilidade e transigir com o mais grave atentado à nossa democracia desde a redemocratização.

Não nos enganemos. Há uma franja radical de extrema direita no País que apoia esse tipo de ação golpista radical e violenta que precisa ser contida. As instituições e a sociedade terão que saber combater essas células fascistas que foram fomentadas a olhos vistos e que vieram à tona nos últimos anos, não sem antes reconhecer que condescender com isso é permitir que a instabilidade e a insegurança sejam sempre uma espada sobre nossas cabeças. Assim, findo o insano levante e contados os prejuízos materiais e imateriais, espera-se punição exemplar aos autores, financiadores e mentores da barbárie. Contudo, tal mister terá que ser delineado com sabedoria, prudência e rigor. Saber conjugar esses predicados equilibradamente encaminhará o Brasil para um acordo possível, que distensione minimamente os ânimos e que nos permita voltar os nossos olhos para o futuro com serenidade e esperança.

12/01/2023

Sem espaço para omissão

O ataque aos Três Poderes em Brasília, ocorrido no último dia 08.01.2023, aguçou uma discussão sobre os limites da liberdade de expressão que já vinha ocorrendo, mas que agora adquiriu contornos mais urgentes, uma vez em jogo a sobrevivência da democracia brasileira. Em momentos como esse, quando a liberdade de expressão é invocada e manejada para implodir o estado democrático de direito, impõe-se um debate inadiável sobre quais limites deveriam ou não existir para proteger as instituições, sem que o direito à livre manifestação seja objeto de censura por parte do Estado. É preciso, portanto, conciliar e equilibrar essas duas demandas, inibindo discursos de ódio, a disseminação de mentiras, o ataque às instituições ou o negacionismo científico, mas não ao preço de despertar a libido censória.

A Internet e, mais especificamente as redes sociais, trouxeram muito mais complexidade às relações interpessoais e coletivas, com enorme repercussão política e social. O mundo todo encontra-se diante de um enorme desafio de como tratar do fenômeno das redes sociais, suas bolhas e toda uma infraestrutura da fantasia e da mentira a serviço da desinformação manipulativa. Contudo, a indústria das inverdades não seria tão preocupante se os delírios coletivos ficassem circunscritos a assuntos triviais. Mas não é o que acontece. De alguns anos para cá, esse ecossistema da desinformação passou a ser usado como arma política, mais especificamente para capturar a preferência de eleitores ou direcioná-los, inclusive, para objetivos criminosos, como bem denotam os episódios que culminaram com a depredação dos três poderes em Brasília.

Liberdade de expressão, nesse contexto, como conceito, pode ser universal, mas como instituto jurídico varia no tempo e no espaço. Esse entendimento não vem sendo assimilado por muitos que confundem defender seus pontos de vista e interesses com apoiar ou articular golpe de estado.

Nessa perspectiva, a minha liberdade de expressão não é maior do que o seu direito à vida, à saúde e ao bem-estar, ou que a democracia, que é um bem coletivo. A contundência desse entendimento preliminar ficou plasmada em frase até certo ponto apelativa do ex-ministro do STF Ayres Britto, quando afirmou que "quando se trata de democraticidas, tentar chamá-los à razão constitucional das coisas é como tentar convencer hienas e chacais a se tornarem herbívoros".

De outra parte, mas no mesmo sentido superlativo, o ministro do STF Alexandre de Moraes sustentou em favor de uma de suas decisões no inquérito das *fake news* que "a democracia brasileira não irá mais suportar a ignóbil política de apaziguamento, cujo fracasso foi amplamente demonstrado na tentativa de acordo do então primeiro-ministro inglês Neville Chamberlain com Adolf Hitler". Ambas as declarações, embora soem para alguns exageradas, buscam trazer ao tema a dimensão crítica que assumiram as agressões às instituições brasileiras.

Mas é bom termos consciência de que essa atmosfera de ataque às instituições foi sendo construída aos poucos, com a complacência de muitos e o alerta de tantos outros. Por isso, o debate em torno da liberdade de expressão reclama urgência. Não se trata de transigir com a censura, mas defender, nos limites constitucionais, a garantia da paz social, da segurança e da democracia. Abraçar teses libertárias, muitas delas descoladas da contemporaneidade, além de contraproducente, pode revelar vieses antidemocráticos adormecidos e que encontram em eventual omissão das autoridades encorajamento inquietante, para não dizer ameaçador.

Nesse contexto politicamente polarizado, o Brasil terá que construir uma paz possível, uma convivência minimamente civilizada entre pessoas que se antagonizaram de tal modo que até relacionamentos familiares foram comprometidos. Isso exigirá de toda a sociedade maior capacidade de diálogo, mas também um combate sem tréguas contra as células de intolerância e ódio que passaram a povoar o cotidiano da Nação. Fácil não será, mas não existe outro caminho para que essa fase incerta da vida nacional seja superada.

19/01/2023

Limites

O tema *liberdade de expressão* está em alta, mas ainda não é conhecido com a profundidade necessária em nosso País. Prisões vem sendo feitas e *cancelamentos* nas redes sociais de políticos e cidadãos comuns se tornaram rotina. Tudo por conta de uma prudente interpretação dos limites da liberdade de expressão feita pelo Judiciário brasileiro. A visão que está prevalecendo é a de que atacar a democracia e as instituições é crime, da mesma ordem de se pregar ideias moralmente abomináveis, como a defesa do nazismo, do holocausto, da escravidão... Esse debate acerca dos limites do que podemos ou não dizer tem gerado grande repercussão, sendo um dos elementos que compõem o atual clima de polarização política que divide o País.

Para os defensores de ampla liberdade de expressão, a intervenção estatal deve ser restringida ao máximo, somente sendo acionada em casos extremos, quando há dano físico iminente, mas jamais censurar as palavras, mesmo que elas sejam aviltantes, pregando discursos ofensivos ou de ódio, ou até mesmo pedindo a abolição do estado democrático de direito, uma vez que ninguém pode deter o que pode ser dito, nem a polícia, nem os congressistas, nem o presidente, nem o juiz. Nessa linha de pensamento ultraliberal, a liberdade de expressão é um instrumento para a garantia dos demais direitos e liberdades. Seria um fator antecedente da própria democracia, e não o contrário.

Já para aqueles que defendem maior rigor no controle do discurso, a intervenção estatal é vista com mais otimismo, os riscos em potencial são bem aceitos, e o combate aos discursos de ódio e outras expressões extremistas fariam sentido, uma vez que estaria havendo a preservação de um bem maior, a democracia. Note-se aqui, a partir dessa rápida introdução, a diferença fundamental entre os que advogam menor ou maior liberalidade no uso da palavra. Para os primeiros, a liberdade de expressão é caudatária da democracia e não sua soberana. Nessa perspectiva, é preciso até mesmo censurar discursos que possam incentivar comportamentos antidemocráticos, como medida preventiva. Para os que enxergam o tema com lentes menos severas, inversamente, é a liberdade de expressão que deve ser um fim em si mesma, pois esta seria a medida da qualidade da nossa sociedade e que nos permite avaliar a robustez e a saúde da democracia.

Existem argumentos mais ou menos consistentes que sustentam as duas visões hoje em choque. Nosso Judiciário encontra-se na espinhosa missão de deslindar o tema com sabedoria e senso histórico, particularmente na consideração do momento singular que atravessamos. Se, para alguns, parecem exageradas as autuações aos refratários à moderação vernacular, como por exemplo, no caso de políticos detidos por atentarem contra a ordem democrática e as centenas de presos por defenderem o golpe de estado, não podemos esquecer que minorias raivosas geralmente fazem ouvidos moucos para apelos ao bom-senso. Manejados para implodir a democracia, biombos autoritários escudam-se no direito à livre palavra para solapar o direito de todos, mentiras são transformadas em arma política e a retórica do ódio dissemina-se pelas redes sociais com espantosa velocidade.

Nesse contexto, a discussão dos limites do que seja razoável traduzir como liberdade de expressão não pode encobrir o fato de que há riscos em jogo. As palavras são, de fato, as antessalas dos atos, como tragicamente assistimos na depredação dos três poderes em 08.01.2023. Transigir, como querem alguns, com o aviltamento das instituições, sob a justificativa de combater a censura ou permitir o uso irrestrito da liberdade de expressão, mais parece um convite à anarquia do que um apelo por maior liberdade de expressão.

Em resumo, liberdade de expressão não se confunde com crime e crime não se confunde com liberdade de expressão. Esse entendimento básico parece ser um primeiro passo para que se avance nesse tema tão delicado, e cujo correto enfrentamento afetará o futuro de nossa democracia.

09/03/2023

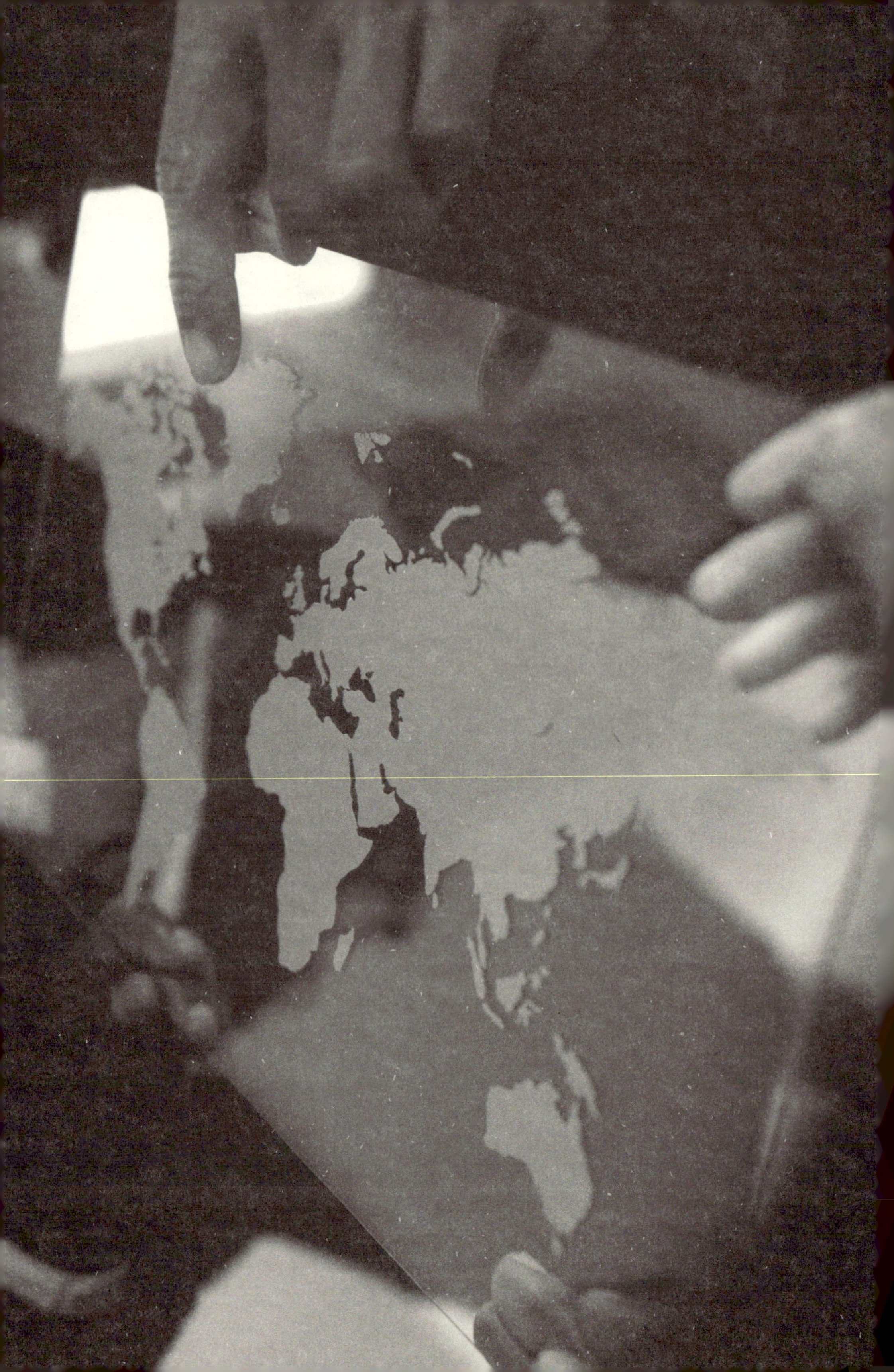

GEOPOLÍTICA

"A história é um conjunto de mentiras sobre as quais chegou-se a um acordo."

Napoleão Bonaparte

Um pensador produtivo

Edson Bündchen é uma amizade tardia, nascida pela acolhida que mereci de amigos comuns, aos quais ele generosamente se juntou, quando retornei definitivamente ao Rio Grande no início de 2019, depois de 6 anos afastado por imposições profissionais.

Uma relação pessoal que o longo isolamento provocado pela pandemia e o fato de vivermos em cidades diferentes impuseram convívio bissexto, só atenuado por encontros diários no seleto, plural e irrequieto grupo de WhatsApp coordenado pelo jornalista Paulo Sergio Pinto.

Foi naquela rede social que, observando suas opiniões sobre a típica e larguíssima variedade de temas daquele ambiente de congraçamento virtual e lendo seus artigos semanais no jornal *O Sul*, descobri que o novo amigo era, na verdade, o que chamo de um pensador produtivo.

Nosso autor é uma dessas pessoas capazes de tirar o melhor proveito da cultura e da experiência acumuladas e impulsioná-las com acurada intuição. Seus textos sofisticados e sempre fundamentados em sólidos conceitos e exemplos respondem questões que vão do quotidiano ao transcendental, ao mesmo tempo em que estimulam o leitor a formular suas próprias perguntas, num círculo virtuoso de busca de novas respostas, que descortinam outras interrogações, e assim sucessivamente.

Os 19 artigos que seguem, publicados entre janeiro de 2020 e fevereiro de 2023, dão prova irrefutável do talento do escritor e de suas invulgares sensibilidade e intuição. Ao percorrer temas atuais, tão variados como mudanças climáticas, China e a futilidade nas redes sociais, Edson oferece ao leitor atento, de forma intuitiva, uma visão consistente das dramáticas mudanças que a distribuição mundial de poder vem sofrendo e as possíveis repercussões dessa disputa por hegemonia, que opõe potências tradicionais e outras que emergem com surpreendente energia na cena internacional.

As páginas deste capítulo, mais do que os temas que o título de cada artigo sugere, desenham o esboço das incertezas e instabilidades que afligem o palco global, sacudido pela simultaneidade de fatos que vêm provocando mudanças estruturais na vida pessoal, nas interações sociais e nas relações entre as nações.

As mudanças climáticas, a pandemia, a invasão da Ucrânia pela Rússia e, mais recentemente, o avanço da inteligência artificial são eventos verdadeiramente disruptivos que induziram profundas alterações na forma como nos relacionamos, estudamos, produzimos, negociamos e até mesmo nos nossos hábitos e rotinas pessoais.

São quatro poderosos exemplos do efeito-borboleta que impactaram de indivíduos a países, questionando nossas prioridades pessoais com a mesmo força com que aceleraram os movimentos pela redistribuição do poder mundial que se arrastavam desde o fim da Guerra Fria.

As causas da agressão à Ucrânia se espalham por eventos remotos, recentes e imediatos que podem ser encontrados desde o nascimento do czarismo no longínquo século XVII, passando pela Revolução Bolchevique de 1917, a queda da URSS há pouco mais de 30 anos e chegando à expansão da Organização do Tratado do Atlântico Norte sobre os domínios do extinto Pacto de Varsóvia.

A volta do risco de conflito nuclear, renascido na ameaça feita pessoalmente por Vladimir Putin de recorrer ao arsenal atômico, associada à condução de uma guerra de desmembramento e de conquista de território de estado soberano significam, como já dito, a falência definitiva do sistema de segurança internacional, apoiado, essencialmente, no Carta das Nações Unidas e no Tratado de Não Proliferação Nuclear (TNP).

A Covid-19 e as mudanças climáticas, por sua vez, escancararam a crua realidade da prevalência dos interesses nas relações internacionais. A União Europeia reclamou de dificuldades para obter vacinas nos países produtores e ameaçou processar o Reino Unido para que cumprisse as entregas contratadas. A tão decantada consciência ambiental do Velho Continente não resistiu a uma semana de banhos frios e determinou o acionamento das usinas nucleares e das poluidoras termelétricas a carvão.

A recente aterrizagem da inteligência artificial (IA) no nosso cotidiano alçou-a para o altar das divindades onipotentes, capaz de feitos que abrangem desde cirurgias complexas até a extinção da humanidade, como alertam alguns de seus criadores. Inegavelmente, como qualquer tecnologia, há virtudes e riscos em jogo e, como tal, inevitáveis questões éticas a considerar. A primeira delas será a disponibilidade e a universalidade do acesso. Seria inaceitável se os discursos catastrofistas de seus próprios mentores a transformassem em mais uma tecnologia de exclusão e de exercício de poder, à semelhança da nuclear.

Os cidadãos, não há como ser diferente, terão suas vidas reorientadas de acordo com os ajustes de direção nas políticas interna e externa que conduzirão seus líderes, segundo as possibilidades econômicas e sociais, as convicções ideológicas, as circunstâncias históricas e as incontornáveis servidões geopolíticas de cada povo e seu respectivo território.

O mundo se move rapidamente na direção de um novo arranjo no tabuleiro da distribuição de poder. Esse futuro cenário, parcialmente já visível no horizonte, coincide com o surgimento de novos espasmos de autoritarismos no palco global, acompanhados de uma descrença generalizada nas instituições democráticas e, pela primeira vez na história do Brasil independente, do protagonismo de uma nação não ocidental, a China, com a qual não temos nenhuma identificação nem compartilhamos valores ou cultura.

Nada desse quadro tão complexo e ausente das considerações do homem comum escapa à atenção de Edson Bündchen. Como pensador produtivo, foi capaz de perceber todos esses movimentos e fatores e tecer com eles o pano de fundo de textos em que aborda temas tangenciais àquelas questões sem, em momento algum, descuidar de manter os pés na realidade nem de se deixar levar pelo idealismo ingênuo na compreensão do formidável jogo de interesses que se desenrola em âmbito mundial.

Dessa forma, todas as considerações, possibilidades e perspectivas exploradas pelo autor respondem às mesmas perguntas: (I)quais as consequências para o Brasil? (II)que lições podemos aproveitar? (III)como posicionar-nos em face do nosso interesse e da imperativa manutenção da soberania?

O leitor tem pela frente uma seleção de textos com elevada densidade intelectual e importantes lições em páginas carregadas de informações e desafios.

Saborear semanalmente os artigos deste amigo tardio é um prazer que se iguala à honra de ter sido convidado para apresentar o capítulo que se segue.

Boa leitura.

Sérgio Westphalen Etchegoyen
Ex-General do Exército Brasileiro e
Ex-Ministro-Chefe do Gabinete Institucional da
Presidência da República. Atual Diretor do IBRIC,
Presidente do Conselho do Centro de Soberania e
Clima.

Uma verdade ainda mais inconveniente

Com um livro lançado em 2006, o Prêmio Nobel e ex-vice-presidente americano Al Gore alertava o mundo para os perigos do aquecimento global. De lá para cá, os riscos ambientais aumentaram, porém ainda não conseguiram catalisar uma agenda realmente global para atacar as principais causas das mudanças climáticas que ameaçam o planeta.

Pelos esforços de Al Gore, seria esperada uma maior consciência dos EUA na pauta ambiental. Entretanto, o tema não vem recebendo do governo americano a importância merecida, incluindo o presidente Donald Trump, que tem se mostrado cético em relação aos efeitos da ação do homem na natureza e seus reflexos no clima.

O encontro deste ano da elite financeira mundial em Davos, na Suíça, abraçando a causa verde como pauta central, denota a enorme importância do tema sustentabilidade. Se os donos do dinheiro estão pautando o clima como foco, restam poucas dúvidas de que o assunto é sério. Sério e obviamente com reflexos diretos no comércio internacional e na economia como um todo.

Motivos para preocupação realmente não faltam. Os efeitos dos desequilíbrios do clima se fazem sentir com cada vez mais intensidade nos quatro cantos do planeta, tendo, nos devastadores incêndios que estão atingindo a Austrália, talvez seu exemplo mais dramático e atual.

O tema sustentabilidade suscita muitas paixões, porém é a ciência que deve ter a última palavra. Contra evidências irrefutáveis de que a poluição e o desmatamento sem controle aprofundam o impacto sobre o clima, emergem argumentos pseudocientíficos ou atrelados a interesses econômicos por vezes inconfessáveis. Não é à toa que o consagrado historiador israelense Yuval Harari coloca a necessidade de haver cooperação e colaboração internacional na questão climática como um dos três maiores desafios da humanidade para o século XXI.

O Brasil, dentro do contexto global do clima, é um ator proeminente. Deveria, a rigor, assumir um natural protagonismo no assunto. Não é isso, porém, o que acontece. Estamos presos a problemas de condução interna do tema, adotando um discurso enviesado e dúbio, particularmente quanto à situação da Amazônia, onde os ataques às ONGs têm sido mais ideológicos do que práticos. A solução para a Amazônia passa longe das paixões e ufanismos contraproducentes e tem muito mais a ver com pesquisa séria e ações concretas para a preservação da floresta do que bravatas inconsequentes. Trata-se, a meu ver, de um esforço amplo, com a colaboração de vários atores, incluindo o governo, a iniciativa privada, ONGs, centros de pesquisa e a sociedade de modo geral.

Temos que usar inteligentemente nossa posição competitiva na questão ambiental, na qual o bioma Amazônia é, sem dúvida, um grande ativo a ser preservado e explorado de modo sustentável. A criação de uma força ambiental da Amazônia é uma boa iniciativa e talvez signifique uma guinada na estratégia do Governo na condução desse tema tão delicado. Agora, é aguardar quais medidas serão implementadas para resgatar a imagem do país no exterior, restabelecendo o papel que o Brasil sempre teve como protetor de um patrimônio fundamental para o futuro da própria humanidade. Não há como fugirmos dessa responsabilidade e que deve ser conduzida com inteligência, sensibilidade e visão sistêmica.

30/01/2020

O alerta de Napoleão

O episódio do coronavírus e a construção de um hospital com mais de 1.000 leitos em apenas 10 dias, trouxeram a China para o centro do palco internacional com ainda maior proeminência. Quais são as competências ou eventuais fraquezas que estão por trás do fenômeno chinês? Teria o mundo ainda motivos para nutrir a mesma inquietude que assombrou Napoleão há mais de 200 anos?

De fato, a China está mudando o planeta, e isso pode ser melhor espelhado historicamente numa frase atribuída a Napoleão: "Deixem a China adormecida, porque quando ela acordar, vai sacudir o mundo".

Uma mistura de estoicismo religioso, forjado especialmente nas crenças budistas, taoistas e confucionistas, enormes contingentes de mão de obra barata migrando do campo para a cidade, um governo centralizado ditando as regras que abriram o sistema comunista para experimentos capitalistas, descomprimiram, de modo muito rápido, séculos de isolamento e baixo crescimento econômico, explodindo em taxas de aumento do PIB nunca antes vistas.

Esse verdadeiro *big-bang* econômico sem precedentes apresenta hoje ao mundo todas as ameaças e oportunidades possíveis. A revolução industrial tardia ocorrida na China, turbinada pela indústria 4.0, confere um ritmo alucinante às transformações em andamento.

Os avanços exponenciais em curso alteram a dinâmica da cadeia global de suprimentos, impõem maior relevo geopolítico ao Governo chinês, além de criar um ator com poder suficiente para confrontar a hegemonia econômica americana.

A construção de um hospital com mais de 1.000 leitos em apenas 10 dias é a prova mais eloquente dessa capacidade excepcional de execução do dragão asiático. Esse fato singular no ramo da construção civil não é algo isolado. Na verdade, diversas outras áreas, como tecnologia avançada em robótica, produção industrial em larga escala, além da produção de energia limpa e investimentos maciços em educação, projetam um cenário no qual a China será um protagonista de primeira grandeza por um bom tempo.

Olhando para o Brasil, a crise do coronavírus não é certamente a ameaça maior que nos preocupa. O que faz hoje o Brasil perder o sono é a nossa grave dependência dos chineses na composição e no equilíbrio de nossa balança comercial. Na soja, para ficar em apenas um exemplo, a China representa mais de 80% de nossas exportações. Seria prudente começarmos a desconcentrar nossa pauta de exportações, mesmo sabendo não ser essa uma tarefa simples.

Para além da balança comercial, é vital ao Brasil acompanhar com muita atenção onde a China está apostando suas fichas: alta tecnologia, energia limpa e agricultura de precisão, e engendrar todos os esforços políticos para não perder essa janela de oportunidade. Mais do que aumentar as trocas comerciais, a China oferece hoje amplo campo de oportunidades para avanços em áreas nas quais ficamos para trás na corrida pelo desenvolvimento. Os chineses avançaram muito na indústria do conhecimento, e esse intercâmbio fará todo o sentido para um país como o nosso, no qual a ciência precisa ser tratada como prioridade de governo.

A despeito de eventuais crises que comporão a paisagem futura, nossa sintonia com a China será decisiva para que o Brasil alcance novos patamares de desenvolvimento e não percamos a oportunidade histórica que a ascensão do país asiático representa.

06/02/2020

Sem tempo a perder

Uma pergunta é muito comum entre estudiosos e curiosos quando o assunto é a riqueza e a pobreza das nações: por que alguns países são prósperos, enquanto outros sofrem com a miséria e a desigualdade econômica?

Em 1820, Grã-Bretanha, Holanda, EUA, Canadá, Austrália e alguns outros países da Europa detinham os maiores PIBs *per capita* do mundo.

Segundo o historiador econômico Robert Allen, um conjunto de quatro fatores foi responsável pela ascensão desses países: a criação de um mercado nacional unificado, com tarifas internas, e a construção de infraestrutura de transportes; o estabelecimento de tarifas externas para proteger suas indústrias; a criação de bancos para estabilizar a moeda e financiar o investimento industrial; e a instituição do ensino de massa para qualificar a força de trabalho.

De 1820 até os dias atuais, esses países mantiveram suas posições relativas de liderança no PIB, agora na companhia de Japão, Coreia do Sul, Taiwan e Nova Zelândia, que ascenderam durante o período. A China, apesar do excepcional crescimento de sua economia nos últimos 35 anos, ainda apresenta um PIB *per capita* distante dos países líderes.

No livro *Por Que as Nações Fracassam*, os autores Robinson e Acemoglu argumentam, de maneira convincente, que os países só escapam da pobreza quando dispõem de instituições econômicas adequadas, sobretudo a propriedade privada e a livre concorrência. Eles defendem, ainda, a tese original de que a probabilidade de os países desenvolverem instituições de forma acertada é maior quando eles contam com um sistema político pluralista e aberto, com democracias representativas, eleitorado amplo e espaço para o surgimento de novas lideranças.

Entretanto, independentemente das causas do desenvolvimento, não deixa de ser curioso o fato de praticamente os mesmos países virem, há séculos, ostentando os melhores indicadores econômicos, sinalizando um difícil caminho para novos entrantes nesse seleto clube, a exemplo do Brasil, que vem, há muitos anos, crescendo a taxas inferiores às suas reais necessidades.

Estaríamos condenados, então, a sermos meros coadjuvantes no cenário global dos países desenvolvidos, ou teríamos ao nosso alcance os recursos e as condições para o necessário grande salto rumo ao pleno desenvolvimento?

Essa resposta, a julgar pelo que as estatísticas revelam, vai requerer muito mais do que reformas pontuais ao Brasil. Irá exigir um esforço estratégico abrangente, um pacto amplo e com foco em escolhas cruciais, a começar pela educação, verdadeiro imperativo para um país que almeje um lugar ao sol entre as nações mais desenvolvidas.

Além disso, como orientam e sinalizam Robinson e Acemoglu, é fundamental manter um bom ambiente econômico e um conjunto de instituições que induzam confiança e estabilidade aos investidores. A reforma da previdência, concluída com sucesso num esforço muito bem articulado entre Executivo e Legislativo, indica que as reformas tributária e administrativa também podem vingar ainda neste ano, não obstante o calendário eleitoral. Esse conjunto de reformas contribui para pavimentar um ambiente econômico mais convidativo a novos investimentos e melhorar a confiança em relação à tão esperada recuperação econômica do país.

Recolocar nosso país na inadiável rota do desenvolvimento sustentável não é uma tarefa simples. Entretanto, não há como negar que o potencial existente no país nos anima a dizer que "somos um projeto à espera de um gestor", conforme falou, há alguns anos, o economista Fábio Giambiagi. Talvez em tempo algum estivemos tão dependentes de líderes capazes de terem essa fundamental compreensão das escolhas que devemos fazer.

13/02/2020

A desglobalização e o novo tribalismo

A atual pandemia da Covid-19, que varre o planeta e coloca de joelhos a economia mundial, vai redesenhar o modo como vivemos em sociedade, produzimos e planejamos o nosso futuro. Este novo comportamento terá reflexos também na geopolítica e no questionamento à maneira como as cadeias produtivas foram estruturadas nas últimas décadas, gerando dependências que estão se mostrando críticas neste momento. A China, por exemplo, detém mais de 90% da produção de respiradores, impondo uma inédita e predadora corrida por esses equipamentos. A lógica que moveu o mundo para a globalização, especialmente a busca por maior eficiência econômica, começará a ser questionada com a inclusão de variáveis de natureza social no cálculo das decisões.

As transformações serão de tal magnitude que implicarão a reconfiguração de algumas premissas antes intocáveis do sistema capitalista, destacando-se duas de caráter mais urgente e estratégico: um retorno a políticas nacionais de produção, com menor dependência externa, e a revalorização do consumo local frente ao estrangeiro, num movimento cujas dimensões e profundidade ainda são impossíveis de estimar com precisão.

Do ponto de vista econômico, haverá o questionamento dos governos quanto à extrema dependência em relação à China e outros países, especialmente asiáticos, enquanto as fábricas do mundo estarão reforçando e resgatando conceitos que provoquem um novo fôlego a projetos de desenvolvimento nacional que suprem maior autonomia em questões vitais como segurança, saúde e alimentação. A atual crise gerada pela pandemia da Covid-19 promete dar um novo relevo e papel aos governos de cunho nacionalista, com todos os riscos que esse tipo de evento pode gerar, tendo a história como testemunha. É de se notar que estaremos diante de um paradoxo desse novo tempo: justamente no momento em que o mundo precisa ser mais colaborativo e integrado para gerar consensos globais em questões críticas como a ameaça climática, nuclear e da Inteligência Artificial, um evento de magnitude colossal e em sentido contrário desafia mais uma vez a humanidade a se superar e avançar.

Na agenda social, as mudanças também se pronunciam de grande alcance. Os períodos de quarentena, as dificuldades de locomoção entre países, bem como os efeitos do pânico sobre a população devem desencadear mudanças profundas, não apenas na forma como desfrutar a vida, mas também no modo de consumo e valorização das comunidades, das relações pessoais e sociais, numa espécie de novo tribalismo. Isso poderá dar um forte impulso ao comércio local, reforçar as cadeias produtivas regionais, fortalecer ainda mais o cooperativismo e outras formas de associativismo, alçando pequenas indústrias, comércio e serviços a maior destaque estratégico. Os governos tenderão a desenhar políticas mais adequadas para o fortalecimento de projetos que reforcem o turismo interno, apoiem iniciativas que permitam a inserção social dos menos favorecidos e incentivem práticas comunitárias, quer na esfera econômica, quanto na social e cultural.

Este novo mundo que se prenuncia, menos global, mais tribal e autocentrado, não pode e não deve abrir mão das extraordinárias conquistas que a globalização trouxe até aqui. É preciso conjugar, simultaneamente, um necessário repensar dos exageros e das dependências críticas que se criaram entre os países, porém sem esquecer que a complexidade do mundo atual vai requerer cada vez mais uma forte coordenação entre as nações. Eis talvez o maior desafio deste século.

09/04/2020

A falácia do declínio americano

O sociólogo Simon Schwartzman sinaliza três virtudes chinesas que explicam o sucesso daquele país no controle da Covid-19 e que projetam o século XXI sob domínio chinês. Segundo ele, a coesão social, a disciplina e o uso massificado da tecnologia foram decisivos para a China, mas não apenas para ela. Japão, Cingapura, Coreia do Sul e Taiwan também apresentaram características semelhantes. O fato de países democráticos obterem o mesmo sucesso da China na pandemia enfraquece a tese de que o uso da força autoritária é que permitiu aos chineses segregar, em duríssima quarentena, centenas de milhões de pessoas. Desse modo, o êxito teria sido muito mais derivado da noção que os asiáticos têm do bem comum e de como o comportamento individual deve ser caudatário do coletivo.

Há, contudo, divergências em relação às previsões de Schwartzman quanto ao êxito futuro da economia chinesa. Não são desprezíveis os argumentos daqueles que pensam que existe precipitação nas previsões sobre o declínio do império americano, especialmente na comparação com o dragão asiático.

Em 1994, John Naisbitt escrevia seu terceiro *best-seller* em sequência: *O Paradoxo Global*, no qual previa que já no ano 2000 o PIB chinês ultrapassaria o americano. Isso não ocorreu até hoje, como sabemos. Os EUA detêm mais de 24% do PIB mundial, contra cerca de 17% dos chineses. O poderio americano, conjugando as lideranças em setores vitais, como a indústria do conhecimento, militar e cultural, frustrou os analistas mais afoitos e demonstrou serem apressadas as previsões sobre a sua decadência.

Ademais, o excesso de poder do Partido Comunista impedirá que a China se torne um país rico. Essa previsão é dos escritores Daron Acemoglu e James Robinson. Para eles, o desenvolvimento econômico sustentável só ocorre dentro de um *corredor estreito* no qual haja um equilíbrio entre o poder do Estado e da sociedade. Esse corredor está desequilibrado na China e tende a comprometer o seu futuro, a menos que mudanças ocorram em favor de maior liberdade e democracia. Somente democracias liberais podem garantir a lei, proteger os pobres, construir infraestrutura, educar e cuidar dos doentes. Mas só entregam esses bens quando movidos por uma sociedade mobilizada em potentes grupos de pressão. A Internet, nesse sentido, tem sido um instrumento vital para o fortalecimento e a mobilização desses grupos.

Assim, é bem possível que os chineses, apesar de uma aparente vantagem por terem obtido o selo de fábrica do mundo, contarem com uma cultura de abnegada disciplina ao trabalho, deterem forte coesão social e manejarem com inteligência as novas tecnologias, tenham que enfrentar muitos desafios pela frente. Para proporcionar ao seu povo mais do que atualmente seu regime oferece e aspirar superar a hegemonia americana, seu corredor democrático terá que ser aberto, e isso pressupõe liberdade a seu povo, o que ainda não existe por lá.

Do ponto de vista dos interesses brasileiros, diante dessa nova arquitetura geopolítica que se desenha para as próximas décadas, é importante manter o diálogo e os canais abertos na frente americana e chinesa. Devido a nossa relativa insignificância nas grandes discussões nos fóruns globais, em áreas estratégicas, como a inteligência artificial, a corrida armamentista e a questão climática, na qual inexplicavelmente abrimos mão de maior protagonismo, é prudente não haver equívocos na leitura da nova realidade global. Para tanto, nossa diplomacia terá que se inspirar nos melhores exemplos da atuação histórica do Itamaraty, a começar pela defesa da independência, soberania, dignidade e interesses nacionais, sem qualquer tipo de subserviência.

28/05/2020

Arriscando a pele dos outros

Na área de gestão de empresas, o conhecido conflito de agência envolve os desequilíbrios de interesses entre os donos das organizações e os agentes contratados para geri-las. Já no campo político, a distância entre os anseios de quem vota e o trabalho exercido por quem recebe a delegação popular é imensamente maior. O fenômeno é tão mais real e impactante quantas forem as situações assimétricas nas quais alguém se coloca como beneficiário de determinada ação, não se comprometendo ou se responsabilizando na mesma proporção. Seria, nas palavras do consagrado autor Nicholas Taleb, uma opcionalidade antifrágil à custa dos outros, ou seja, uma situação na qual os riscos ficam somente com um dos lados. O assunto ganha atualidade e relevo quando é possível observar, com clareza cada vez maior, decisões políticas que colocam vidas em risco sem que haja cominações que ultrapassem apenas críticas sobre o caráter moral de tais equívocos.

Os episódios de transferência de infortúnios e fragilidades sempre existiram ao longo da história. Hoje, porém, a extrema conectividade da modernidade e a cada vez maior invisibilidade das cadeias de causa e efeito, particularmente em relação ao trabalho intelectual, tornam mais opacos os vínculos de tais ocorrências, e isso não é somente uma questão ética, mas de responsabilização objetiva. O mundo do conhecimento separou o saber e o fazer, levando maior risco à sociedade. Quem toma a decisão, muitas vezes numa sala climatizada de um edifício de luxo em São Paulo, ou num gabinete em Brasília, está geralmente muito afastado do local onde a ação acontece. Esse distanciamento, juntamente com a teia burocrática existente, engendrada muitas vezes de forma ardilosa, acaba por blindar o decisor e transferir o custo de eventuais erros para o suposto beneficiário da ação. Mas nem sempre foi assim. Havia, no passado, maior envolvimento dos atores, inclusive com o risco da própria vida.

Na Catalunha, sob o implacável Código de Hamurabi, conforme pôde constatar da maneira mais apavorante Francesco Castello, em 1360, existia a tradição de decapitar banqueiros falidos diante de seus próprios bancos. Os romanos, sob semelhante lógica, faziam os engenheiros passar algum tempo embaixo das pontes que construíram, e os ingleses, ainda mais severos, incluíam as famílias dos profissionais sob esse mesmo impiedoso exame prático. A transferência de custos, nesses casos, ficava extremamente desestimulada. Perdeu-se, por certo, um pouco da glória dramática daqueles tempos, mas ganhou-se em termos de avanços institucionais, porém ainda insuficientes, a considerar a facilidade com que políticos de alto coturno engendram projetos e diretrizes irresponsáveis, sem que tenham sequer o castigo de uma noite insone.

Como elementos constituintes das narrativas, as palavras têm força e podem se tornar perigosas, especialmente para quem não está protegido e acredita de boa-fé nelas. Falastrões valem-se da lógica perversa da opcionalidade (exercem as opções ou não) sem nenhuma desvantagem. Os riscos do Código de Hamurabi não os afetam mais. Um escritor com argumentos, por exemplo, pode matar mais pessoas do que um criminoso em série, da mesma forma que alguém que equivocadamente prediz sobre os efeitos de uma pandemia ou a ignora, particularmente se as opiniões emanarem de quem antes se esperava uma postura mais sensata e austera. Enquanto não houver penalizações concretas por erros ancorados na certeza da impunidade, as cicatrizes das opiniões irresponsáveis continuarão a ser espalhadas por toda a sociedade. É tempo de, um pouco à moda antiga, começar a exigir coerência prática dos nossos homens públicos, instando-os a não somente detectar os perigos a que estamos expostos, mas evitar que, mesmo na ausência de má-fé, venham a contribuir para a causa de nossas tragédias. Arriscar a própria pele já não é mais suficiente. É preciso não arriscar a pele dos outros.

17/12/2020

Uma ideologia para chamar de sua

Há uma intensa discussão que busca demarcar e segregar as fronteiras políticas que caracterizam as noções entre a esquerda e a direita, como se a definição dos tradicionais contornos ideológicos antagônicos fosse capaz de conferir maior clareza ao debate e às ideias em jogo, especialmente pela atuação contemporânea dos seus extremos, cada vez mais polarizados. Nessa tensão de contrários, vem à tona a narrativa de uma nova ideologia que se depara com um contexto profundamente diferente de outrora, cujos pressupostos hoje agonizam, insuficientes para abarcar a atual realidade. Incontestavelmente, a sociedade digital está edificando alguns pilares que serão definidores da nova arquitetura ideológica que ora se desenha. A apropriação política e programática dessa inédita ordem ascendente poderá tornar irrelevante a desgastada dicotomia entre esquerda e direita, sugerindo uma arena de pensamento mais dinâmica, integrada e adaptável às questões centrais que afetam a humanidade.

Melhor do que identificar esquerda e direita é saber se estamos pactuando com o atraso ou imaginando um novo amanhã, com abertura, diálogo e entendimento. Para compreender o fenômeno da atual divisão política enfrentada pelo mundo democrático é necessário antes reconhecer a profunda mudança no macroambiente social, cultural e econômico que molda a formação do pensamento pós-moderno. Não é mais possível, com a mesma mentalidade, aproximar realidades cada vez mais difusas, incompletas e imprevisíveis. A propósito, o conhecido acrônimo VUCA (volátil, incerto, complexo e ambíguo), que serviu para assimilar as mudanças intermitentes, a partir dos anos 60 do século passado, está sendo superado por um padrão ainda mais movediço.

Agora, adentramos no mundo BANI (frágil, ansioso, não linear e incompreensível). É sob essa nova macroestrutura nervosa e opaca que transformações profundas se avizinham, prometendo reconfigurar a forma como vivemos e o modo de distribuição e arbitragem do poder político.

O chamado *globalismo*, termo cuja polissemia a muitos confunde, atacado erroneamente pela ultradireita como sendo uma ideologia do mal, tem em sua matriz original a consolidação de consensos emergentes da sociedade atual. Estrito senso, o *globalismo* agasalhou alguns assuntos para cuja solução e razoável encaminhamento se requer coordenação, articulação e cooperação transnacionais. São desafios imensos que, pela sua amplitude, impacto e complexidade, não devem ser tratados localmente, mas a partir de uma difícil e engenhosa concertação mundial. Talvez esse, dentre todos, se afigure como o maior dos obstáculos, uma vez que existem abismos conceituais a serem superados, num ambiente multifacetado e crescentemente tenso. A pauta globalista, ao contrário do que desejam nos fazer crer os arautos do atraso, não é nem deve ser monopólio de alguém. Longe disso, é uma ideia de gênese inclusiva e multilateral, em estreita sintonia com as premissas de equilíbrio, justiça social, respeito à diversidade e à sustentabilidade ambiental. Milhares de anos nos trouxeram até aqui, num aprendizado muitas vezes doloroso, de cujas raízes agora emergem novas agendas, algumas potencialmente devastadoras, caso não tratadas com visão estratégica, diligência e proatividade.

Nesse quadro, a posse de Joe Biden na Presidência dos EUA não deixa de ser um alento para todos aqueles que acreditam que o mundo deva convergir para maior multilateralismo, em contraste com a xenofobia; para maior integração, em desfavor do isolamento; para mais transigência e solidariedade, em oposição ao individualismo egoísta; para maior consciência dos riscos climáticos, em confronto com a omissão com as gerações futuras. A superação do atual e envelhecido sectarismo político pode começar pela convergência a uma pauta mais transversal, universalista e dialógica, virtudes dessa nova visão que aos poucos emerge sob o signo de uma metaideologia humanizadora, que talvez você queira chamar de sua.

28/01/2021

Cooperar ou sucumbir

Thomas Friedman, articulista do *The New York Times*, em artigo recente, rememora uma pergunta que o presidente Ronald Reagan teria feito a Mikhail Gorbachev, então líder soviético, durante uma caminhada em Genebra, por ocasião de uma reunião de líderes mundiais. "O que você faria se os Estados Unidos fossem atacados por alienígenas? Você nos ajudaria?" Indagou Reagan para um surpreso Gorbachev. "Claro que sim", teria sido a resposta. Haveria ajuda mútua, pois o inimigo era desconhecido e representava um risco comum. Até aqui, tudo se encaixa dentro de uma lógica cristalina, atendendo a um imperativo de bom-senso, ancorado no princípio de cooperação que deveria ser a regra, mas não é. A questão climática, a pobreza extrema e a imigração são exemplos chocantes de como é difícil o exercício colaborativo em assuntos que ameaçam a sobrevivência da humanidade, mas não encontram um ponto de convergência capaz de forjar um acordo amplo e eficaz. Ainda que a janela para que seja evitado um cataclisma climático esteja cada vez mais estreita, ainda que milhões de seres humanos passem fome enquanto sobram alimentos, e outros milhões de refugiados padeçam ao relento, submetidos às mais duras privações, a incapacidade de um entendimento perdura e ofende a própria dignidade de nossa existência, revelando tragicamente a força do egoísmo e a ausência de empatia e solidariedade.

O paradigma de competição extremada contrasta diametralmente com a necessidade de maior cooperação. Estamos vivendo numa era cujos pressupostos são alavancados pelo senso de urgência, inovação e mudanças culturais, simultaneamente a uma revolução tecnológica sem precedentes. Nesse contexto, emergem prioridades domésticas, ensimesmadas, que angariam apoio político ao tempo em que reforçam o protecionismo, barreiras de toda espécie e um maior isolamento. Esses muros, muitos invisíveis, impedem maior integração entre os países, atrasam acordos mútuos e conferem cores dramáticas às questões que demandam maior prioridade, a exemplo da urgentíssima questão ambiental. Nessa área, as assimetrias entre os países impedem que avancemos com maior velocidade na redução dos níveis de poluição por dióxido de carbono, sob a alegação de que o freio ao crescimento chegou antes de o progresso ter se estabelecido. No mesmo diapasão, países pobres enfrentam enormes dificuldades com a miséria, a fome e a violência, ao tempo em que nações desenvolvidas erguem muros para impedir hordas de refugiados em seus domínios. Como se isso não bastasse, a ONU bem como os demais órgãos multilaterais têm se mostrado incapazes de promover a concertação que o planeta reclama.

Em recente declaração, Elon Musk, dono da Tesla, e de uma fortuna estimada em mais de U$ 300 bilhões, afirmou estar disposto a alienar parte de suas ações para acabar com a fome no mundo. O comentário teria sido uma resposta ao Diretor da ONU David Beasley, que disse ser possível salvar 42 milhões de vidas com um aporte na ordem de U$ 6 bilhões. Mais do que a declaração em si, a notícia evoca novamente como é, ao mesmo tempo, abissal e tênue a distância entre os desafios humanitários e as amplas possibilidades de sua resolução. Entre esses polos, existe a necessidade de exercitarmos a aproximação, o entendimento e a cooperação. Foi a capacidade de interagir, de ouvir, de ceder e formar consensos, por menores que fossem, que possibilitou ao ser humano não apenas conviver em bandos nas savanas africanas, mas evoluir mediante as diversas revoluções que forjaram a sociedade moderna, arquitetando o acordo legal que nos governa. Seres gregários que somos, deparamo-nos hoje com a mais contundente e inescapável escolha: cooperar ou sucumbir, colaborar ou se isolar, ouvir ou se enclausurar. Nem a fome, nem a fumaça do ar, tampouco a ausência de um lugar para voltar são destinos inescapáveis, mas desafios que impõem um conceito mais abrangente e sistêmico de cooperação, sem o qual até mesmo a pergunta de Reagan a Gorbachev parecerá trivial.

11/11/2021

Sentinelas do atraso

Indagado sobre o seu extraordinário nível de acertos em relação às previsões que fez sobre o futuro, John Naisbitt, autor do consagrado livro *Megatrends*, alegou que, apesar de as mudanças serem cada vez mais aceleradas, a família, a escola, a religião, o trabalho e os esportes são as constantes essenciais que moldam o cotidiano e permitem um processo evolutivo gradual, menos sujeito a transformações abruptas que possam afetar a vida em sociedade. Essa espécie de amortecedor social possibilita alguma previsibilidade em relação ao porvir, mesmo diante das radicais mudanças que hoje experimentamos. Se essas premissas são válidas para o comportamento das pessoas, conformando-as, até certo ponto, dentro de um espectro orgânico e progressivo, certamente também afetam e desafiam o mundo das corporações, bem como as ações governamentais. Isso importa, sempre mais, na medida em que a modernidade traz questionamentos que confrontam e açulam os pilares apontados por Naisbitt. Não é por acaso, então, que os papéis da família, da escola, da religião, do trabalho e dos esportes estejam na base da atual disputa pela hegemonia da guerra cultural, e seus desdobramentos irão muito além do que é possível supor.

Os fenômenos da urbanização, da fragmentação do tecido social, da revolução tecnológica e dos meios de produção, além da maior diversidade e nível de informação da população, atuam como poderosas alavancas de um embate permanente com o *status* quo, forçando novas interpretações da história, dos costumes, das leis e da ação política como mediadora desse processo revisionista e até inquisidor. Há, por certo, um grande desconforto das camadas sociais mais conservadoras frente a um progressismo que não mais se basta com a luta de classes, mas abarca temas que ganharam universalidade diante de uma integração impelida por assuntos transversais e interdependentes como a fome, a conservação do meio ambiente, a ameaça nuclear e os riscos da inteligência artificial. Nessa perspectiva, os elementos antecedentes e que darão ou não legitimidade e consistência ao paradigma em gestação, são justamente o objeto da renhida disputa em curso. De um lado, os conservadores como guardiões das convenções e instituições sociais e, de outro, o progressismo empunhando bandeiras que buscam a sempre incompleta reconciliação entre a razão, o indivíduo e a sociedade.

Nessa arena conflituosa, as normas sociais têm sido exploradas no tabuleiro discursivo como preâmbulo de tensões mais profundas. Trata-se de uma tendência geral, não circunscrita ao Brasil. A nova onda conservadora, com viés reacionário, por meio da agenda de costumes, ratifica as constantes essenciais que Naisbitt preconizou com tanta acuidade e que são a essência do padrão evolutivo lento, granular e seguro e, por isso mesmo, objeto de ação política. Esse quadro fornece à direita conservadora um anteparo às exaltações mais arrojadas da esquerda progressista, porém ao preço de uma ameaça obscurantista, já que, na revisitação dos conceitos, percebe-se um saudosismo anacrônico. O confronto ideológico em curso seria crítico por si mesmo, mas adquire ares alarmantes a partir das ameaças presentes na condução dos temas, particularmente à luz dos contornos extremados que absorveram. Aliás, a exacerbação dos ânimos, com o ódio pautando a atual polarização, promete radicalizar as atuais discussões, trazendo ainda mais riscos para as democracias e para a segurança das pessoas. Não bastassem os naturais desafios que a sociedade terá que enfrentar no pós-pandemia, o aumento da intolerância, do sectarismo e da hostilidade aberta contrasta com o indispensável uso racional dos recursos cognitivos e comportamentais, fundamentos do debate civilizado entre contrários. Se o raciocínio que levou o futurólogo John Naisbitt a encontrar, na agenda de costumes, uma janela para enxergar o futuro, não é promissor que se abrace essa mesma agenda para o caminho inverso, com uma intempestiva e ameaçadora volta ao passado, como querem os sentinelas do atraso.

18/11/2021

Sobre raposas e porcos-espinhos

Uma antiga parábola grega diz que "a raposa sabe muitas coisas, mas o porco-espinho sabe uma grande coisa". A raposa, apesar de esperta, persegue muitos objetivos, enquanto o porco-espinho é meio desengonçado e sem graça, porém é estável e concentrado no que faz. Jim Collins, no início de 2000, trouxe o conceito do *porco-espinho* para a realidade das organizações, concluindo que o sucesso das empresas tem muito a ver com o foco e a energia dedicados a uma escolha crucial, realizando-a com excelência. Silenciosa e com aparente despretensão, a China, feito um porco-espinho, foi consolidando a sua posição no mundo, e hoje rivaliza a hegemonia econômica com os Estados Unidos. Enquanto isso, o Brasil, feito uma raposa, e se achando esperto, debate-se em busca de sua identidade, perde-se em escolhas equivocadas e condena, a cada ano, milhões a um futuro duvidoso por falta de planejamento e execução adequados. Já os chineses, ao contrário de nós, impressionam o mundo há muito tempo. Com a pandemia, o gigante asiático demonstrou enorme capacidade de organização e coordenação, não apenas para gerir com competência a Covid-19, mas também para consolidar ainda mais a sua posição de indústria do planeta. É preciso reconhecer a consistência com a qual o Governo chinês executa seus planos, despertando a atenção para o modelo de Estado que possibilita tais avanços. Existem justos questionamentos sobre o regime de governo daquele país, o que não impede, entretanto, que se aprenda com os chineses.

Um primeiro exercício para possível aprendizado é reconhecer quem é verdadeiramente a China, especialmente neste momento em que o intercâmbio entre os países se torna ainda mais estratégico. Conforme lembra o professor da USP Evandro de Carvalho, o Partido Comunista Chinês detém o monopólio do poder na liderança do país, mas a forma de organização política e de como esse poder é exercido nas estruturas do Estado têm uma complexidade institucional não negligenciável. O chamado "socialismo com características chinesas" é uma realidade institucional que abrange um sistema de assembleias populares, órgãos consultivos, uma complexa estrutura administrativa, mecanismos de supervisão, sistema de justiça e formas de eleição que combinam a participação direta da população na base social com eleições indiretas e intensa competição. Esse entendimento é importante, menos para imaginar modelo semelhante para o Brasil, e mais para admitir que parcerias devem ser incentivadas, e afastados quaisquer preconceitos sem sentido.

Um dos maiores aprendizados que temos pela frente é no modo de executar os projetos. O planejamento estratégico, tão bem plasmado nos planos quinquenais chineses, pode ser uma inspiração para o Brasil. E não é preciso converter-se ao regime chinês de governo para que isso aconteça. Podemos e devemos copiar o que dá certo no mundo. Tem sido assim na engenharia, na medicina, na educação, na agricultura e em tantos outros campos nos quais o nosso País atingiu níveis de primeira classe. Contudo, precisamos mais do que nichos de excelência. Necessitamos de um projeto abrangente, um modelo de desenvolvimento que abarque as atuais tendências, no qual a inteligência artificial, as novas formas de trabalho e os novos comportamentos sociais sejam abarcados com visão estratégica, sintonizados com um planeta crescentemente integrado, sustentável, cooperativo e dinâmico. O Brasil que temos hoje não deve ser um destino, mas uma alavanca para colocar em perspectiva as amplas possibilidades que nos são oferecidas. Enquanto a China e outros países avançam cumprindo planos e metas, nosso País patina no improviso e em ciclos incompletos que impedem o pleno desenvolvimento. As eleições já são divisadas em horizonte próximo, e é muito importante observar se os candidatos se parecem mais com felpudas raposas ou dedicados porcos-espinhos. Dessa postura, nada trivial, dependerão sobremaneira as possibilidades futuras para um País até agora tão machucado pela incompetência de seus governos.

16/12/2021

Suprema insanidade

Qualquer um que tenha vivido durante o período da Guerra Fria saberá dizer da incômoda sensação de insegurança que a possibilidade de um conflito nuclear suscitava. Geralmente pelas ondas do rádio, os jornalistas tratavam de conferir um tom sombrio e ameaçador, toda vez que alguma declaração de Washington ou Moscou mencionava pontos divergentes entre as duas grandes potências da época. Em 1962, o episódio da instalação de mísseis nucleares em Cuba pela URSS colocou, pela primeira vez e de fato, o planeta diante da possibilidade de um *armagedon* nuclear. Felizmente, a diplomacia foi capaz de fazer os soviéticos recuarem, e a situação foi contornada, não sem aguçar ainda mais o medo de que o impensável esteve a um passo de acontecer. Na verdade, a raiz da questão nuclear, para além dos seus aspectos práticos de gestão de contenciosos, é que o homem criou uma arma que não pode ser usada, não sem ameaçar a própria vida na terra, e essa petrificante espada sobre as nossas cabeças vem mais uma vez à tona.

O horror das bombas jogadas pelos americanos, com a justificativa de pôr fim ao conflito com os japoneses, sobre Hiroshima e Nagasaki, no estágio final da Segunda Grande Guerra, serviu para o seu propósito imediato, mas confrontou a humanidade com a terrível visão de que nada mais seria igual dali em diante. Durante o pós-guerra, o número de países que passaram a dominar a tecnologia atômica aumentou e a capacidade de mútua destruição foi capaz de conter os espíritos mais belicosos, porém ao preço de deixar a humanidade sempre andando sobre o fio da navalha, na inquietante iminência do imponderável vir a acontecer. Mesmo com os diversos tratados de não proliferação e redução dos arsenais de armas nucleares assinados, a realidade é que as estimadas 14.000 ogivas atômicas existentes seriam capazes de aniquilar a existência humana no planeta.

Após a queda do Muro de Berlim e o fim do Império Soviético, um novo desenho geopolítico foi sendo gradativamente engendrado, redundando na combinação de uma OTAN com apetite crescente por aumentar a sua área de influência e uma Rússia incomodada com os antigos aliados mudando de lado, tão inconformada a ponto de atacar militarmente uma nação soberana. Essa agressão fere um dos pilares da nova ordem mundial pós-1945, colocando em questão toda a arquitetura da própria segurança planetária. Sem o respeito às fronteiras já delimitadas e reconhecidas, voltaremos ao tempo do expansionismo imperialista, no qual as guerras se justificavam por um apetite insaciável por conquistas, glória e poder ancorados na lei do mais forte, na força dos exércitos.

Além da inescapável questão da espada nuclear sobre as nossas cabeças, a preocupação também inevitável é de que modo administrar os pendores autoritários, e também inconsequentes, dos detentores do poder pelo mundo, particularmente daqueles países que possuem os maiores arsenais atômicos. A título de especulação, poderíamos imaginar qual seria a atitude de Hitler, sitiado em seu *bunker*, em Berlim, nos estertores da Segunda Grande Guerra, tendo já autorizado a política de *terra arrasada* e se valendo até de crianças para confrontar os soviéticos, caso dispusesse de uma bomba atômica. Ao que parece e justamente no tempo atual, a humanidade ainda não foi capaz de estabelecer uma arquitetura de gestão política que impeça que algum tipo de arroubo coloque o mundo em sobressalto. É que vemos agora, quando Putin, senhor absoluto dos destinos da Rússia, ameaça em alto e bom som que não hesitará em se valer de todas as suas possibilidades, tendo colocado em alerta máximo suas forças nucleares. Putin não é Hitler, nem mesmo as circunstâncias são semelhantes a ponto de conjecturar sobre o que advirá, mas é aflitivo saber que mais de 7.000 artefatos nucleares estão sob o comando de um único homem, cuja frieza e aparente destemor colocam novamente o mundo sob a ameaça da suprema insanidade. Sem que o autoritarismo populista seja extirpado e as democracias fortalecidas, o mundo não dormirá em paz.

03/03/2022

O grande erro

Todas as guerras são moralmente condenáveis, muito embora quem as provoque trate de conferir, geralmente com o uso da mentira, algum tipo de roupagem que as justifique. Todas as guerras também são palco da explicitação visceral da natureza humana, no qual são exacerbadas as assimetrias que na paz também nos dividem e segregam. Não são os generais, engalanados e protegidos em seus abrigos inexpugnáveis que medem força na lama ensanguentada, mas jovens dos quais a vida é subtraída sem que possam sequer se indignar. Foi da guerra que tratou, há mais de 2.500 anos, o General chinês Sun Tzu. Tratou tão bem essa chaga incrustada na vida em sociedade que é lembrado até hoje, não apenas no meio militar, mas no campo empresarial também. Sun Tzu, para quem conhecer a si mesmo e ao seu inimigo seria a condição primária para qualquer estrategista, ficaria surpreso e decepcionado caso desembarcasse hoje de volta à vida e tomasse conhecimento da atual invasão da Ucrânia pela Rússia. Contemplaria, frustrado, um conflito deslocado do seu tempo, cujos erros de avaliação do seu principal causador projetam sombras sobre o mundo e denotam que muito pouco do que ensinou o general chinês foi assimilado, particularmente quando este alertava para nunca se ir a um combate sem saber o que pode estar contra você.

Erros de estratégia sempre marcaram as guerras, alguns prosaicos, outros colossais e decisivos. Foi assim quando a Alemanha foi derrotada pelo inverno russo, na Segunda Grande Guerra, na operação Barbarossa; foi igualmente desse modo na invasão soviética ao Afeganistão, e tem sido assim desde sempre. Ao que tudo indica, desgraçadamente, um novo e gigantesco erro está em pleno curso, com a decisão da Rússia em atacar a Ucrânia. Talvez por estar ensimesmado no alto dos seus mais de 20 anos no poder, o Presidente russo não tenha percebido uma notável transformação social, impulsionada por uma revolução tecnológica que literalmente integrou o planeta e o transformou quase que num único e grande mercado, no qual os interesses estão de tal modo entrelaçados que uma agressão aos seus pressupostos comuns cobra um preço altíssimo. É essa nova realidade que está acossando o regime de Moscou, com as sanções econômicas, de alta magnitude, sendo acompanhadas por uma série de medidas da sociedade civil, num ataque sistemático e abrangente que pode colocar em colapso a economia russa, tornando aquele país um pária internacional, alijado dos principais eventos planetários e sujeito a obliterações que literalmente o colocam à margem do mundo contemporâneo. Esse conceito unificador, essa agenda globalizante que une o mundo contra a Rússia, não se circunscreve somente ao repúdio ao ataque a um país soberano, mas incorpora elementos como um zelo maior com a democracia, com os direitos humanos, com a liberdade, com a autodeterminação dos povos, com a ecologia e, claro, também com a manutenção dos pilares do livre mercado e dos interesses capitalistas.

A eloquente e simbólica suspensão de Putin da Federação Internacional de Judô como presidente honorário, logo após o início da agressão à Ucrânia, abriu um amplo leque de boicote à Rússia, incluindo sua exclusão da próxima Copa do Mundo, dos eventos de Fórmula 1, bem como dos protestos e descontinuidade de negócios por parte de centenas de grandes empresas, a exemplo de Google, Meta, Apple e tantas outras. A conjugação das sanções econômicas, cuja gravidade pode ser medida pelo bloqueio de bancos russos, impedidos de receber moedas estrangeiras por meio do sistema Swift, aliada ao movimento da sociedade civil, repudiando em larga escala e impacto as ações militares na Ucrânia, talvez não motivem o ditador russo a recuar, pelo menos não neste momento, mas certamente denotam seu grave erro de avaliação em relação à oportunidade desse conflito. Se guerra em si mesma é um erro, mais dramática se torna quando a miopia de seus atores principais não consegue compreender aquilo que um distante general chinês já apontava como crucial no campo de batalha: "evitar guerras é muito mais gratificante do que vencer mil batalhas".

10/03/2022

Apesar de você

O avanço das democracias liberais pelo mundo tem sofrido preocupante erosão nos últimos anos. De acordo com o V-Dem Institute, da Suécia, a ascensão mais visível é das autocracias eleitorais, regimes cujo objetivo é solapar internamente os fundamentos democráticos, enfraquecendo e aparelhando gradualmente as instituições, conforme já alertaram os professores de Harvard Steven Levitsky e Daniel Ziblatt, no livro *Como as Democracias Morrem*, obra que vem orientando as discussões sobre o tema. A matéria ganha urgência e relevância a partir da forte correlação entre o autoritarismo e a violência, tanto doméstica, quanto externa, como tragicamente demonstra a invasão da Ucrânia pela Rússia, esta última governada, há mais de duas décadas, pelo mesmo homem, cujas ações ressuscitam um mundo julgado superado, e cujas intenções ainda mais obscuras acentuam um enorme véu de incertezas sobre o planeta. Evidencia-se, tristemente, que a paz ainda é uma concessão dos poderosos, conforme pontuou recentemente o General brasileiro Sérgio Etchegoyen, e não uma conquista edificada sobre princípios humanitários, como tantos ousaram sonhar.

A propósito, o ceticismo e o otimismo sempre marcaram as análises que tentam compreender o desenrolar da história, mas esta mesma história geralmente trata de contradizer friamente quem ousa antecipá-la ou prevê-la. Francis Fukuyama foi um dos pensadores que se tornaram célebres por festejar precocemente aquilo que ele cunhou como "o fim da história", a vitória definitiva do capitalismo liberal e da democracia como fiadores últimos do progresso e da estabilidade no mundo. Entretanto, não apenas a crise econômica de 2008, mas o aprofundamento das desigualdades sociais, a ascensão de regimes totalitários e o novo "capitalismo de estado chinês" fizeram o consagrado autor americano falar agora no "fim do fim da história", uma maneira um pouco constrangida, mas prudente e necessária, de reconhecer que as notícias sobre a morte das incertezas planetárias não foram somente otimistas demais, mas até ingênuas, a considerar o apetite de alguns países por reconfigurar a arquitetura geopolítica que Fukuyama julgara consagrada. A constatação do apelo desmedido pelo uso da força para conquistar e garantir o poder se revela ainda muito atraente para que imaginemos, pelo menos nas condições atuais, uma geopolítica amparada no respeito estrito aos acordos internacionais, como bem explicita a fragilidade da ONU em governar as questões mais críticas que envolvem, por exemplo, conflitos entre os países detentores de armamento nuclear.

A mesma democracia liberal que seria o esteio para a sustentação de governos sem aspirações belicosas ou expansionistas, não se tornou hegemônica e remete novamente a sociedade global aos temores provocados por devaneios autoritários, e isso certamente não sinaliza um panorama de estabilidade futura. Entretanto, a par de um cenário justificadamente inquietante, há aqueles que ousam pensar que, em vez de regredir, estamos avançando, não como um destino idealista hegeliano, no qual estaríamos condenados ao progresso inexorável, mas uma construção sujeita a avanços e recuos, capazes justamente de celebrar as conquistas e simultaneamente gerar o aprendizado que os erros proporcionam. Steven Pinker, professor de Harvard, é um dos intelectuais modernos que desafia o alarmismo e cria um horizonte de possibilidades promissoras para nosso amanhã. Para Pinker, mesmo com retrocessos pontuais, ainda que graves, o ideal de progresso não está obsoleto, e torna-se imperioso rechaçar manchetes e profecias apocalípticas. Num olhar retrospectivo, até mesmo de um período historicamente curto como os últimos 70 anos, é possível constatar notáveis avanços na saúde, na paz, no conhecimento e na felicidade, não apenas no ocidente, mas no mundo todo. Isso não é fruto de nenhuma força cósmica, mas do impulsionamento do florescimento humano, da razão e da ciência, que longe de ser uma esperança ingênua, deverá ser capaz de permitir que haja um amanhã, apesar de você, Vladimir.

24/03/2022

Incubatório de tiranos

Muitos comparam Vladimir Putin a figuras historicamente execráveis como Hitler e Stálin, responsáveis diretos por morticínios colossais que explicitaram, não apenas o horror genocida do século passado, mas o perigo gigantesco de determinada nação ficar à mercê dos desejos, ambições e caprichos de um único homem. Como isso é possível? De que forma um indivíduo somente, sabidamente limitado na sua condição humana, é capaz de galvanizar as mentes e os corações de milhões em prol de uma causa, por mais desprezível que seja? É preciso tempo para que um tirano construa a sua estratégia de poder, alicie cúmplices, maquine alianças, constranja e mutile adversários, aparelhe o Estado a seu gosto, domestique a imprensa, sufoque a liberdade e, por fim, dê vazão a seus ímpetos mais desatinados e conquiste territórios, ou quem sabe até o mundo, já que a ambição dos déspotas não encontra limites institucionais que os detenham. Exageradas ou não, oportunas ou não, o fato é que o histórico do atual ditador russo e sua decisão de atacar um país soberano como a Ucrânia tornaram esse tipo de preocupação e curiosidade necessárias, especialmente quando as imagens de destruição e morte correm o planeta na velocidade digital e trazem para o centro do debate a possibilidade de uma escalada mundial do conflito.

No terreno dos paralelos entre Putin e Hitler, por exemplo, além da retórica nacionalista, do uso massivo da mentira e da personalidade autoritária de ambos, a infiltração do personalismo de Putin nas entranhas do Estado russo é talvez o elemento mais decisivo nesse complexo tabuleiro onde muitos enxergam na deposição do *Senhor do Kremlin* a única alternativa para pôr fim à Guerra da Ucrânia. Na Alemanha nazista, por sinal, em menos de

10 anos, Hitler consolidou em torno de si um poderoso aparato de proteção e incitação ao medo por meio de sua polícia secreta (Gestapo) e da Schutzstaffel, abreviada como SS, uma organização paramilitar ligada ao Partido Nazista que, de 1929 até o colapso do regime em 1945, foi a principal agência de segurança, vigilância e terror na Alemanha e na Europa por ela ocupada. Putin está no poder há mais de 20 anos, e é oriundo da antiga KGB, serviço secreto da antiga URSS, onde aprendeu como organizar uma quase impenetrável barreira de proteção ao seu redor. A eliminação física e o envenenamento de adversários políticos revelam a face mais obscura e temida do atual *senhor da guerra*. O discurso apoteótico de Putin no dia 18.03.2022, em Moscou, denota intrigante semelhança com eventos do Führer na Alemanha nazista, nos quais os acenos nacionalistas, ufanistas e agressivos reacendem hoje temores de outrora.

Por outro lado, a par dos devaneios homicidas de Putin, o macroambiente geopolítico sofreu profundas mudanças e se apresenta bem diferente do período 1939-1945. Mesmo podendo mentir à velocidade da luz, como revelam as inúmeras versões que buscam reescrever ou editar a realidade a seu gosto, a Internet também tem servido para confrontar os déspotas, tornando-os párias instantaneamente. Ainda que não contidos pelos freios e contrapesos institucionais típicos de democracias consolidadas, os quais providencialmente procuram suprimir, os tiranos de agora enfrentam um novo conjunto de desafios. Além das duríssimas sanções econômicas impostas à Rússia, nunca se viu nada parecido com o boicote privado de centenas de grandes empresas que estão descontinuando seus negócios naquele país, num garrote que tende a asfixiar o intercâmbio russo com o resto do mundo. Para muito além dos tanques, a escalada da violência russa na Ucrânia, e a despeito das críticas que se possam fazer ao ocidente nesse episódio, simboliza, decisivamente, que a democracia é, por sua natureza plural, o maior dos freios aos impulsos autocratas. São os países democráticos que estão à frente dessa cruzada moderna pela liberdade e soberania das nações, hoje aviltada pela Rússia, sob o comando de alguém que parece não encontrar limites para seu projeto de poder.

31/03/2022

A grande ilusão

Para os jornalistas britânicos John Micklethwait e Adrian Wooldridge, em extenso artigo escrito para a *Bloomberg*, na edição de 24.03.2022, não são óbvios os desdobramentos do fim da fé capitalista na paz, que Norman Angell, no clássico de 1909, *The Great Illusion*, estimou, afirmando que a interconexão do mundo serviria de barreira a guerras de grande monta. Angell foi desmentido pela tragédia da Primeira Grande Guerra e, pouco tempo depois, também pelo mal enjambrado Tratado de Versalhes, que redundou na eclosão de um conflito ainda mais destrutivo. Thomas Friedman, mais recentemente, desenvolveu a original e excêntrica teoria de que países que tivessem pelo menos uma loja do McDonald's, não entrariam em conflito. A tese de Friedman se sustentava até a invasão da Ucrânia pela Rússia, no fato de um determinado país hospedar uma lanchonete da rede americana refletir a sua integração na economia global, e isso conspiraria em favor da paz. Agora, a atitude de Putin, além de desdizer novamente a crença na paz ancorada em interesses econômicos, vai além da tragédia humanitária que tem sido condenada pela maior parte do mundo livre e coloca toda a geopolítica global em xeque. Os fluxos de livre comércio, que vinham dobrando a cada período de 10 anos, estão hoje ameaçados pelos atritos nas cadeias globais de fornecimento, ocasionando não apenas atrasos, ineficiência e insatisfação dos consumidores, mas constrangendo concretamente o processo de globalização. Nesse cenário, emerge uma possível e até provável reconfiguração do planeta em grandes blocos comerciais, com EUA, China e Europa na proa e os demais países com as difíceis escolhas sobre em qual das canoas devem embarcar. O Brasil, embora grande territorialmente, é pouco relevante no comércio internacional, e terá que conviver com a movimentação das gigantescas placas tectônicas dos novos blocos sem ainda deter maior protagonismo. Nesse sentido, conciliar interesses históricos de nossa diplomacia com o emergente quadro que se prenuncia, poderá ter enorme impacto na economia e no futuro do País.

Em relação ao novo cenário que se avizinha, uma necessária ação estratégica é justamente precisar os limites e as forças presentes na ordem geopolítica e econômica que ora desperta. Acima de tolices como o *Great Reset* ou a *Agenda 2030* que poluem algumas cabeças afeitas a disseminar teorias da conspiração, o Brasil deve considerar, objetivamente e sem ranços ideológicos momentâneos, o redesenho do liberalismo econômico em curso e ajustar suas velas. O ocidente é ainda, não somente significativamente mais rico e poderoso que o oriente, como culturalmente muito mais próximo de nós. Os EUA e seus aliados democráticos respondem por mais de 60% do PIB global. As autocracias chinesas e russas, por exemplo, não passam de um terço disso. Ademais, há uma nítida convergência, poucas vezes vista, das nações livres, para refutar peremptoriamente a agressão sofrida pela Ucrânia, e o País não pode declinar dessa obrigação, sob pena de vacilar numa questão que está tendo unanimidade entre seus pares ocidentais e que poderá ter peso importante em futuras alianças.

Com vantagens comparativas relevantes no agronegócio, o Brasil tende a aproveitar novos arranjos no intercâmbio comercial que estão surgindo para melhor posicionar suas competências. Mas é preciso bem mais. É imperioso, ainda, alargar o espectro de nossas políticas industriais, investir maciçamente em educação, combater a miséria, modernizar o ambiente institucional e destravar a ampla agenda de reformas que dormitam no Congresso, entre elas a administrativa e a tributária. Tudo isso deverá ser feito num contexto global marcado pelo aumento do militarismo, das rivalidades culturais, religiosas e territoriais reaquecidas e com a tentação de o isolamento crescer como forma de defesa contra o irracionalismo. É com esse pano de fundo que teremos as eleições deste ano, e o resultado das urnas sinalizará que tipo de alianças serão ou não formadas nesse cenário que se prenuncia extremamente desafiador.

14/04/2022

Tropeçando na mesma pedra

Sempre houve uma certa inquietude em relação aos problemas irresolúveis do mundo, para os quais olhamos com angústia contemplativa, já que a maioria das mudanças nos carrega feito mariscos jogados contra as rochas. Em diferentes níveis, e cada dor refém de sua época, o homem tenta encontrar a tranquilidade impossível, num mundo em crescente instabilidade e ebulição. Essas idas e vindas da história deveriam gerar um aprendizado que nos impedisse de cometer os mesmos erros, mas não é bem isso que tristemente testemunhamos. No trecho memorável do discurso proferido no final do filme *O Grande Ditador*, Charlie Chaplin revela toda a sua aflição diante de um futuro sombrio, no já distante ano de 1940..."O caminho da vida pode ser o da liberdade e da beleza, porém nos extraviamos. A cobiça envenenou a alma dos homens... levantou no mundo as muralhas do ódio... e tem-nos feito marchar a passo de ganso para a miséria e os morticínios. Criamos a época da velocidade, mas nos sentimos enclausurados dentro dela. A máquina que produz abundância tem-nos deixado em penúria. Nossos conhecimentos fizeram-nos céticos; nossa inteligência, empedernidos e cruéis. Pensamos em demasia e sentimos bem pouco. Mais do que de máquinas, precisamos de humanidade. Mais do que de inteligência, precisamos de afeição e doçura. Sem essas virtudes, a vida será de violência e tudo será perdido."

A atualidade dos medos de Chaplin é reveladora: continuamos errando, e a história tem sido pródiga em empilhar exemplos disso. Alguns anos antes do consagrado ator inglês proferir seu icônico discurso, ao final da Primeira Grande Guerra, outro gênio que o século XIX produziu abandonava a delegação inglesa que discutia as sanções a serem aplicadas a uma Alemanha arrasada. Para o ainda jovem John Maynard Keynes, as condições inéditas impostas aos alemães iriam, inapelavelmente, conduzir o mundo ao desastre, fato que tragicamente veio a se confirmar com a ascensão do Nazismo. Esse erro de avaliação, entretanto, não ocorreu poucos anos depois, quando o tratamento dado à Alemanha e seus aliados no pós-guerra de 1945 teve o cuidado de permitir a reconstrução e a integração dos vencidos, possibilitando o fortalecimento da democracia e a germinação do estado de bem-estar social que vigora até hoje, especialmente nos países escandinavos.

A resenha da não linearidade, contudo, teve na condução do fim da Guerra Fria outro exemplo notável de que somos, talvez, o único animal que tropeça duas vezes na mesma pedra. Essa ausência de aprendizado histórico ficou cristalizada quando Francis Fukuyama asseverou o *fim da história* com a queda do Muro de Berlim e a ascensão irrefutável da ideologia capitalista, da democracia e do liberalismo econômico. Essa crença inabalável que motivou Fukuyama parece ter levado a Europa e seus principais países a não tratar com a mesma condescendência o rescaldo do Pacto de Varsóvia, particularmente em relação aos interesses da Rússia, país cuja história e natureza sempre exigiram especial diligência. A Europa foi incapaz de construir, junto com a própria ONU e demais países, uma paz duradoura que ampliasse seus efeitos para além dos montes Urais.

Esse quadro tenebroso, no qual a invasão atual da Ucrânia retrata a fragilidade da paz mundial, agora num cenário de risco nuclear, sinaliza que um novo arcabouço diplomático terá que emergir, quem sabe com fundamentos semelhantes que fizeram a Europa não repetir *Versalhes* e deixar florescer sociedades antes inimigas, diante do preço de germinar tiranias e instabilidade social. Essa mentalidade passa a ter importância crucial e ainda mais estratégica no momento em que a escalada chinesa desafia a ideia de que o progresso é impossível sem democracia, quando novos blocos econômicos redesenham a economia planetária e as soluções requerem ações compartilhadas, muitas delas não mais estruturadas a partir da hegemonia americana. Dessa fé na capacidade do homem de não repetir os mesmos erros depende o futuro de todos nós, pois, como assinalou Chaplin: "sem essas virtudes, a vida será de violência e tudo será perdido".

26/05/2022

O ginete e o elefante

Parece haver um descolamento dos avanços científicos em curso em relação à lenta marcha civilizacional, particularmente quanto ao comportamento das pessoas. Enquanto o conhecimento total produzido pelo homem dobra a cada ano, ainda patinamos em questões que remontam a estágios primitivos de evolução. A invasão da Ucrânia pela Rússia não deixa de ser um daqueles eventos que frustram a expectativa de que nações civilizadas, e cientificamente avançadas, não mais se confrontariam, pelo menos não no campo de batalha, com todos os horrores típicos de uma guerra convencional. A esperança de um mundo em paz atrelada a um estoque maior de conhecimento não vem cumprindo seu papel. Feito um elefante domado por um ginete, o cérebro reptiliano segue levando a reboque a razão, e arrasta o homem para condutas que destoam dos engenhos inovativos que esse produz em escala cada vez maior. Nessa arena conflituosa, a ciência, como elemento impulsionador dos avanços tecnológicos e criadora de novos quadros de referência, se debate entre a neutralidade e a existência de imperativos morais que reclamam por atenção. Projetos ditatoriais, em contraste com as luzes da modernidade, continuam a afrontar o conceito ainda distante de uma paz duradoura. A despeito dessa desilusão, contudo, devemos enfrentar o desafio de ir além de sermos meros expectadores. Mas como isso seria possível se a precariedade de nossas certezas inevitavelmente será tão frágil quanto efêmera é nossa condição? Se o homem é capaz de orbitar a terra, mas incapaz de dialogar e colocar a razão acima das paixões, estaríamos condenados a sempre repetir os mesmos erros?

O Pós-Modernismo, antes de criar referenciais que pudessem frear o ímpeto belicista dos homens, rejeita parâmetros universais sem oferecer, em contrapartida, novas alternativas. Em nome da diversidade, complexidade e multiculturalidade, os pós-modernistas caíram num relativismo paralisante, que não deixaria de ser uma outra forma de absolutismo. As possibilidades emanadas desses chamados *novos ventos* pós-modernos trazem o conhecimento científico e seus métodos de legitimação para uma zona do questionamento persistente. Mas o papel do conhecimento científico não deveria se converter em elemento de dominação ou perpetuação ideológica, e sim numa força capaz de catalisar e conectar as ambições mais nobres ao homem, e que sejam suficientes para edificar uma sociedade melhor e mais justa. O acúmulo de avanços científicos, contudo, não tem sido capaz de projetar e concretizar um arcabouço político e social que alinhe, em dimensão global, uma paz perene. O enfraquecimento das democracias mundo afora e a ascensão do autoritarismo confirmam essa incapacidade de maior interdependência entre o saber e o exercício do poder.

A ciência é também criticada por seu papel colonizador e, mais do que isso, por sua inaptidão em prover acesso democrático à produção de riqueza. O pós-Modernismo, a pretexto de multiculturalidade, caiu numa fragmentação excessiva, respondendo às pretensões transcendentais modernistas com espectros relativistas. Na prática, o relativismo é inviável, lógica e socialmente. Afirmar que "tudo é relativo" esbarra na contradição de que essa própria afirmação seria relativa. Desse modo, se de um lado não é possível fragmentar tudo, de outro existem problemas concretos que devem ser enfrentados.

Assim, na forma de instrumento de validação do conhecimento, a ciência é posta em xeque sempre que assume ares de autossuficiência e ameaça a supremacia do homem autônomo. Necessitamos de uma reconexão entre a ciência e a moralidade do mundo, pois sua neutralidade pode encorajar tiranias. Precisamos também que haja um maior alinhamento entre o saber científico e os mecanismos de fortalecimento institucional. Acima de tudo, a ciência precisa estar conectada com a realidade de um mundo governado por seres humanos, cujo modelo social e político ainda encontra eco no paleolítico, e homens se digladiam feito animais em pleno século XXI.

16/06/2022

O grito

Quem olha para o Brasil de hoje, e busca referências no País que existia em 1822, não deixa de se surpreender. Éramos, de forma geral, um povo pobre e carente em praticamente tudo. Vivíamos sob uma economia agrária rudimentar, tomada pelo latifúndio e dependente da mão de obra escrava. O analfabetismo grassava junto à esmagadora maioria da população, na qual apenas um de cada dez habitantes sabia ler e escrever. Nosso País, em sua vastidão continental, contava com menos de 5 milhões de habitantes, concentrados na faixa litorânea, deixando isolado e esquecido um imenso sertão. As finanças públicas estavam à míngua, após D. João VI voltar para Portugal, não sem antes raspar os cofres nacionais. O passar desses dois séculos evidencia que todo o emaranhado de circunstâncias que transformaram o Brasil naquilo que hoje somos ainda é um projeto inconcluso. Apesar dos avanços, nossa independência precisa ser reafirmada a cada dia, pois a sua consolidação não ocorre sem riscos, vários deles associados a um entendimento muito diverso sobre o real sentido de nossa brasilidade.

Atualmente, segregados por grave polarização política, assistimos ao reavivamento de pautas julgadas superadas, cujo saudosismo anacrônico pode fazer retroceder o País. O bicentenário da independência ocorre com a intolerância em alta e ânimos por demais exaltados. Brasileiros, de norte a sul do País, confrontam-se diariamente, fazendo ouvidos moucos para apelos conciliatórios, como se não houvesse amanhã. As eleições, ao contrário de celebrarem a democracia, reacendem temores sobre o seu próprio futuro. No campo estrutural, nos convertemos numa das dez maiores economias do planeta, porém ainda não fomos capazes de transformar o imenso potencial que nos foi legado pela natureza numa real possibilidade a todos os aqui nascidos. Teimamos em não reconhecer nossas dívidas históricas, a exemplo dos ecos da escravidão que ainda perduram, e da injustiça social que agride a nossa consciência. Abdicamos de articular um projeto nacional que elimine de vez o abismo que separa vencedores e perdedores, com estes últimos alijados de direitos fundamentais à educação, à saúde, à moradia e ao saneamento básico. Sem essa reconciliação com um destino mais fraterno, nossa independência será sempre manca e para poucos. É preciso fazer com que o grito do Ipiranga seja ampliado para muito além dos muros que hoje nos dividem.

Esses tempos nervosos e turbulentos que vivemos, salpicados diariamente por exemplos de intolerância e violência, nos induzem a crer que não existem muitas alternativas para o estado geral de polarização e sectarismo que nos cerca. Os noticiários alimentam a sensação de que a cooperação foi inapelavelmente vencida pela competição fria e desenfreada. A maldição da eterna segregação e conflitos encontra o seu ápice na sociedade cibernética, apta a avanços tecnológicos incríveis, conectando o planeta em tempo real, mas ainda incapaz de difundir o entendimento e a paz. Cada vez mais ensimesmados e egoístas, ignoramos que a injustiça social profunda torna imperdoável nossa omissão. Neste momento, o apelo por maior moderação não deveria ser depreendido por fraqueza, e pedidos por harmonia e entendimento tomados simplesmente como um banalizado clichê em nome da paz.

Darwin ensinou que, no processo evolutivo humano, grupos cooperativos e coesos geralmente suplantavam grupos egoístas e individualistas, conferindo aos primeiros importante vantagem seletiva. Paradoxalmente, essa mesma tendência gregária também pode cegar as pessoas para algumas questões morais ou passionais, como bem denota a atual guerra nas redes sociais. Quando a eliminação dos contrários passa a ser tratada como solução para suprimir os problemas, é necessário articular, dentro da própria sociedade organizada, as soluções de que o estado sozinho não consegue encarregar-se. O novo grito do Ipiranga tem agora novos atores, novos desafios e uma nova realidade, mas um mesmo Brasil, um mesmo povo e um futuro do tamanho de nossa capacidade de escolha nas próximas eleições.

08/09/2022

Tic-tac... Tic-tac...

Convivemos hoje com uma realidade povoada por assuntos por demais banais para serem levados a sério, e temas sérios demais para serem ignorados, mas que imprudentemente o são. Esse sombreamento daquilo que deveria ser fonte de preocupação legítima é fruto da colossal proliferação de futilidades pelas redes sociais, distraindo perigosamente a sociedade daquilo que mereceria atenção. Mas não é apenas isso. Parece existir uma predisposição atávica para fugir de problemas que, de tão aterradores em sua natureza de risco, impelem o seu não enfrentamento, como se isso fosse uma opção razoável. De fato, como tão dramaticamente nos mostram os horrores da guerra da Ucrânia, as tragédias naturais que se sucedem, a espada nuclear que pende sobre as nossas cabeças e os riscos que a inteligência artificial nos impõe sinalizam manifestamente que o caminho deve ser outro. A estratégia da omissão, que silentes presenciamos, não emerge como a mais inteligente, senão pelo contrário. A continuar o presente flerte com a beira do abismo, poderemos estar abreviando uma trajetória até aqui tida como épica, mas que pode não ter do acaso e dos nossos próprios descuidos tanta condescendência quanto seus habitantes ditos civilizados supõem.

Há pessoas, porém, embora ainda em pequeno número, que genuinamente se preocupam com o nosso futuro, e não desdenham dos sinais cada vez mais inquietantes de que algo muito grave está na iminência de ocorrer. Cientistas atômicos da Universidade de Chicago, por meio do Conselho de Ciência e Segurança, estão encarregados de mover os ponteiros do *Relógio do Apocalipse*. O também chamado *Relógio do Juízo Final* configura-se numa representação gráfica de ameaças de origem antropogênica que nos aproximam da destruição total e catastrófica da humanidade. É um modo de quantificar o quão perto estamos de uma tragédia global, que ocorrerá quando o relógio bater exatamente meia-noite. Em 24 de janeiro deste ano, o boletim dos cientistas atômicos aproximou um pouco mais o ponteiro dos segundos do *Relógio do Fim do Mundo* para a meia-noite, passando dos 100 anteriores para os atuais 90 segundos. Estamos, nessa perspectiva, literalmente a um passo do precipício. Isso denota, com cristalina clareza, que não somente precisamos monitorar com urgência o que está acontecendo, mas o quanto somos remetidos à dimensão transcendental de nossas próprias existências, para a qual também o homem se encontra diante do pêndulo dicotômico entre a negação e a fé cega.

Nesse sentido, nas últimas semanas, uma ocorrência singular não passou despercebida. Vídeos com objetos não identificados sendo abatidos pela força aérea americana correram o mundo. Mais tarde, constatou-se serem balões chineses, o que acabou frustrando as especulações de que finalmente teríamos a tão esperada e temida visita dos nossos vizinhos siderais. Muito embora o tema seja tratado, em sua maioria, de uma forma jocosa, o insólito evento juntou-se ao já tumultuado ambiente de incertezas que rondam o planeta. Esse exercício mental de especulação de cenários antes tidos como absurdos parece mais familiar agora que o mundo agasalha com maior naturalidade os devaneios entre o real e o imaginário, a julgar pela profusão de narrativas fantasiosas que povoam as redes sociais.

Entre balões, alienígenas e atribuições crescentes, a frase atribuída a Einstein de que "a ciência sem religião é manca, e a religião sem ciência é cega" adquire força e atualidade, denotando que, diante do desconhecido, ciência e fé não são necessariamente opostas uma à outra, mas que ambas têm seus próprios domínios de validade e podem complementar-se. Claro que a razão pura é incapaz de compreender a experiência humana sem a sua contrapartida metafísica, mas bem que o homem poderia exercitar com maior vigor a colaboração e maior compreensão entre si, passo primeiro ao nosso alcance para não deixar apenas ao acaso ou à Providência o nosso destino.

23/02/2022

Agradecimentos

Cada vez mais, das coisas mais simples até o engenho mais sofisticado, precisamos da colaboração e cooperação de outras pessoas para que tenhamos sucesso. No caso deste livro, e até de forma ainda mais pronunciada, essa foi uma realidade. Nada, seguramente nada teria sido possível sem o concurso, o carinho, o talento e a consideração da família, de dezenas de amigos e diversos profissionais que tornaram possível um projeto construído a várias mãos. Mesmo sem poder mencionar a todos, não posso deixar de registrar, com enorme consideração, as pessoas e instituições que se seguem.

Em primeiro lugar, agradeço a Deus por ter conseguido chegar a esta quadra da vida com disposição e saúde para enfrentar, com determinação, o desafio que me impus. Sem o entusiasmo que brota da minha fé na vida, nenhuma linha sequer teria sido escrita.

Com enorme carinho quero reconhecer o apoio incondicional de minha esposa, Daliane, e minhas filhas, Fernanda e Bruna. Certamente as horas de retiro para leitura e estudos jamais poderão ser compensadas, a não ser pelo amor incondicional que lhes devoto e que me é também integralmente correspondido.

Ao amigo Paulo Sérgio Pinto, pela oportunidade que me foi concedida de escrever, a partir de 2019, uma coluna semanal, sempre às quintas-feiras, no prestigioso jornal O SUL, patrimônio dos gaúchos, assim como todas as emissoras de rádio e TV da Rede Pampa de Comunicação. A propósito, incluo, com especial consideração, as figuras de Otávio Dumit Gadret e Alexandre Gadret, entre os protagonistas deste livro, uma vez que sem as colunas semanais escritas para o jornal O SUL o livro não existiria.

Das interações nos vibrantes grupos de WhatsApp, denominados Pampa Debates e Amigos Sem Fronteiras, muitos *insights* foram ali construídos. Agradecimento especial a todos os mais de 400 membros daquelas queridas turmas de amigos, fundamentais para a lapidação crítica dos temas, mais tarde vertidos para o jornal na forma de artigos.

Com grande carinho, faço menção à tradicional confraria do Senadinho e a todos os seus integrantes, cujos encontros sempre serviram de inspiração na abordagem de temas de relevo, além de convivência saudável entre amigos, sob a presidência do amigo Ricardo Barbosa Alfonsin.

Não posso deixar de fazer um agradecimento, em destaque ainda e sempre, ao Banco do Brasil e às centenas de funcionários com os quais diretamente trabalhei e aprendi dos meus 14 aos 55 anos. Uma vida de muito aprendizado e inspiração que, de uma forma ou de outra, estão espelhados nesta obra.

Ao querido amigo Marcos Eizerik, dedico a mais sincera e profunda gratidão. Desde os primeiros rabiscos deste projeto, Marquinhos esteve comigo, incentivando e sugerindo, sempre com seu incondicional apoio.

Ainda na seara dos catalisadores do livro, gratidão ao amigo Marco Dambroski pela paciência da leitura sempre atenta e encorajadora dos artigos, também sugerindo, apoiando e criticando, com sua habitual acuidade.

Na mesma esteira de apoio, carinho especial à minha irmã, Márcia Bündchen, que no rol interminável de seus afazeres profissionais junto à UFRGS, encontrava tempo para criticar os textos, sempre com a severidade e liberdade que somente os irmãos desfrutam.

A estrutura do livro exigiu a colaboração de especialistas nas áreas de administração, comunicação, economia, sociologia, direito e geopolítica. Tive a alegria e a honra de contar com o inestimável apoio na apresentação dos cinco capítulos da obra dos amigos Anielson Barbosa da Silva, Antônio da Luz, Artur Roberto Roman, Lênio Luiz Streck e Sérgio Etchegoyen. Também contei com as referências honrosas de Germano Antônio Rigotto, Ricardo Barbosa Alfonsin, Ana Tércia Lopes Rodrigues, Yeda Rorato Crusius e Marcos Eizerik.

Obrigado ainda ao mestre Paulo Flávio Ledur pelos conselhos sempre sábios na edição do livro, bem como ao seu filho Maximiliano Ledur, hoje presidente da Câmara Rio-Grandense do Livro (CRL), a quem também reitero o apreço.